Rauda Jamís

ARTEMISIA
GENTILESCHI

Traducción de Juan Abeleira

CIRCE

Primera edición: Octubre, 1998
Segunda reimpresión: Abril, 2012
Título original: *«Artemisia ou la Renommée»*
© Rauda Jamís
© de la traducción: Juan Abeleira, 1998
© de la presente edición: CIRCE Ediciones S.A.
Milanesat, 25-27
08017 Barcelona

ISBN: 978-84-7755-155-0

Depósito legal: B.5802-99
Fotocomposición gama, s. l.
Travessera de les Corts, 55, 2.º 1.ª
08028 Barcelona

Impreso en España

Derechos exclusivos de edición en español para todos los países del mundo.

Cubierta: *Autorretrato* de Artemisia Gentileschi

Cualquier forma de reproducción, distribución, comunicación pública o transformación de esta obra sólo puede ser realizada con la autorización de sus titulares, salvo excepción prevista por la ley. Diríjase a CEDRO (Centro Español de Derechos Reprográficos, www.cedro.org) si necesita fotocopiar o escanear algún fragmento de esta obra.

Ninguna parte de esta publicación, incluido el diseño de la cubierta, puede ser reproducida, almacenada informáticamente o transmitida de forma alguna ni por ningún medio, ya sea eléctrico, químico, mecánico, óptico, de grabación o de fotocopia sin permiso previo de la editora.

A Daniel

*Un tiempo para plantar
y un tiempo para arrancar,
un tiempo para matar
y un tiempo para sanar.*

Eclesiastés, III, 1-8

Ahí dentro existe un fuego sagrado,
y la ancha hendidura de una roca.

Eurípides, *Ifigenia en Táuride*.

Judith y su sirvienta
(Palacio Pitti, Florencia)

PRIMERA PARTE
UN TIEMPO PARA PLANTAR

«He observado y examinado a esa joven a la que Su Señoría me pidió que viera, la cual dice llamarse Artemisia, y he palpado su naturaleza. Es más, al meter el dedo en ella, he hallado que ya no es virgen, pues el velo y el tejido vaginal están rotos.»

Declaración de Caterina, comadrona.

EN EL CORAZÓN DEL COLOR

–A efectos de lavar cualquier sospecha de infamia acerca de la demandante, y a fin de suprimir todas las dudas que pudiera haber acerca de la persona y las opiniones de la susodicha Artemisia...
Así se expresó el señor juez cuando decidió, a petición mía, someterme a ese suplicio.
Yo había prevenido a Su Señoría:
–Estoy dispuesta a confirmar cuanto dije en el interrogatorio, incluso bajo tortura.
Él, aquel hombre que vestía un hábito de seda largo, me había mirado con aire sospechoso, tomándose el tiempo necesario para sopesar mis palabras, para imaginar sus consecuencias, quizá. Yo le había dicho que no temía nada, que nada debilitaría mis propósitos ni doblegaría mi resistencia. Mi determinación era inquebrantable. Yo era la demandante, y estaba siendo sincera, y quería dar prueba, la última prueba, de ello, en cualquier lugar y por cualquier medio.
Su Señoría se había acariciado largo tiempo el mentón con la palma de la mano antes de apartar la vista de mí para dedicarse a escrutar al acusado. Agostino aguardaba con la cabeza gacha, en una postura casi propia de un inocente, pero su sonrisa irónica y sus ojos llenos de desafío le delataban. ¡Y pen-

sar que aún se atrevía a mostrarse tan impertinente! Después, todo transcurrió muy deprisa. Su Señoría volvió a erguir el busto para, según creí entonces, subrayar mejor su decisión: decretó y ordenó someterme, ante los ojos del procesado, al suplicio de los *sibilli*.

Su Señoría ordenó llamar al carcelero, que no tardó en acudir: él iba a ser el encargado de ejecutar el suplicio.

No sentía miedo alguno, sino algo más violento, algo que me inundaba y que sobrepasaba mi entendimiento. Un sentimiento de terror absoluto, mezclado con un júbilo extremo. Me sentía fuerte, muy fuerte, o eso al menos pretendía.

–A fin de no acusar al susodicho Agostino... –añadió, dirigiéndose a mí, Su Señoría.

Y me alertó contra la posibilidad de hacer falsas acusaciones.

A lo cual respondí:

–He dicho la verdad, y seguiré diciéndola, y estoy aquí para confirmarla, si es preciso.

Entonces, a una señal del señor juez, el carcelero, tras haberme juntado las manos sobre el pecho, me ajustó los lazos entre dedo y dedo, tal y como procedía. Con la mano sujetaba un cordón, pero no quiso apretar del todo.

El cuarto no tenía ventanas, pero la poca luz que había creaba el ambiente apropiado; dos bóvedas de estilo antiguo, situadas bajo el techo, suavizaban un poco la desnudez de la arquitectura.

Agostino pidió sentarse en un banco que había justo detrás de él, pero no se lo permitieron.

Luego, el carcelero tiró del cordón.

Yo iba a cumplir diecinueve años, ya era toda una mujer: alguien responsable. Y estaba en juego mi honor.

Decía la verdad, decía la verdad, ¡decía la verdad!

Éste es el corazón del color.

Éstos son los colores de mi vida, los recuerdos de mi historia.

«Tras haber sido, según sus palabras, mancillada a la fuerza por el susodicho Agostino, ¿notó usted, una vez consumado el acto, una hemorragia en sus partes pudendas?»

Pregunta formulada a Artemisia Gentileschi durante su interrogatorio.

LEJOS DEL COLOR

Ahora, estoy lejos. No delante del cuadro, sino detrás, al otro lado. La vida es breve y la muerte eterna. Ya lo había presentido, me había acomodado a ello. Pero acostumbrarme, lo que se dice acostumbrarme, me ha costado mucho tiempo.

Ahora estoy aquí. Tengo todo el tiempo del mundo. La memoria se ha transformado en una piedra preciosa con mil facetas, en un jalón en el camino del infinito. La escruto, la observo. El presente es una cuenta atrás.

No me preguntéis cómo es esto de aquí, si me hallo en el centro de la oscuridad o de la claridad, junto al núcleo, según dicen, ardiente de la tierra o en la supuesta frescura de la nube, pues no sabría responderos. Experimento una especie de ceguera, me baño en un tibio bienestar. He olvidado el frío, ya no aflora. Mi nido, desde hace siglos, es más cubil que cielo.

Sí, estoy sola.

En el instante en que pasé a esta vida –pues es así como se debe denominar este estado más allá de toda esperanza– se produjo una sacudida, como si mi corazón se hubiera parado de repente. Oí dentro de mí el sonido de un gong, y si lo soporté fue porque su eco me invadió por completo, sin dejarme otra elección. Solté el pincel y el viejo trapo empapado de trementina de Venecia que sostenía, y me llevé las manos al pecho. Algo similar a un rayo me fulminó el cuerpo. Vi las tinieblas y el firmamento. Varios haces de luz blanca, centelleante, incidieron, rompiéndose, en mis pestañas, minúsculas verjas de hierro forjado, y unos velos color púrpura y con rayas negras volvieron a caer ante mis ojos. Me tambaleé.

Mis manos no dejaron de apretar mis pechos, pesados, redondos aún, hasta que la fuerza muscular que transitaba por mis brazos los abandonó de repente. Sentí entonces un estremecimiento recorriéndome el cuerpo, cuyos miembros se crisparon, y luego ya nada. Creo que fue en ese instante cuando cambié de mundo, pero no puedo afirmarlo.

Tal vez alguien acudió para darme aire, pues noté cómo unos dedos firmes me asían el mentón o la nuca, me desabrochaban, aprisa y corriendo, el corpiño del vestido, y me alborotaban, enloquecidos, el cabello. Sí, sin duda la criada fue la primera que acudió, al oír los gritos de la modelo, ocupada en cubrir su desnudez con un paño, a menos que fuera una de mis hijas. Fuera quien fuera, es probable que intentara reanimarme. Pero era demasiado tarde; yo yacía inerte, me había ido ya.

Es cierto que, poco tiempo antes, había sufrido, sin razón aparente, unos intensos accesos de fiebre, y es cierto también que ya no era joven y que hacía ya años que había perdido la finura de esas curvas tan celebradas por aquellos que me habían consagrado mujer. Mis piernas se habían vuelto pesadas, y algunos días, sentada en una butaca de terciopelo rasgado, al fondo a la derecha del taller, bajo el tragaluz –el *de las vidrieras*–, tan sólo aspiraba ya, en aquella penumbra crepuscular, al descanso. Pero, en general, me encontraba bastante bien, mi apetito era bueno, trabajaba y aún me hacían encargos envidiables, y no tenía más preocupaciones que de costumbre, a pesar de que la idea de la muerte me resultaba ya familiar a causa de todos los difuntos que comenzaban a sitiar mi vida, arrebatándome quizá, poco a poco, el ánimo. Pero ¿creía yo realmente que la Guadañadora podía de pronto venir a por mí?

Aún guardo el recuerdo de un olor pestilente, mezclado con otro pegajoso, el del incienso quemado en abundancia, y otro más suave, el que exhalaban las flores recién cortadas. Aún escucho el sonido de unos pasos quedos, y el del roce de las telas que lo acompañaba, los gritos y los llantos ahogados, los suspiros, los cuchicheos, los lamentos y las plegarias que parecían no acabar nunca.

¡Ah, que Dios os guarde a todos los que estuvisteis a mi lado en aquella hora funesta!

Me he inventado una nueva manera de medir el tiempo. Al principio me costó dejar de usar el calendario gregoriano. Ya no veo ni el sol, ni la luna, ni el paso de las estaciones. Ni una estrella, ni un soplo de viento. Los idus de marzo, el cómputo eclesiástico, el añalejo, las décadas... Debo confesar que aquí los meses ya no significan nada para mí. Tan sólo por jugar he descompuesto el tiempo –me pregunto, incluso, si tengo derecho a tomar prestada esa palabra– en períodos, y a cada uno de ellos le he dado el nombre de un color –que la Virgen, Nuestra Señora, me perdone–. Me niego a pensar en años, aunque de todos modos ya he sobrepasado vertiginosamente y con creces el número de meses convenido para cada uno de ellos.

Así pues, mis meses de antaño se suceden ahora tal y como permanecen en el recuerdo que de ellos me queda, y a veces tal y como habría podido soñarlos. La larga cinta de su destino se despliega, imagen tras imagen, en una paleta que yo misma jamás habría acabado de explorar, y que, según me parece, es tan rica en matices. No estoy segura, sin embargo, de que algún tipo de vida futura –puesto que yo, proyectada en este más allá que, en vida, no había imaginado posible, he acabado incluso haciéndome a la idea de un acontecimiento que, según lo concibo, podría producirse de repente y cambiar mi existencia actual– no pueda venir a interrumpir el cadavérico relato de esta difunta a la que algunos tal vez tilden de impostora. Siento que estoy en manos de unas fuerzas invisibles, sí, pero cuán –y de un modo muy distinto a mí– poderosas.

Decía, pues, que aquí, en lo insospechado, nadie escapa a la necesidad de tener ciertos puntos de referencia, y menos cuando se trata de alguien que estuvo excesivamente involucrado en el primer mundo. Los míos tienen nombre de espectro solar, y aún más: verde Nilo, azul índigo, rojo carmín, verde esmeralda, azul turquesa, rojo amaranto, verde agua, amarillo pajizo, verde inglés, rojo rubí, blanco de plata, negro ébano, azul cobalto, rojo vermellón, amarillo azafrán, negro de España, blanco de España,* rojo vermejo, verde pistacho, negro hez, azul cielo, rojo coral, malva, naranja fuego, blanco de plomo, amarillo natural, verde ultramar, tierra de Siena natural, tierra de Siena quemada, ocre amarillo, ocre rojo, púrpura, gris antracita, rojo carmesí, blanco de cal, verdeceledón, azul pastel, rojo vivo, rosicler, negro carbono... Y todo junto: tierra de Siena quemada, y amarillo natural, y un punto de azul índigo; rojo coral, y púrpura, y una pizca de ocre amarillo; rojo vivo, y tierra de Siena natural, entreverados con un poco de negro español...

No tengo ni pluma ni pergamino, nada palpable en lo que consignar mi experiencia. Escribo sobre un fondo de intemporalidad incandescente con el negro azabache de mi oscuridad.

Y es que –debo decirlo– no he hallado aquí ni Paraíso ni Infierno, al menos tal y como los describían nuestra venerable Iglesia, el arte y las tradiciones de mi época que se hacían eco de ellos. Asimismo, tampoco pude identificar el Purgatorio cuando la barca que ayuda a los muertos a cruzar el río, separándoles de los vivos, me dejó anclada en esta orilla –que es más bien una madriguera de topo sin tierra– en la que jamás se han perfilado las imágenes que asediaron obsesivamente –hasta llegar a crucificarlo a veces– mi pasado remoto.

Si es cierto que la distancia otorga un poder visionario, entonces me permito afirmar que los demonios son seres desesperados y lastimosos, y que los ángeles no son quienes solemos creer. No dudo que otros antes que yo lo hayan comprendido, pero a mí jamás antes de ahora me había parecido tan evidente.

No he hallado ni a uno solo de mis semejantes, pero quién sabe si no están también por aquí, agazapados no lejos, fantasmas mudos como yo, tras haber olvidado incluso los ruidos de antaño, reyes de la transparencia: era nuestro cuerpo lo que nos hacía reconocibles, nuestro cuerpo, del que –mucho me temo– ya no queda nada. Si bien éste antes nos acercó, bestial, hambriento, esclavo de nuestros sentidos, ahora su ausencia nos separa. El espíritu –¿o no será eso que solíamos denominar, con tanta deferencia, «alma»?– se ha desligado, se ha elevado, abandonando la carne, demasiado pesada y molesta, para internarse, aérea, en el laberinto de la eternidad.

¿Qué digo? ¿La eternidad? En el fondo, no estoy segura de nada.

Durante toda mi vida deseé alcanzar lo sublime, trabajé sin descanso para la inmortalidad, ¡peregrina e irrisoria ambición! Me soñaba adamantina. A un tiempo leona y domadora. Hormiga laboriosa, madre. Hada. Mujer de mundo, fuego fatuo, artista reconocida. Musa. Rayo, trueno y lluvia refrescante. Estrella en el firmamento, hacendada en su chamizo. Pintora. Viajera, amante, humilde ama de casa. Compañera. Me habría gustado ser todo y tener todo a la vez. Y tal vez lo tuve, a ratos.

Quise desafiar a Dios. Dios: ¿quién es? ¿Dónde se halla? ¿Sentado con sus ropajes, majestuoso, en lo más alto de los cielos? ¿Destilado en el interior de millones de caparazones humanos, y al unísono de ellos? Aún no lo sé. Y yo, ¿quién soy, dónde estoy? Trazo una cruz en la casilla nada. En el fondo, tal vez de nuevo no soy más que una pasajera en tránsito. Un tránsito que podría resultar ser más largo que el anterior.

«Ningún pintor, ningún escultor, ningún arquitecto puede producir una obra valiosa si no ha hecho un viaje a Roma.»

Francisco de HOLANDA
Tratato de pittura antigua (1548).

AZUL CELESTE

Mi primer recuerdo, el más agradable, es azul. La lejanía lo vuelve lechoso, el tiempo lo ha descoloreado.

El sol se filtraba a través de las persianas, tamizado por los velos de algodón fino que cercaban mi cama. La tela, lavada y remendada mil veces, era ligera y suave. La brisa que entraba por la ventana abierta la hacía ondular a su antojo.

Inmóvil, por miedo a alterar con un gesto el curso de las cosas, cuyo espectáculo me era ofrecido, seguía con fascinación el menor movimiento del tejido, los juegos de luz y de sombra que lo recorrían como escalofríos. Confiaba en que nadie viniera a interrumpir aquel encantamiento, y, cada vez que oía un ruido en la casa, cerraba los ojos y tan sólo los volvía a abrir, con precaución, cuando estimaba que el peligro había pasado.

Como en las nubes de un cielo claro, una infinidad de formas se dibujaba en los pliegues de la muselina. Rostros, manos, animales, cintas, un juguete, una flor, una cofia, un trozo de escalera...

Mi cuerpecillo se hundía en el mullido colchón de lana, y con una mano acariciaba maquinalmente el borde de mi única sábana hasta sentir cómo un agradable entumecimiento se apoderaba de las yemas de mis dedos. Siempre tenía calor bajo la nuca y un poco de frío en las puntas de los pies. Me sumergía en un aroma dulzón –sin duda el mío– que para mí era sinónimo de siesta. Me sentía bien. Aquello podía durar horas, sin que se me ocurriera llorar o llamar a alguien que, de todos modos, según mi parecer, solía venir demasiado pronto a sacarme de allí.

Todo me parecía azul: la luz, los rayos del sol; y cuanto discernía en la estancia: los largueros de mi pequeña cama, una silla con el respaldo trenzado y muy alto, un barreño con su correspondiente jarro, la piel de mis brazos, el tejido grosero de mi camisón de lino. Creía que eran mis ojos los que, en ese lugar, tenían ese color, y que luego, en cualquier otra parte, cambiaban. Para servir a la lógica, la evidencia afirmaba que aquel universo azulado tan sólo debía su efecto de tamiz a la blanca muselina. Así lo comprendí más tarde, y no sin decepción, el día en que pregunté:

–¿De qué color son mis ojos?

Y alguien me respondió:

–Negros... negros y blancos, *cara*, como el plumaje de la golondrina.

–¿Siempre?

–Siempre.

Yo no estaba convencida, ni quería estarlo; la persona creyó oportuno añadir:

–Y un poco dorados cuando sonríes.

Pero la respuesta no me satisfacía.

Yo emergía de aquellas tardes deliciosas cuando una voz, alzando el velo, exclamaba:

–¡Cómo huele a sueño esta pequeñina!

Dos manos se deslizaban entonces bajo mi cuerpo y lo levantaban. Yo me entregaba a gusto, con los brazos y las piernas colgando. A veces, cerraba los párpados. Con frecuencia, una cara se internaba en mi cuello, haciéndome cosquillas con sus besos, y un olor a canela, a lavanda, a cera y a jabón me producía picores en la nariz. No sé si era agradable o no. Sé que suponía el fin de mis ensoñaciones.

Un día, mientras me sostenía aún en sus brazos, la persona que me estaba llevando le dio un brusco codazo a las persianas, y éstas restallaron contra la fachada. Cegada por tanto resplandor, aparté la cara: la habitación era un agujero negro. Grité. Ella me meció, orientando mi cuerpo hacia la ventana, y entonces oí:

–*Lo vedi questo bel cielo?* ¿Lo ves?... El cielo es azul. *Lo vedi tutto questo blu?*

Parpadeé e intenté acostumbrarme a la intensa reverberación. ¿Todo ese azul? Un azul tan estridente que se volvía amarillo, brillante como las medallas de oro sobre las que me habían enseñado a poner mi dedo índice tras haberlo besado. Tan diferente, ese cielo azul, a mi azul, sombreado, un poco rosa. ¿Cómo admitir que dos cosas tan incomparables pudieran llevar el mismo nombre?

Aquel azul, para mí, era completamente amarillo. *Giallo, giallo.* El sol se derramaba en él, imperioso. Rodaba en los huecos de las nubes, sobre los tejados, sobre las fachadas, en el lecho de las calles hechas de adoquines desunidos y, a veces, entraba por la ventana, hasta en mi habitación. Entonces, ante mis ojos fijos, yo tendía mis diez dedos separados, y sus rayos se clavaban en ellos, tiñéndolos de color naranja fuego. Jamás, ¡ay!, a pesar de mi esperanza, de mi paciencia, me fue dado observar, en su materia traslúcida e incandescente, el contenido de mis manos, su interior, bajo la piel. Conseguía, sí, percibir algunos vasos capilares, color violeta sobre fondo amaranto, una suerte de ramaje muy fino en las yemas de mis dedos, pero eso era todo. Luego replegaba cada falange, con una suave precaución, por miedo a que se partiese, hasta llevar al extremo de mis brazos rechonchos y blancos mis puños, pequeñas bolas de cólera que dejaba caer de golpe a lo largo de mi cuerpo. Bajaba la cabeza para que mis cabellos, que siempre fueron muy lisos y de un profundo color negro, me taparan la cara (aunque, de hecho, veía un poco a través de ellos). Para mí, aquello era el fin del mundo; decían que ponía cara de berrinche.

Según parece, tardé mucho tiempo en empezar a hablar. Algunas palabras flotaban en la superficie de una especie de pantano. Captaba lo que me decían, comprendía su alcance, pero tan sólo algunas de esas palabras se desprendían, aisladas del resto de la frase, para imprimirse en mí. Como, por ejemplo, *blu*, azul, *giallo*, amarillo, enfurruñarse, leche, cama, pis, partido, *un* beso, agua, casa, *mi* papá, dormir, de pie, color...

Me costaba articular los sonidos. Me fijaba en las bocas, que se despegaban de las caras –animalillos aterradores que venían a hacerme burla por encima de mi cabeza, a devorarme quizá–, y me esforzaba en reproducir sus movimientos. Y, cuando creía ser fiel a lo que veía y escuchaba, me daba cuenta, con gran desesperación, de que no había conseguido más que restituir algunos movimientos labiales; palabras, ni una. Al chocar con el borde, el borde extremo, de aquel relleno de carne que eran mis labios, mis palabras se detenían en el soplo de la *f*, en el silbido de la *s*, en el encogimiento de la *m*, de la *p*, en el chasquido de la *t*, se enredaban en el bucle de la *l*, en la pierna de la *g*; en cuanto a las vocales, mal que bien, las balbuceaba. Entre mi facultad de observación y mi oído, además de mi empeño en ponerme a prueba, había dado algunos pasos en falso, sin lograr entender en qué estadio había podido ocurrir eso.

Pero, en compensación, comencé a andar precozmente, *a pesar de las molestias que*, durante mucho tiempo, me causó aquel camisón de tela áspera y ajada con el que cargaba día y noche, y que llegaba hasta el suelo. Tropezaba con él a cada paso, y siempre terminaba cayéndome. Algunas veces lloraba, rabiosa contra esa prenda que había abortado mis esfuerzos por conquistar la verticalidad; luego, por el contrario, sentada con una pierna plegada bajo las nalgas y la otra estirada delante de mí, olvidaba el impacto de la caída para extraviarme en la contemplación de los dedos de mis pies, agitándolos como si no me pertenecieran, o en la del suelo, extensión similar a un paisaje en miniatura debido a sus matices, sus rugosidades, sus defectos.

Roma, nací en Roma. El día 8 de julio del año 1593, una fecha que llevo grabada, como a buril, en la memoria.

Roma, ciudad de amor y de fuerza, puesto que sus anagramas son *amor* y *armo*. Y también Omar, nombre de la Arabia feliz, portador de sueños, y *ramo*, y *mora*, morada.

Desde que lo supe: «Eres romana», «Has nacido en Roma», adopté con absoluta dicha ese origen.

Alguien me contó la historia de la ciudad, de su loba gris y famélica, con la cabeza gacha y la lengua colgando, a la que, empero, siempre se la ha representado, ¡qué ironía!, con unas mamas henchidas de leche que le llegan hasta el suelo. Y, aferrados a ellas, Rómulo y Remo, bebés rechonchos y despreocupados. (No sabría decir por qué, pero asocio esa historia de niños abandonados, que me impresionaba mucho, a la de Moisés, a la deriva sobre las aguas en su canastilla de mimbre... ¿Era acaso la inocencia común que simbolizaban la fuente de la similitud que me inspiraban?) Y, luego, cuando Rómulo elimina a su hermano Remo y funda la ciudad sobre el monte Palatino en el año 753 antes de Cristo... ¡Oh, cuán querida me era esa historia de los inicios!

A menudo, mis hermanos menores y yo pedíamos ir al lugar en el que la loba había amamantado a los pequeños y en el que había sido colocada la primera piedra de la ciudad. Mis hermanos imaginaban ser Rómulo y Remo, y jugaban a quién mataría al otro. Su historia de Roma comenzaba siempre por ese asesinato, y tan sólo después, agotados por las luchas cuerpo a cuerpo a las que se entregaban, sudorosos, jadeantes, el pelo revuelto, comenzaban a considerar el episodio de la loba. Entonces, tras el último y necesario revolcón, postrero arrebato de valor, los combatientes, de nuevo sofocados, se sentaban sosegadamente sobre la hierba y, con delectación, remedaban a los recién nacidos. Se empeñaban en que yo representara al animal, algo a lo que me negaba sistemáticamente, proponiéndoles a cambio mis servicios como humilde sirvienta que, al pasar por allí casualmente, los había encontrado. Ellos refunfuñaban, gesticulaban, me tiraban manojos de hierba a la cara. Nos reíamos y volvíamos a pelear de lo lindo al tiempo que nos suplicábamos mutuamente parar de una vez, por amor del Cielo.

Durante toda mi vida no dejé de repetir en cualquier circunstancia: «Soy romana», alzando el mentón para oír mejor el orgulloso latido de mi corazón. Todos los caminos conducen a Roma, todo mi propio camino me vuelve a conducir a ella.

Roma, donde, sin embargo, las vicisitudes de la vida a menudo me llevaron a zonas que me hicieron odiarla, donde sus callejas me encerraban en una prisión ocre rosa, donde bajaba la vista al caminar para no ver sus *fontane*, sus habitantes, las sonrisas maliciosas o beatíficas de su sol iluminando mis pasos. Roma, cuyo hedor de los días de intenso calor, cuyas ruinas salvadas de los siglos, repletas de desechos preservados de los pícaros, cuyos muros que en ella no eran sino sinónimos de orina, cuyos gatos, cuyos gritos que bien poco sabían ocultar las *intrigas*, habría querido olvidar. Roma, de la que en más de una ocasión huí pero a la que siempre deseé retornar aunque no fuera más que para abrazarla con la mirada, para volver a sumergirme en ella, ebria de cólera o loca de alegría.

Si alguien me preguntara qué fue para mí Roma, le respondería: más que mi ciudad, Roma fue para mí una madre, dominante, tiránica y magnífica. Alienante, sin ninguna duda, mi *Alma mater*. Roma, patria bienamada. Roma, mi amor, mi guerra. Mi sinrazón.

¿Cómo podría, en efecto, hallar el olvido cuando la memoria fue, durante toda mi vida, el centro de mis preocupaciones? Cómo, ora liberarme de su abrazo opresivo, aflojar su tenaza, ora centuplicar sus posibilidades, no dejar escapar nada, ni de la sombra, ni de la luz, ni de la violencia de un gesto, ni de su blanca dulzura, ni de la estridencia de una verde pradera, ni de los *foggy days* junto al Támesis helado, ni de la raya de cierta mano, ni de los límites de cierta mirada, ni de ese pliegue púrpura con esquirlas amarillo oro y gris perla clavadas en el vestido verde de una modelo, una noche de tormenta en Nápoles... ¡Oh, la lista sería tan larga!

La memoria fue, al mismo tiempo, el estímulo, el mecanismo, la apuesta, el objetivo.

Cuando miraba algo, me decía: «no olvidar».

Cuántas veces no me preguntaron: «Artemisia, ¿estás soñando?»; «Artemisia, ¿me escuchas?»; «Eh, *a che cosa pensi?*».

Cuántas veces, sí, esa frase, «¿En qué piensas?», fue proferida, como si siempre nos estuviera prohibido pensar en algo. Creían que tenía la mirada clavada o, peor aún, perdida en alguna cosa cuando ésta se veía gradualmente cautivada por unos andares en una callejuela, absorbida luego por algún detalle en apariencia anodino para cualquier otra persona.

Todo lo que percibía el ojo era mi regocijo, una fuente de infinita voluptuosidad en la jerarquía de los placeres que yo pongo muy por delante de los del cuerpo propiamente dicho.

«*Inquietas y alarmadas por el menor acontecimiento, pierden la alegría, el reposo y el sueño. Su sangre se altera; el miedo a un mal imaginario las hace sufrir males reales y resulta perjudicial para el estado del niño que llevan dentro.*»

Isaac BELLET
*Cartas sobre el poder de la imaginación
de las mujeres embarazadas* (1745).

ÁMBAR

La infancia es una época patética. En ella se configuran gestos y movimientos cuyo inicio no captamos en su momento, pero cuyo carácter determinante tiene poca influencia sobre un futuro e inevitable sentimiento de negación.

No conservo ningún recuerdo notorio de esa etapa de mi vida. Todos son fluidos, indisciplinados, sin contrastes, borrosos como un viejo fresco, como una duna barrida por el viento. Lo que he podido, o podría, volver a transcribir aquí de ese pasado remoto con algo más de precisión, me lo contaron. Antes de los seis o los siete años, pocas cosas emergen que pueda considerar recuerdos propios; tan sólo fragmentos, impresiones, tal vez incluso sueños, qué sé yo, invenciones.

Pero he decidido atravesar esos velos descoloridos que son las sombras de la memoria, esa pesadilla de inmovilidad que es el tiempo cuando se nos escapa, llevándose nuestra juventud, para ir a una historia más luminosa, para volver a aferrarme a una chispa de vida. La cosa es perdurar, en un fragmento infinitesimal de consciencia. Y para ello hay que remontarse a los orígenes.

Atrapemos, pues, las palabras con la mano, reconstituyamos, hablemos.

Mi madre se llamaba Prudenza Montone. Ignoro si era ella la mujer que se inclinaba por encima de mi camita, en aquellas tardes de siesta, y que me tomaba en sus brazos fuertes y suaves, la mujer que abría de par en par la ventana al azul dorado del cielo. O si ésta era más bien una criada, Antonella, Cecilia, Giustina... ¿Cómo saberlo? Conservo unas obsesivas impresiones de alguien a quien debí de conocer muy bien, pero a quien luego mi memoria ya no pudo aprehender: el timbre ligeramente metálico de una voz, una silueta redonda en el vano de una puerta, mi mano aferrada a los pliegues de un vestido que lucía alguien que me llevaba en sus brazos, mientras yo balbuceaba *ma-mma... ma-mma...*

A ella, a Prudenza, la habían separado pronto del campo, cuando tenía unos cinco años, y la habían llevado a casa de una de sus hermanas, casada con un tejedor del papa Gregorio XIII. Tenía dieciséis o diecisiete años cuando mi padre, diez años mayor que ella, la había enamoriscado y desposado, porque, según decía él, ella era bonita y trabajadora. Respecto a esto último, ya se lo había confirmado su futuro cuñado, que la había visto andar a la brega en su casa: «Es una muchacha sacrificada –acostumbraba a decir éste–, tiene un rostro amable y un carácter agradable y discreto, pero nada soso. Será una buena esposa, y no le faltan entendederas, lo cual es digno de aprecio, sobre todo aquí, en la ciudad, donde hay tantos canallas malobrando en cualquier callejuela.»

Prudenza era una mujercilla algo parca en palabras, pero muy enérgica en lo concerniente a las cosas del hogar. A pesar de sus orígenes campesinos, tenía una piel blanca como el alabastro. Lo único que la delataba eran sus manos, cortas y rollizas, que ella siempre ocultaba debajo del mandil como para excusarse. Su pelo era negro y rizado, y su cuerpo, voluminoso, a pesar de su corta estatura.

Pero lo que más llamaba la atención en ella, por

encima de todo, eran sus ojos. Bajo sus largas pestañas curvas, brillaban unos iris particularmente grandes, y con un fulgor amarillo: sí, mi madre tenía los ojos color ámbar, como los gatos. Hecho que ya le había costado multitud de lágrimas cuando yo anidaba en su matriz, pegada a sus costados. Y es que las comadres del barrio le habían dicho que llevaba el niño de manera oblícua, «atravesado», razón por la que no se podía determinar si era niño o niña, lo cual era muy extraño. Y luego habían añadido, *mezza voce* y en un tono tan de secreto que podía haber sido el de una conspiración, que, cerca de la Iglesia San Luigi dei Francesi, justo detrás, vivía una mujer a quien su marido había abandonado porque había parido un niño con cara de gato. Tenía incluso bigotes –no, no, nada de un ligero vello, unos bigotes tupidos y horizontales–, y las orejas pequeñas y puntiagudas, y la piel como a rayas, ¡oh!, y dos colas, sí. Todas lo habían visto, pues era un fenómeno curioso. Por eso sus vecinas temían por mi pobre madre: «La manera en que llevas a la criatura, y esos ojos que tienes, tan parecidos de por sí a los de los gatos, no auguran nada bueno, Prudenza. ¡Ojalá el Cielo pueda socorrerte a tiempo y cambiar el curso de tu destino!», le habían dicho, santiguándose.

Mi madre no se había atrevido a contárselo a mi padre, que habría desdeñado lo que, a buen seguro, habría tildado de cuentos de viejas y habría barrido con el reverso de la mano; mientras, ella se había consumido esperando durante su embarazo, se había desmayado más de una vez, y había ido, mañana y tarde, a misa. Su propia madre había tenido dos abortos, y una de sus hermanas no había podido echar al mundo ningún niño, mientras que otra no había dado a luz más que hijas, ocho en total. Se preguntaba qué clase de maldición podía pesar sobre su familia y por qué, y, de paso, rogaba por las dos.

Debilitada por todos estos temores, cuando llegó el día, con retraso respecto a los cálculos que ella y las *comares* habían hecho, mi madre creyó entregarse nada menos que al altar de su fin definitivo.

Las vecinas no bastaron, y hubo que llamar a una partera, que muy pronto se arredró al ser nueva en el oficio, por lo que tuvieron que llamar a otra, que tardó lo indecible en llegar, pues aquel día estaba ocupada en la misma faena, en otro lugar, ya que hacía una noche calurosa, y de luna llena, que son las más fecundas.

La criatura no quería salir, era demasiado gruesa, y la madre demasiado estrecha, por lo que temían que la primera se asfixiara y que la segunda se desangrara. Las supersticiones que la habían perseguido a lo largo del embarazo no ayudaban en nada a Prudenza, y tal vez a causa de ellas me retenía en su interior, intentando que no saliera de sus entrañas. Llegaron a pensar en bautizarme incluso antes de haberme visto, pero se toparon con que había una ley que prohibía bautizar a un monstruo, y se preguntaban bajo qué forma aparecería yo. Una mañana, una tarde y una noche habían transcurrido, y ya me daban, de todas todas, por perdida.

Pero justo cuando las mujeres se disponían a ir a buscar al médico, me decidí a salir, en medio de los gritos de sufrimiento, de alegría, y de los embriagadores vapores de las hierbas aromáticas que habían terminado, quizá, por hacer su efecto. Aunque, para gran decepción de las presentes, no vine al mundo ni de pies ni de nalgas.

–*Cosa è?* –había preguntado mi madre.
–¿Qué es?
–¡Habla como si se tratara de un objeto!
–Veamos... *Ma, una bellissima bambina.*
–Una criaturita pues, a fe mía, ¡ha valido la pena que se abriera camino aun en contra de la naturaleza!

Y el coro de las mujeres reía ahora, mientras, atareadas, iban de un lado a otro de la habitación.

–¿Estáis seguras... de que no tiene nada... de más... ni nada... de menos? –hipaba mi madre.
–*Sicurissime*.
–¿Y... no tiene... nada... torcido?
–Lo tiene todo en su sitio, incluso las partes ocultas y lo que no vendrá sino con el tiempo.
–¿Y... no es... peluda?
–No es peluda. El único pelo que tiene es una aureola en la coronilla, cosa muy natural, por no decir que es señal de que tendrá un hermoso cabello.
–Entonces, ¿es... del todo... normal?... Vosotras... ¿no veis... nada... en lo que... reparar?
–Nada en que reparar y nada que reparar.
–Pero habrás de vigilar su carácter. El niño que es difícil al nacer es difícil al vivir. Sobre todo si nace demasiado grueso.
–... ¿Por qué?
–Así lo ha querido Dios: por eso hay niños cabezotas.

A pesar del feliz parto, a pesar de las palabras reconfortantes de sus compañeras, mamá, bañada en sudor y en sangre, parecía desesperada, y no dejaba de gemir y de lamentarse.
–Prudenza, cálmate, te lo ruego –dijo la comadrona en un tono pretendidamente severo–. Toda esa inquietud que te estás inventando... *Per la Madonna!*
Y las otras, dale que te pego:
–Es verdad, mírate: esas lágrimas y esos hipidos, menudo alboroto, cuando lo único que deberías intentar es descansar...
–... ¡Pero nada de dormir, eh! ¡Después de un mal parto, lo peor que se puede hacer es dormir!
–Correrías el riesgo de sucumbir a un ataque, pues las venas, bajo la influencia del sueño, se quedarían abiertas y seguirías vaciándote...
Mi madre, la pobre, pensaba en todo menos en dormir. Nuevas inquietudes la mantenían despierta: si las comadres no le enseñaban la niña, ¿no era aca-

so porque tenían algo que ocultar? Y el hecho de que cloquearan tanto, entre comentario y comentario, ¿no era señal evidente de que la niña era portadora de algún atributo ridículo, de una particularidad inconfesable?

Una última pregunta le quemaba los labios. Balbuceó:

—¿Y... los ojos?... ¿De qué... color... son... los ojos?

—Deja de gemir, ¿quieres? *Stai zitta*, y te lo diremos...

Durante unos instantes, se hizo el silencio.

—¿Se lo decimos?

—Venga, se lo decimos: no tiene los ojos amarillos, *bravo!*

—¡Apuesto a que se siente aliviada! —rió a carcajadas una vecina.

—¡Bendito sea Dios! —suspiró la joven parturienta.

—Son negros como el carbón.

Ella cerró los párpados, sosegada, y murmuró, como dirigiéndose a sí misma:

—Entonces ha sacado los de su padre.

El ajetreo y los cacareos se reanudaron.

—Toma a tu muñequita. Se ha bebido el aceite de almendra azucarado, y parece que le ha gustado el lavado... Oh sí...

—El tesorito ya tiene puesta la mantilla, y estoy segura de que va a dejar de llorar antes... que su propia progenitora.

—¡Ah! ¡Ah! Mi querida Giuseppina, ¡esto es el mundo al revés!

La comadrona ordenó enjuagar la cuchilla de sangrar y guardarla en algún lugar al alcance de la mano, pues tal vez habría que utilizarla de nuevo si la Prudenza no se calmaba, y su fiebre con ella. La sábana sucia, en cambio, la podían retirar.

—¿Y si le damos a esta jovencita un vaso de vino, para que recupere el buen ánimo?

—Sí, y dale también una galleta para que moje.

37

Acompañada de estas palabras fue como mi madre me vio por primera vez, tras su cortina de lágrimas y la maraña de su pelo alborotado, con un cubilete de vino caliente en la mano.

Fui bautizada en San Lorenzo in Lucina, inscrita en el *Liber Baptizatorum* el 10 de julio, o sea dos días después de llegar al mundo, en esa iglesia en que mamá se había recogido tantas veces cuando era presa de los perjuicios que la imaginación puede fomentar.

Con el tiempo, Prudenza Montone llegó a ser conocida como una mujer piadosa a la que siempre se tuvo en gran consideración. «Algo bueno debe de tener –decía la gente–, pues si de un parto tan malo, y eso no es todo, a pesar de los perniciosos destellos de sus ojos, ha podido salir una chiquilla similar, en todos los aspectos, a los niños de su edad, es porque la Montone ha sido elegida por el Señor. No cabe otra explicación.»

Mi padre, Orazio Gentileschi, había nacido en Pisa, aunque era de origen florentino, cosa que él en sus inicios había hecho valer hasta el punto de adoptar el apellido Florentinus. Por aquel entonces aún no era un artista célebre, pero su fama era lo bastante grande para que jamás le faltaran encargos. Mi madre, ayudada por una criada, se ocupaba de la casa, y aunque no vivían en la opulencia tampoco pasaban necesidad. De todos modos, ninguno de los dos había sentido nunca gusto por la ostentación. El único regalo que mi madre recibió en su vida fue un puñado de gruesas perlas de ámbar amarillo, un color parecido al de sus ojos, que provenían de Oriente y que un cliente, mercader de su estado, había dado a mi padre, además de su correspondiente paga, como gesto de agradecimiento por haber ejecutado rápidamente la leve restauración de unos frescos.

Mi madre llevó las perlas a casa de su cuñado, el cual las confió a un joyero que las ensartó en unos hilos de plata finamente labrados e hizo un collar. Se lo ponía con frecuencia, recuerdo, en cuanto se le presentaba una ocasión, pues le tenía mucho cariño. A mí, en cambio, no me gustaba, porque en cuanto me acercaba a ella despistada se me enredaban los cabellos en aquella enroscadura de hilos plateados que siempre terminaba arrancándomelos. El collar en cuestión tuvo una larga historia; al fallecer, mi madre me lo dejó en herencia, y yo lo conservé hasta mi muerte.

Luego nacieron mis hermanos pequeños. Cuántos chicos. Cuatro. Pero el primero de ellos, Giovan Battista, murió siendo muy niño. Corría el rumor de que él había sido el único que había heredado los ojos de mamá, pero ella no quería hablar del tema; a todas luces, el niño no tenía nada de animal, de lo contrario se habría sabido. Yo no le sacaba más que un año, así que, por desgracia, apenas recuerdo sus rasgos. A quien más estaba ligada era a Francesco, cuatro años menor que yo. Luego vinieron Giulio, en 1599, y Marco, en 1604, a cuyo parto pude asistir, echándoles una mano a las comadres, quienes, a decir verdad, no me necesitaban para nada, y cuyo alboroto, unido a los gritos de mi madre, me espantó tanto como la celeridad del asunto; y eso que yo ya era grande, pues por aquella época ayudaba a mi padre a preparar los colores. Por entonces, durante algunos períodos, llegamos a tener dos criadas, una de las cuales se ocupaba sólo de la cocina.

Desde muy pequeña, pude participar con aquellas señoras en las faenas de la casa: agarrar con ambas manos una de las asas de la cesta de la colada, ayudar a tenderla en el patio; lavar las verduras y cortarlas en trocitos; partir los huevos; elaborar las masas (lo que más me gustaba); remover, con ayuda de una gruesa espátula, la comida en las cacerolas; pasar, de rodillas, la aljofifa húmeda por los peldaños de la escalera; extender la cera y frotarla con unos paños para dar brillo a los muebles; doblar las camisas y dar algunas torpes puntadas aquí y allá. Al ir al mercado me dejaban llevar mi propia cesta, y volvía cargada con ella. Me gustaba especialmente ese lugar, a causa del alborozo y de los colores, de la diversidad de gentes, aunque una vez me perdí entre la multitud y tardaron un buen rato en encontrarme; estaba sentada junto a una campesina que vendía hierbas y patos atados de pies a cabeza.

Mamá tenía un vestido amarillo azafrán, lo recuerdo bien, ese en concreto, muy sencillo pero muy favorecedor, con bordados lilas y púrpuras, de pasamanería, y cordones trenzados en los bajos de las mangas. Pienso en él porque intenté pintarlo después, en una *María Magdalena*, sin conseguirlo. Algo me nublaba la mente, y los colores no me venían. Me sentía como si estuviera cometiendo un crimen queriendo que lo luciera otra persona que no era *la mamma*, y me castigaba por ello.

Aquel vestido azafrán, al igual que el collar ámbar, era en sí mi madre. Una luz cálida y suave, el gesto generoso y la palabra discreta, el andar siempre apresurado, como un relámpago de tormenta de verano.

«*Todo cuerpo situado en el aire luminoso se expande circularmente para llenar todo el espacio que hay alrededor de innumerables simulacros de sí mismo. Todo aparece en el todo, y todo en cada parte.*»

Leonardo da Vinci (1452-1519).

VERDE AGUA

Artemisia no es un nombre libre de toda sospecha.

Es necesario saber esto antes de seguir adelante, pues mi historia llevará, a cada paso y de un modo extraño, el eco de esas leyendas antiguas que tantas veces me contaron.

Las raíces de la palabra griega Ártemis entrañan significados tales como «la construida poderosamente», «la que corta en pedazos», «la que hace comparecer noblemente», «agua». La fuente de todas las aguas, no lo olvidemos, es la luna. Ahora bien, la luna, el astro veloz, no es sino la imaginación.

Ártemis es la hija de Zeus, el todopoderoso que violó en más de una ocasión –también en este caso–, y de la inocente ninfa Leto; y es hermana gemela de Apolo.

Tiene el poder de provocar epidemias, pero también de sanar. Diosa de los nacimientos, protege a los bebés y a los animales, aunque como cazadora no tiene igual, y es capaz de causar la muerte repentina a los humanos.

Ártemis es la divinidad griega de la naturaleza salvaje y de la caza. La señora de las cosas violentas, la persuasiva, la matadora, la salvadora.

Cuántos asesinatos no cometió aquella que a los tres años, sentada sobre las rodillas de su padre, el cual deseaba hacerle un regalo, le pidió: «Te lo ruego, concédeme una virginidad eterna, tantos nombres como posee mi hermano Apolo, un arco y flechas similares a las suyas, la capacidad de dar luz, una túnica de caza color azafrán con un bordado rojo y corta hasta las rodillas, sesenta jóvenes ninfas océanas, todas de la misma edad, para que me sirvan como damas de honor, veinte ninfas del Amnisos, en Creta, para que se ocupen de mis borceguíes y de alimentarme cuando no cace, todas las montañas del mundo y, en fin, la ciudad que te plazca elegir para mí; una sola bastará, pues tengo intención de vivir en las montañas la mayor parte del tiempo. Por desgracia, las mujeres que estén de parto me invocarán a menudo, ya que mi madre Leto me llevó y me echó al mundo sin dolor, y por eso las Parcas me asignaron la labor de ser la protectora de los alumbramientos.» Y Zeus le respondió encantado: «Tendrás todo lo que has pedido y más aún; tendrás no una sino treinta ciudades, y un lugar en muchas otras, en el continente y en el archipiélago a la vez; y te nombro guardiana de todos los caminos y de todos los puertos.»

Virgen eterna a la que, según la reputación de la que goza entre los dioses, se la considera como a un hombre, al contrario de su hermano, al que se tilda de afeminado.

Sí, esta Ártemis altiva y puritana mata: a Oto, el gigante alóada, en guerra permanente contra el Olimpo, que quería violarla. Ella, la vengativa, que promete al desdichado sus abrazos y que por eso mismo despierta los celos del bastardo inflamado que tiene por hermano, Efialtes, quien aún no había sido objeto de tales declaraciones de amor. La muy astuta, metamorfoseada en cierva, pasa por en medio suyo, más veloz que una estrella fugaz. Los dos hermanos entonces, enzarzados en una disputa que perturba sus facultades, lanzan sus jabalinas, pero éstas no dan en la blanca aparición: Oto y Efialtes se atravesaron mutuamente con sus armas.

Ártemis mata a la pobre Ariadna, o, en cualquier caso, la arrastra al suicidio, y enloquece al cazador Broteas que se había negado a venerarla. Mata a las hijas de Níobe, que ofendió a su madre Leto, quien sólo pudo engendrar dos hijos. Mata a la ninfa Calisto por haber servido a Hera. A Acteón quien, oculto tras un árbol, había visto su desnudez en el agua clara del manantial en el que se estaba bañando, por lo que ella le transforma en ciervo antes de azuzar a su jauría de cincuenta perros para que lo despedacen. A petición de Apolo, acude a matar a Corónide, embarazada del dios, pero apasionadamente enamorada de Isquis. De nuevo, siguiendo una orden de Apolo, que le espeta: «Te desafío a alcanzarle con una de tus flechas», mata a Orión sin pretenderlo, se desespera y ubica a su víctima entre las estrellas, en el eterno movimiento del firmamento. Pero salva a Ifigenia de las estrategias guerreras de Agamenón, su padre, que quería sacrificarla. A menos que, según otra leyenda, Ifigenia no haya sido salvada, en cuyo caso Ártemis la vengará y luego regresará, al caer el día, al Cielo del Olimpo.

Ártemis, virtuosa y sanguinaria. Aquella cuyas primeras flechas, disparadas con su arco de plata, no tuvieron más que árboles por diana, antes de atacar a un animal salvaje y, finalmente, una ciudad de hombres malvados. Ártemis, que exigía de sus compañeros la perfecta castidad que ella misma practicaba, que vengaba a su hermano traicionado pero que, sin embargo, según un mito muy antiguo, no defendía la monogamia. Ártemis la intocable, que de niña ya arranca unos cuantos pelos del pecho de un Cíclope porque éste había osado prodigarle una caricia, dejando para siempre una calva gris en la piel del infeliz. Ártemis, que se burla descaradamente del dios-río

Alfeo, enamorado de ella. Y que, celosa de su padre, Zeus, que se ha atrevido a conquistar a una de sus seguidoras y a dejarla embarazada, le desafía, intentando acorralar a la impura.

No obstante, Ártemis, la antienamorada, es amor, ya que, al ser también Ártemis Eleitya, es aquella que ayuda a las mujeres preñadas. Y no hay amor más intenso que el maternal.

Se dan, pues, en Ártemis esas dualidades que en cada uno de nosotros viven enfrentadas, y que, en mi caso, tanto me desgarraron, aunque también forjaron mi vitalidad: ella es el fuego de la violencia y, al mismo tiempo, la gran fuente de agua. Sus flechas aceradas ansían la precisión, como sólo pueden hacerlo los pensamientos; sus venganzas restablecen el orden. Y, cuando se transforma en cierva, Ártemis simboliza la Sabiduría, que es también la pureza; ella es el agua en movimiento, esta mujer que llegará a ser madre, principio de la creación, comienzo de un mundo ancestral.

Artemisa, nombre de reinas.

Artemisia, nombre de Arte.

No hay nombre que no esté predestinado. El mío no está libre de sospecha, y es verde agua como las aguas profundas de la diosa original de la que yo me reclamo descendiente, como la sospecha que durante más de un cuarto de siglo pesó sobre mis actos.

¡Menuda pretensión, es cierto, la de querer arrojar alguna luz sobre las caras de una existencia descabalada cuyo iniciador y maestro fue, sin embargo, el color, la de querer erigir mi nombre y sus orígenes como preámbulo de todas las justificaciones por venir! Pero esta pretensión, o lo que se podría tomar por tal, si bien se nutre de ásperos efluvios, es también el paso obligado a un conocimiento, el de mi experiencia, que ella, a su manera, viene a alimentar.

«Algunas personas añaden que en Flandes pintan bien los árboles y las vestimentas; tal otra afirma que en Italia reproducen mejor los desnudos, las simetrías y las proporciones. Y otras cosas por el estilo. Pero mi opinión es ésta: quien sabe dibujar bien, aunque no sea más que un pie, una mano o un cuello, sabrá pintar todas las cosas del mundo.»

Francisco de HOLANDA
Sobre la pintura: diálogos con Miguel Ángel (1553).

ROJO ENCARNADO

Via Margutta: mi padre había instalado su taller en la primera planta de la casa. Sin llegar a la excentricidad de un Merisi,* que tenía su taller en una cueva, la idea resultaba bastante extraña a algunos de sus clientes, en particular a las damas, siempre prontas a navegar sobre las crestas de las olas de la desconfianza y de los sobrentendidos, negándose a subir, aun sin contar, por otra parte, con los medios necesarios para instalar al pintor en sus casas a fin de que ejecutara allí sus trabajos, tal y como era costumbre cuando la fortuna lo permitía.

Allí arriba había más espacio, una luz mucho mejor, que entraba por los altos ventanales, y también más tranquilidad que en la planta baja. El taller se hallaba, en efecto, al Norte, lejos de la cocina, situada en el ala izquierda, al Sudoeste, y sobre todo lejos del patio y del nivel de la calle, donde el ruido te martilleaba los oídos sin cesar, sustrayéndote de tu trabajo. Allí, padre podía también librarse con más facilidad de las visitas inoportunas, que madre se ocupaba de malbaratar y despedir.

Aunque todos dormíamos en la segunda planta,

* Michelangelo Merisi, llamado Caravaggio.

encima del taller, nos pasábamos el día abajo, donde estábamos en contacto permanente con todas aquellas gentes y amistades, señores, mercaderes, pintores, artesanos, mensajeros, modelos hombres y mujeres que jamás rechazaban una taza de caldo, un cubilete de vino o una pieza de fruta.

A veces, mi madre posaba, pero creí comprender entonces que no le gustaba demasiado hacerlo. Decía que los vapores de las esencias eran nocivos para la piel y los ojos, y que no veía razón para desparramar de tal manera sus carnes, como un frasco de harina, cuando había otras más jóvenes y mejor hechas.

Yo, cuando aún era una *bambinella*, posé más de una vez para algún amorcillo. Más tarde les llegó el turno a mis hermanos, pero ellos eran, sin duda alguna, de naturaleza más agitada y, con el paso de los años, papá se volvía cada vez más irascible; entonces todo acababa, los días buenos, en regañinas, y, los menos buenos, en gritos e injurias. Posar era, pues, un engorro para la familia, y todos, salvo yo, empleaban mil y una argucias para escaquearse. Yo, en cambio, me prestaba a ello de buen grado, máxime sabiendo que gozaba del favor de mi padre, tal vez por ser la mayor de sus hijos, aunque no era un chico, y por haber intentado desde muy pronto introducirme en su mundo.

Mi padre jamás me echaba cuando iba a jugar a su taller. Tal vez, al principio, no vio nada malo en ello y luego, una vez acostumbrado, ya no tuvo ánimo para prohibírmelo. Sin duda él ya había establecido las reglas del juego cuando yo apenas andaba, y éstas eran lo suficientemente suaves para contentarnos a ambos. No sé. El caso es que yo podía dar volteretas sobre las baldosas de su taller, o quedarme en un rincón *mezclando con los dedos varios pigmentos* y separándolos en diversos tarritos. Tenía derecho a recuperar lo que a él no le servía o había desechado; apilaba y desparramaba por el suelo todo cuanto estaba hecho a mi medida o a mi alcance, tejiendo, anudando, cruzando, coloreando, creando paisajes de mi invención, extensiones en miniatura de batallas chuscas y sin mañana. Puede también que él me aceptase en su antro porque iba sola, mientras que mis hermanos iban en pareja, armando jaleo y perturbándole de mil maneras. En cambio yo, muy calladita, respetaba escrupulosamente su territorio y tan sólo me apropiaba de aquello que él tenía la bondad de darme, sin tocar jamás lo que no me correspondía, cosa que no hacían mis hermanos, ni mucho menos.

A papá parecía molestarle tan poco mi presencia que a veces yo asistía, como si nada, a algunas de las entrevistas que tenía con sus clientes. Ya fuera porque me ignoraba, ya porque aquel día estaba de muy buen humor o porque el asunto se anunciaba bajo los mejores auspicios, él me llamaba y decía:

–Monseñor, le presento a mi tesoro, mi hija Artemisia.

–*Bellissima bambina*.

Él se sentía, a todas luces, halagado, pues en su rostro, por lo general ceñudo, se dibujaba una sonrisa tímida e incómoda.

–Os agradezco el cumplido –murmuraba.

Luego me levantaba del suelo o me rodeaba con un brazo y me apretaba contra él, al tiempo que proseguía la conversación: «Sí, Monseñor, ése es el precio de una composición con cuatro modelos...» «No, Monseñor, sin pretender ofenderos, prefiero no pintar naturalezas muertas. Hay excelentes pintores que pueden hacerlo, y no sólo en Roma...» «El retraso no es culpa mía, como vos sabéis, *Signore*, sin embargo os rebajaré el precio para no perder vuestra estima, y como prueba de mi buena voluntad...» «No puedo sufrir tanto retraso en el pago de un encargo que estimo haber cumplido debidamente...» «Vos me halagáis en el más alto grado de vuestra confianza, y sabré, os lo aseguro, no decepcionar a Su Señoría...» «No he trabajado bastante durante estos últimos años, a causa de algunas indecisiones de la Santa Sede que nos afectan duramente a nosotros, los pintores...» «El material es caro y de mala calidad, y, aun así, nos vemos obligados a realizar nuestros respetables encargos con él...» «Me siento muy honrado por vuestra invitación, no faltaré...» «Según mi experiencia, cuyo valor vos conocéis, os aseguro que en esta *Sagrada Familia* se precisan sólo tres personajes, no cuatro...» «Al parecer, los pintores franceses están desembarcando en Roma...» «Tus esfuerzos para convencerme son loables, Beniamino, pero no puedo aceptar tu propuesta. No y no, no quiero trabajar más con ese patán...» «¿Se ha atrevido a decir eso de mí? Pobre diablo, le daré una paliza con mis propias manos, y no será la primera vez que le ajuste las cuentas a un canalla...» «No, a Carracci no, id a ver más bien a Merisi...»

–Es una pena que sea una niña, pues es la más inteligente de mis hijos y la única a la que podría enseñar mi oficio. Y, por lo que veo, le interesa, o al menos no le disgusta... *Peccato!*... Qué lástima... Bueno, algo pintará, sí... Lo justo para complacer a su padre.

A veces también me quedaba en el taller sin hacer nada. Me sentaba en el suelo, en un rincón sombrío, y observaba cómo trabajaba papá. Siempre se lo tomaba con calma. «El tiempo –decía– no tiene horizonte. Avanza hacia la nada. Luego, ¿por qué apresurarse?» Podía pasarse media jornada o más preparando los colores, haciendo sus mezclas de óleos, esencias y pigmentos, y luego quedarse simplemente sentado ante la tela virgen, con el mentón apoyado en el hueco de una mano, los dedos sucios, durante largas horas. Otros días, por el contrario, iba y venía de un lado a otro, las pinceladas revoloteaban como un pájaro sobre el fondo inmaculado que muy pronto había cubierto. Suspiraba, sonreía, fruncía el ceño, refunfuñaba, sacudía la cabeza, la inclinaba. Adoraba la luz o la maldecía sin recato, ya fuera porque el día había declinado demasiado pronto y confundía los colores, ya porque el cielo estaba cargado de nubes y los rebajaba, ya porque el sol era demasiado intenso y les daba un tono carmesí. Los olores a comida que subían desde la cocina y se colaban en la habitación por una claraboya que daba al patiecillo estremecían su nariz, y él, de puro placer, inspiraba con fuerza, largamente, como si recuperara el aliento. Mi padre apreciaba la buena mesa y jamás se privaba de una comida.

–¿Estás ahí, *mio tesoro carino*? –me preguntaba de repente, recordando mi silenciosa presencia–. *Vieni*, acércate.

No era un hombre dulce, ni tampoco afectuoso. De primeras, resultaba arisco. Por eso siempre recibí sus muestras de amor con una intensidad tan mayúscula como mi sorpresa, como si cada palabra, apenas pronunciada, se hubiera abierto un camino amplificado en el espacio, aumentando su eco en el corazón. «El corazón –me comentó una vez– es lo único cuyo color jamás se puede variar: es rojo. El rojo es el color del amor vencedor, que es también caridad. Como yo huyo de las mundanidades y de otras muchas cosas, y como soy sincero, tú bien podrías imaginarme azul. Pero soy rojo. Como tú en tu silencio. Compartimos el rojo del vínculo que nos une. Un rojo encarnado. Y ése sería nuestro color dominante en un cuadro.»

Cuando trabajaba en algún palacio, papá pasaba algunos días fuera, desde la mañana a la noche, a veces varias semanas seguidas. Entonces se lamentaba por haber tenido que dejar inacabados los encargos del taller e ir tan retrasado. «Si al menos tuviera un buen aprendiz en quien pudiera confiar... –le oíamos decir–, pero Roma está trufada de individuos que son tan malos pintores como hombres.» «Si al menos los niños fueran mayores...» «Y, encima, todo es tan caro...»

No era frecuente que yo pudiera acompañarle, pero a veces se daba el caso, sobre todo durante mi primera infancia, cuando ya no era una cría pero tampoco aún una muchacha. Ocurría siempre en los momentos en que papá no tenía demasiado que hacer, como si diéramos un paseo. Otras veces, era uno de mis hermanos quien le acompañaba, o dos de nosotros, pero nunca salíamos todos juntos.

Aprendí a hacer reverencias. Era la costumbre. No en todas partes, y menos en nuestra casa, pero era una señal de urbanidad de la que se podía obtener algún honor, y a mi padre le agradaba. Él mismo me enseñó. Al igual que me enseñó los colores, a lo largo de los años, a trozos: «El dorado representará por siempre la gloria y el poder, y al mismo tiempo las virtudes cristianas, incluida la constancia; no debes confundirlo con el amarillo, recuérdalo, que doblega y se doblega porque es pena, porque es humildad. De amarillo viste San José... El verde vibra de fe y de inmortalidad, sueña en la contemplación y es una señal de honor y de cortesía, antes de ser abundancia... El azul estará siempre cargado de esperanza y de piedad, hay nobleza en él, y fidelidad; es un color honesto, pero se te puede escapar. De entre los azules, el azur es la dulzura y la vigilancia, y el azul pálido es amor por lo bello, sinónimo de paz... Pero a mí me gusta el rojo, aunque lo utilizo poco, pues me es demasiado cercano, me quema; conozco demasiado ese color de audacia, que, en su extrema valentía, puede ser justamente confundido con una loca intrepidez, capaz de la mayor crueldad... El negro, si bien es luto y aflicción, es también sencillez y sabiduría, es gravedad, y tiene tanto de la gravedad como de la prudencia, la moderación las delimita a ambas... El violeta es penitencia... Y el púrpura, ¡ah, el púrpura!, es digno como la justicia y domina a la realeza. Es un color difícil, que choca con todo, que armoniza mal... Y tú, hija mía, observa el blanco de tu piel: es la luz de la que están hechos los ángeles y la Virgen, es la alegría y el triunfo, es inocencia y pureza, sin más; como tú... Los colores son palabras y signos. Los colores son armas.»

–Recoge esos trapos manchados y quemados, ¿quieres? –me dijo en otra ocasión–. Ve y tíralos... A menos que tu madre pueda salvar algunos.

Pero yo no le escuchaba, absorta en las volutas de un cielo que él estaba a punto de ejecutar. Era púrpura y verde, muy sombrío, desordenado y violento. Me hacía pensar en algunas pesadillas atropelladas, sin personajes, que se apoderaban de mis noches cuando la fiebre asaltaba mi frente infantil. ¿Cómo iba a conseguir sosegar ese fondo? Se le parecía, pero aquello no era el cielo de uno de sus cuadros.

–¿Artemisia?
–Ya voy, padre.

Distraída, agarré un manojo de pinceles para limpiarlos. Pero ya estaban limpios. ¿Qué quería mi padre? Ya no me acordaba. Ah, sí, que cerrara los postigos de la ventana derecha, la luz era demasiado fuerte.

Él comenzó a limpiar las brochas y los pinceles que acababa de utilizar. Le vi de reojo, y sentí que me seguía con la mirada. «No, no debe de tratarse de los postigos –pensé entonces cuando ya había abierto la ventana–, está anocheciendo.» Entonces vi el cielo afuera, el mismo exactamente que él había representado en la tela, y me parecía imposible que hubiera podido pintarlo, no le había visto ir a la ventana, asomarse ni mirar por encima del cuadro.

–¿Artemisia?
–¿Sí, padre?
–Los trapos.

Me agaché, recogí el montón que me señaló y lo metí en el bolsillo de mi mandil, cuyos extremos sostenía con los brazos tendidos hacia delante.

Me resistía a andar. Algo embotaba mis movimientos; tal vez precisamente mi pensamiento. El pensamiento que me trababa y que no conseguía expresar con palabras.

Sentía la mirada de mi padre –más que intrigada, severa– clavada en mí.

–¿Puedo preguntarte algo?
Él asintió con la cabeza.
–Para pintar tu cielo, ¿qué modelo has tomado?
–¿Me has visto observar con delectación el paisaje?
–No.
–Entonces, según tú, ¿cómo lo he hecho?
–No lo sé.
–¿No te gusta?
–Sí... bueno... en realidad me molesta.
–¿Qué piensas que voy a hacer?
–Volver a trabajarlo. Cambiarlo.
–Volver a trabajarlo, podría hacerlo. Cambiarlo, no.

Como yo no me movía, se acercó a mí y me acarició la mejilla.

–¿He respondido a tu pregunta?
–Tal vez.
–No, no he respondido. Pero voy a responderte. Escucha bien.

Se volvió y dio unos cuantos pasos, siguió frotando sus pinceles y dijo de pronto, inclinado sobre lo que estaba preparando, sin mirarme:

–La luz, hija mía. La luz lo es todo. La luz basta.

En ese momento, la frase me resultaba difícil de comprender, debía reflexionar sobre ella. Y, para no olvidarla antes de haberla comprendido, repetírmela.

Mientras salía de la habitación, le oí reírse y añadir:

–Puede que yo no sea el mayor pintor de Roma, pero eso sí lo sé.

«*Un hábito nefasto se ha desarrollado en la mente del vulgo, y puede que también en la de las personas cultas: les parece casi natural que un pintor no pueda ser excelente sin estar mancillado por algún vicio, feo o infame, redoblado por un humor caprichoso o excéntrico, engendrado por un cerebro lleno de rarezas. Y lo peor es que muchos artistas sacan partido de ese mismo error, simulando una rareza melancólica que, según creen, les convierte en seres excepcionales.*»

Giovan Battista Armenini
Dei veri precetti della pittura (1587).

OCRE

La *bottega*, como llamaba mi padre a su taller, era una gruta impregnada de olores y de vapores que habían terminado por impregnarlo también a él. Pigmentos, ceras, esencias, betún, resinas duras y blandas, barnices, aceites de coco, de linaza, emulsión de huevo, también a veces... Era, en cierta manera, la segunda cocina de la casa. Yo había nacido en medio de esos aromas, y ellos formaban parte integrante del aire que respiraba.

Por medio de esa mezcolanza, nada aromática para otros, mi nariz reconocía mi territorio, mi casa. Incluso el repollo o las acelgas con mantequilla, en nuestra casa, olían a aceite esencial.

Era un olor que te traspasaba la piel.

–¡Gracias a Dios, mi marido no es, como tantos otros pintores, un borracho! –solía exclamar mi madre–. Pero, ¡ay!, se embriaga con pociones mágicas que elabora él mismo y cuyo secreto sólo él conoce... –decía moviendo exageradamente los ojos, poniendo cara de entendida.

Y todos nos reíamos.

Papá me decía por encima del hombro:
–El boceto debe ser leve, pero preciso.

Mi trazo era, a todas luces, demasiado marcado. Él se alejaba a grandes zancadas, se paraba en seco delante de una ventana, suspiraba hondo para tomar impulso, y exclamaba:

–Qué cabezota eres. Cualquiera diría que...

¿Cualquiera diría que qué? «¡Tú sí que eres cabezota!», pensaba yo, mirándole y esperando a que se tranquilizara.

No sé qué pensaba de mí, pero una cosa era segura, que mi padre se enfadaba enseguida: un defecto que hacía estragos en él, que le perjudicaba seriamente. «Orazio Gentileschi el gruñón... ¿Cómo trabajar con un individuo así?... Sería mejor pintor si no tuviera tan mal carácter...» Eso era lo que la gente decía de él, y aun cosas peores. Ese tipo de comentarios llegaban incluso a mis oídos de niña; por medio de quién, lo ignoro.

Con todo, me divertía mucho. Llegaba en silencio, y me sentaba en un rincón, como de costumbre, detrás de la mesa donde estaban dispuestos los botes de colores. Había una oquedad en la pared que me permitía sentirme protegida, dejándome empero vía libre para observar, si quería, lo que pasaba en el resto de la estancia. Mi intención más sincera era pasar desapercibida para poder observar mejor, o sencillamente para estar tranquila.

–Eres la mayor, y sin embargo qué zopenca... Cómo serán los que vienen detrás –proseguía mi padre.

Me entraban ganas de responderle que aún era pequeña, que tal vez podría reconsiderar su juicio, que Francesco no tenía más que tres años, que...

Después me miraba de arriba abajo:

–Lo único que te gusta de la pintura es la elaboración. Eres igual que tu madre. No te falta más que...

Con las manos, hizo como si moldeara unos senos en su pecho y se dio una palmada ruidosa en las nalgas.

Un gesto lo bastante sugestivo para que yo lo comprendiera; aunque en mi opinión se tomaba demasiadas molestias.

–... Todas iguales.

De pronto soltó una carcajada, que no tenía nada que ver con la alegría, sino que más bien revelaba... cólera. Yo había aprendido a discernir sus diferentes formas de reír: papá el jovial, el disgustado, el sarcástico, el molesto, el irritado...

Me sentía un tanto apenada. Después de todo, estaba haciendo un boceto sólo para complacerle, para imitarle, así, sin pensar...

–Hay que pensar en lo que se está haciendo.

Sentía su duda: reírse y darse por vencido o empecinarse. Pero, en el fondo, empecinarse ¿para qué? Ya lo había dicho muy claro: yo no era más que una muchacha. Tantas contrariedades para tan poco. Me entretenía, eso era todo. Me gustaba estar ahí. ¿Acaso no me había dado él su permiso, cuando yo aún no avanzaba sino a gatas y no podía sostenerme sobre mis piernas? ¿Acaso me había echado alguna vez del taller?

–¿Qué te gustaría dibujar en esa masa informe? ¿Qué crees que va a salir de ella?

–Un pájaro.

Él rió de nuevo.

Más que antes, la idea del pájaro se precisó. Un gran pájaro con unas alas azules que habría batido el aire con amplitud, majestuosidad. Un pájaro inmenso. Habría podido montarme en él. Y los dos habríamos huido. Lejos, muy lejos. A un lugar donde unas grandes extensiones de agua fluían sin horizonte. Me habían hablado de él: el mar.

«Ahora, va a alejarse de nuevo», pensaba yo. De eso nada. Fue a buscar un viejo escabel y se sentó frente a mí. Yo detesté su cara un tanto cerosa, su barba enmarañada, sus terribles ojos negros. «Despeinado –seguía pensando–. Ni siquiera se peina. Salvaje. Como los *inglesi*.» Más tarde, la luz disminuiría, y ni siquiera se le pasaría por la cabeza la idea de encender una vela. Su silueta sombría cruzaría el marco de la puerta como alma que lleva el diablo. Llegaría a la cocina, llena de ruido y, por contraste con la escalera, intensamente iluminada, como un conquistador, y, en un repentino tono meloso, le diría a mi madre: «Prudenza, *bellezza...*» «*E la bambina?*», lo interrumpiría ella. «*La bambina è cosí seria, carina...*» ¿Monina? Yo no era nada monina. Me daban ganas de llorar.

Él había cruzado las piernas: era un signo de calma momentánea.

–Misia, escúchame en vez de soñar.
–Sí, papá.
–¿Te acuerdas de Paolo Guidotti?
–No.
–Bueno, no importa. Se le da bien todo: pintura, escultura, arquitectura, poesía, matemáticas, música, astronomía, anatomía... Menudo pájaro. Un día decide, precisamente... que quiere volar.

Eso no me parecía inconcebible, aunque no lograra imaginarme con precisión la posibilidad de hacerlo. Había algo que no entendía.

–Reflexionó durante mucho tiempo, estudió día y noche, perdió el sueño a causa de ello. Por muy inteligente que fuese, su plan no era fácil de realizar, como puedes imaginarte. Tenía que imitar unas alas de pájaro reales, con la misma composición, la misma ligereza. Con mucho esfuerzo, lo consiguió: una estructura hecha con huesos de ballena y recubierta de plumas, toda clase de plumas, y, para sostener las alas, varios resortes que se enganchaban a ella al pasar bajo sus brazos; el resto del cuerpo iba sostenido por unas correas atadas a la carcasa de las alas. Así pues, Guidotti podía, con ese dispositivo, alzar y bajar las alas, ¿estás de acuerdo?

–Sí –dije, sin estar del todo convencida.
–Hizo varios intentos, arrojándose desde peque-

ñas alturas, al principio, y luego perfeccionó su utensilio: un poco más apretado aquí, un poco más flojo allá, un poco más cargado aquí, un poco más ligero allá. Por fin, decidió el día, la hora y el lugar de la prueba. Atravesó toda Roma arrastrando las alas, que pesaban lo suyo, tras él. Orgulloso como lo estaba, no quería que nadie le ayudara, pero aun así le ayudaron. Ascendió un promontorio de la ciudad. Un promontorio alto, te lo aseguro.

–¿Cómo de alto?

Papá se levantó, abrió las ventanas y, con las celosías venecianas entreabiertas, hizo un gran gesto con el brazo, mirando al cielo.

–Alto, hija mía, más alto de lo que el hombre alcanza.

–*Come gli angeli?*

–Entre cielo y tierra.

–*Dio!*

Volvió a cerrar los postigos y vino a sentarse.

–Miró a su alrededor. Se persignó. Ensartó las alas, cosa que llevó un buen rato, pues el dispositivo era complicado. Se agachó un poco. Todos los que, reunidos abajo, le observaban, también se persignaron. Volvió a erguirse. Parecía dudar. Dobló de nuevo las rodillas, cogió impulso y... ¡se tiró!

–¡Oh!

–Ante el estupor general, Guidotti voló. Recorrió un cuarto de milla. Las alas no se movían mucho, parecían un tanto rígidas, pero él aguantó... Hasta que, de repente, ¡pataplaf! ¡Cayó!

–¿Murió?

–Cayó sobre un tejado, lo atravesó y se partió una pierna. ¡Los dueños de la casa se quedaron patidifusos! Todo el mundo gritaba. Fuera, dentro. Pero no había muerto, estaba vivo.

–¿Por qué cayó?

–En mi opinión, porque las alas estaban pintadas de ocre. ¿De qué color las habrías pintado tú?

–Azules.
–El ocre, ¿ves?, es un color demasiado cercano a la tierra. Es el color de las sombras sobre el cuerpo humano.
Papá me apuntó con su dedo.
–Hay que hacer muchas aguadas sucesivas para conseguir las sombras, Misia, las hermosas transparencias, no lo olvides... Ahora, veamos: ¿tú le habrías pintado volando o cayendo, a Guidotti?
Me miré las palmas de las manos, como si éstas fueran a darme la respuesta a la pregunta. Las froté una contra otra. Volví a empezar.
–Le habría pintado volando.
Hundí rápidamente las manos en el mandil, entre mis piernas.
–Yo también. Pero sería un error. Habría que pintarle cayendo. La caída es más interesante que el vuelo. Pero es más difícil.
Papá se llevó las manos a la cara, se frotó los ojos.
«Está cansado –pensé–. O preocupado. O apesadumbrado.» Aquel hombre pasaba de un extremo al otro. Se enfadaba, maldecía, reía, se tranquilizaba, todo en un mismo arranque. Era odioso o patético en un abrir y cerrar de ojos. Tenía el don de la anamorfosis.
–Entonces, digamos que tu pájaro, ahí, se ha estrellado. Más o menos como Guidotti.
–Sí, papá.
–No debemos subestimar la técnica. ¡Ella nos da alas!
Con un gesto, me indicó que me levantara y le siguiera. Primero, se quitó el delantal y lo puso sobre el taburete en el que estaba sentado; luego, me agarró la mano y me llevó a la escalera. Pero se iba deteniendo *en cada peldaño, pues había empezado a hablar de nuevo. Y, por supuesto, no había encendido ninguna vela.
–El problema es que incluso la técnica a veces no

basta para impedir que uno se rompa la crisma. Nuestro héroe, ya ves, era un hombre estudioso. Durante un tiempo, le vieron merodear por los cementerios y desenterrar cadáveres, para observarlos. Ya te dije que le interesaba la anatomía. Sacaba los cuerpos de sus tumbas, cortaba los pedazos que necesitaba, los metía en un saco e iba a analizarlos un poco más allá, en la parte alta de la zona del Coliseo, donde hay unos descampados...

–El color no era el apropiado, la técnica no fue suficiente.

–Eso es. Veo que lo has comprendido.

–¿Y?

–¡Si yo supiera! Si yo supiera, sería un pájaro real, no un pavo.

Me soltó la mano y me alborotó el pelo.

–Anda, ve a preguntarle a tu madre si quiere asarme. Eso sí, al ajillo, dile. Al ajillo y *al pesto*. Si no, nada.

«Él* era hasta tal punto enemigo de tener compañía y de recibir elogios que, cuando algunos de sus colegas iban a verle pintar, se escondía detrás de sus cuadros; y, cuando le pedían que saliera y explicara un poco su trabajo, hundía la cabeza en el pecho y murmuraba apenas unas palabras.»

Carlo Cesare MALVASIA (1678).

* Giovanni Andrea Donducci, apodado el Mastelletta (1575-1655).

VIOLETA PÚRPURA

En un *Trattato della nobilità della pittura*, se podía leer: «Los pintores se vuelven melancólicos porque, queriendo imitar, deben retener las visiones fijadas en su mente para luego poder expresarlas tal y como las habían visto en realidad. Y no sólo deben hacerlo una vez, sino sin cesar; ésa es la labor que deben realizar; aunque para ello deban mantener su mente en semejante estado de abstracción, tan alejado de la materia, y aunque a causa de ello les sobrevenga la melancolía, esa melancolía que, según Aristóteles, significa talento y prudencia puesto que, como sigue diciendo éste, casi todos los hombres talentosos y prudentes han sido melancólicos.»

Ya no recuerdo en qué época intenté comprender, aunque de manera imperfecta aún –siempre estuve reñida con lo teórico–, las charlas que algunos observadores mantenían, aquí y allá, acerca de los artistas. Éstos siempre eran tildados de melancólicos. La locura les acechaba. Seres presos de todo tipo de desesperaciones, y no de las menores sino de aquellas que nos hacen oscilar del lado de los muertos vivientes o del de los muertos, a veces, o que hacen que nuestro cerebro, tras el repliegue de nuestro cuerpo, retroceda hasta profundidades insospechadas, hasta dejar de ser; hombres dados a la postración o al extremo movimiento, sumidos más en los contrastes que en el arte de los matices, cerrados a la vida o entregados a ella como locos, sin medida alguna, inflamados y, de súbito, quemados por los *vizii delle pazzie*. Así era como se consideraba a los nuestros. La infamia, que vestía la desnudez de los sentimientos de ambas partes, no andaba lejos.

Recuerdo aquella descripción del *melancholicus*, tan sabia, tan llena de experiencia, que hizo, durante toda una cena, reír a unos amigos de padre en casa: frío, seco, de color negro y sombrío, enjuto y descarnado, de piel coriácea. Jamás vi a mi padre, ni a ninguno de sus compadres, ponerse semejante disfraz. Eso no es todo. Existen análisis anatómicos acerca del carácter del susodicho artista, como éste que papá mismo me leyó, para alertarme contra cualquier tipo de contaminación: «Su memoria es razonablemente buena, siempre y cuando no la perturben las fantasías; es firme en sus opiniones, y es difícil hacerle cambiar de ellas una vez que las ha tomado; al principio, lleno de dudas y lento a la hora de tomar una decisión; sospechoso, muy trabajador y circunspecto; presa de sueños espantosos e incluso terribles; triste y cargado de temores en sus afectos; rara vez se encoleriza, pero tarda mucho en calmarse y no es dado a reconciliarse; envidioso y celoso, inclinado a ver siempre el lado malo de las cosas y apasionado sin medida. De estas dos disposiciones de ánimo y de corazón nacen la soledad, el gusto por la queja y el llanto; los suspiros, los sollozos, los lamentos, la cabeza gacha, vuelta hacia el suelo, las manchas rojas en la piel y la palidez; camina lentamente, es callado, descuidado, rehúye la luz y la compañía de los hombres, pues *le complacen mucho más la oscuridad y la soledad*.» Puras falacias. Pues, ¿quién puede solidarizarse con descripciones tan desoladoras? De ser ciertas, cualquier pintor no habría tenido más que cerrar su taller y correr a ocultarse en una gruta en la que poder dar rienda suelta a sus fantasías y convocar a todos sus fantasmas. Su amor por todo lo oscuro y su afán por desahogarse se habrían visto satisfechos, y él no habría castigado más con sus *pazzie* a quienes le rodeaban. Cada cual se habría sentido menos vulnerable a ellas.

Por supuesto, yo había oído hablar de algunas figuras sorprendentes, pero que, más que a espanto, movían a risa. Y no eran más frecuentes entre los artistas que entre los zapateros o los colchoneros, entre los campesinos o los grandes duques. Y, a buen seguro, me atrevo a creer que ello no añadía ni quitaba nada a su talento.

Estaba, por ejemplo, el caso de Silvio Cosini, de Fiésole. Dado que formaba parte de la Compañía de la Misericordia, su deber era acompañar a los condenados a muerte al lugar de la ejecución. Aquellos cortejos no pasaban desapercibidos; eran tan lúgubres como ruidosos. Lúgubres, a causa de las vestimentas; ruidosos, a causa del ardor que anidaba, antes de nada, en las pupilas, pero sobre todo en las voces de los participantes. Bueno, pues resulta que nuestro hombre tuvo la extraña idea de ir a desenterrar a un ahorcado para estudiar su anatomía. Ya había ocurrido antes; había existido un tal Goltzius, que llegó a Roma en los años 1590 y que se pasaba horas dibujando en medio de los cadáveres de los muertos de hambre que alfombraban las calles. Con el mismo fin, Torri dormía en medio de los desechos humanos, que se amontonaban en su casa hasta llegar a invadir su cama.

Cosini, no contento con la observación puramente artística, se puso a despellejar el cadáver, o, mejor dicho, a desollarlo. Gracias a un proceso alquímico cuyo secreto le había transmitido un iniciado, le infligió a la piel tratamientos tales que fue capaz de hacerse con ella un jubón. Jubón que lucía, de manera muy elegante, encima de la camisa sin que nadie advirtiera nada extraño. Pero, quién sabe por qué, un día sintió la necesidad de confesar a un cura su extravagancia, el cual le rogó que fuera de inmediato a meter el jubón en una sepultura. Y todo quedó ahí.

Y luego estaba Rustici, quien vivía con un puerco espín que, escondido bajo la mesa, pinchaba las piernas a sus invitados, los cuales pronto tuvieron que habituarse a doblarlas bajo las nalgas mientras comían. Pero eso no era todo. También cohabitaban con él un águila y un cuervo, que espantaban a la gente, pues ambos pájaros eran considerados de mal agüero; y en un cuarto pegado a su taller había amontonado toda clase de culebras y de serpientes. Ésos eran sus *guiribizzi*, sus caprichos. ¿Qué había de malo en ello? Bastaba con no poner los pies en su casa.

A Alberti le dio por la artillería, y no paraba de construir catapultas, de las que estaba atestada su casa, para gran desesperación de su mujer y de sus hijos. Gaspare Celio, que era un hombre de una singular arrogancia, jamás dejaba que nadie entrara en su casa, y jamás nadie vio ni siquiera un postigo abierto en la fachada. Su pobre mujer permaneció encerrada allí más de cuarenta años, sin ver jamás la luz del día, salvo para ir a misa de cuando en cuando. Copé tampoco dejó jamás entrar a alguien en su casa, y si por ventura necesitaba algo o se encontraba enfermo bajaba por la ventana una cesta atada a una cuerda. ¡Raros fueron aquellos que escucharon el sonido de su voz!

El pobre Piero di Cosimo estaba realmente loco: no soportaba nada, ni siquiera el tañido de las campanas, y mandaba cocer los huevos de cincuenta en cincuenta para economizar. Las tormentas le aterrorizaban, y se quedaba postrado en un rincón, con las puertas y las ventanas cerradas, en la sombra, la cabeza tapada con una capa, hasta que se acababan los truenos y los relámpagos. Las moscas le irritaban sobremanera. Era un hombre realmente desdichado porque era consciente de su mal, y al parecer decía que *ya no se aguantaba más*. Hasta su sombra le ponía enfermo. Su historia me producía lástima; una cosa es ser más o menos irrazonable, y otra saberlo.

Qué solos, sobre todo, qué solos estaban. O eso veían mis ojos de niña, sentía mi percepción. Con el peso de una belleza por dar a luz, por hacer crecer, sobre sus hombros, un mundo por transmitir, ora demasiado perfecto en comparación con su vida cotidiana, ora tan terrible, cuando la guerra se introducía en él, o la peste, o una epidemia, o una serie de asesinatos, y era preciso imaginar otro. ¡Menuda responsabilidad tenía el artista! Cuánta soledad frente a esa materia celeste cuyos prodigios él conocía, y que tiene el poder de revisar el mundo, o al menos de interpretarlo: la pintura.

¿Quién, en su caso, no se habría sentido cansado, lamentable, atemorizado, amenazado en su estado de hombre? Yo lo observaba, lo escuchaba en la mesa, en los talleres, en los palacios. Ellos discutían, gritaban, imploraban, se enardecían, lloraban, enloquecían y, sobre todo, luchaban entre sí, con sus pinceles, sus súplicas, con armas, incluso. Corrían detrás de los mercaderes y los mecenas, de los duques y los papas; se mataban por un encargo, se rebajaban por una hora de gloria, se pavoneaban para alcanzar el reconocimiento. Un día se sentían idolatrados por la sonrisa de un rostro, una mano de mujer, una guirnalda casi perfumada, y al día siguiente se veían arrojados al infierno por una mirada demasiado severa, una modelo provocadora y lasciva, un paisaje demasiado o poco realista. ¡Cuántas horas de dudas para cuántas obras rechazadas! Siempre en precario equilibrio en medio del vado de su identidad y de la de los demás. Mucho tiempo aguardando algún encargo y muy poco para cumplir alguna exigencia. «Acabaré cuando pueda», decía Miguel Ángel a Julio II. *Quan-*

do potró: cuántas veces fueron proferidas ante mí, por unos y otros, esas palabras célebres. «Cuando pueda»: una frase clave que indica el grado de tormento. Sobre todo en esta época, tan lejana de la premura de un Julio II, símbolo, a pesar de todo, de beneficencia.

Por supuesto reían, por supuesto se daban palmaditas en la espalda, por supuesto parrandeaban, algunas noches, hasta perder la memoria. Luego, al día siguiente, podía verse a alguno de ellos corriendo por las calles hecho un guiñapo, atormentado por una duda, una calumnia, la falta de dinero. Iba pegado a las paredes y no respondía a ningún saludo, o se enojaba con quien le abordaba, y el primero con el que se topaba se convertía entonces en el responsable de todos sus males. La charla iba subiendo de tono, surgían las ofensas, seguidas de los rencores, y estallaba la pelea. Volaban los golpes, los mechones de pelos arrancados se empastaban en los hilillos de la sangre que corría. Una hora en el confesionario, varios días en prisión, un puñado de ducados de multa que no podía pagar, el crédito de una reputación que no podía vender. Durante algún tiempo, su rostro mostraba las marcas violetas púrpuras de las heridas, o tal vez sencillamente de la amargura, o incluso del pesar, y su cuerpo un andar dislocado, el signo de su claudicación. Agachar la cabeza en los cruces, alzar el cuello de la capa al ver a alguien, evitar saludar para no verse expuesto a otra derrota. Enemistades que duraban un día o toda una vida.

Los clanes se hacían y se deshacían, la amistad era un sentimiento tan fluctuante como confuso, tan difícil de definir como el amor. Lo cual no impedía a *algunos ser buenos maridos y buenos padres*, piadosos, llenos de modestia y de valor.

Cientos de veces vi a mi madre ir a recogerse a San Lorenzo in Lucina, esa iglesia eternamente reconstruida y rehecha, la misma en la que yo había sido bautizada y donde más tarde fue enterrado Pussin, un francés casi romano. Salía a toda prisa, con un simple chal sobre los hombros, entre un quehacer y otro, mientras se cocía algún plato. «No tardaré mucho», precisaba siempre, y era cierto. Iba a rogar por una reconciliación tras una pelea, por un encargo que no llegaba, para conjurar los chismes o las blasfemias que alguna persona envidiosa había provocado.

Rogaba por un honor que no deseaba perdido, por un fresco cuya perspectiva estropeaba la composición, para romper el silencio ceñudo de padre tras una contrariedad, o todas las contrariedades del mundo. Rogaba por solidaridad o desvelo, por prevención o desafío. Rogaba para enjugar sus lágrimas o recuperar la sonrisa. Se arrodillaba para luego volver a erguirse sintiéndose mejor. Hallaba en aquella nave un lugar donde renacer y purificar los sentidos.

Cuando el Tíber se desbordó, porque había llovido tanto que la gente de Roma creyó que había llegado un nuevo Diluvio, o una segunda caída del Imperio romano (la lluvia no había cesado ni de noche ni de día, sin un minuto de tregua, azotando las ventanas y empantanando las calles), en medio del pánico general reinante, nosotros nos alegramos, y con razón: madre, de constatar que sus plegarias tenían fundamento y eran útiles para su hogar; padre, de haber instalado su taller en el primer piso a pesar de las burlas, advertencias o insinuaciones irónicas escuchadas aquí o allá. Pues más de una casa perdió en aquella catástrofe no sólo sus muebles sino también sus habitantes, y más de un artista sus obras. De entre las amistades, estaba Caravaggio, a quien las aguas le engulleron varias obras nada desdeñables, algunas acabadas, otras no, y le arrebataron a Giovanni, su querido aprendiz.

«Siempre es poco todo lo que se haga –nos dijo mamá–. Ahora me creéis, ¿verdad?... Y dad todos gracias al Cielo.»

Aquello sucedió durante el invierno de 1599-1600, de tan triste recuerdo.

«Si Orazio Gentileschi hubiese tenido un carácter más sociable, habría hecho fructificar con creces su talento; pero era más proclive a lo bestial que a lo humano, y no respetaba a ninguna persona, por muy eminente que fuese ésta. Opinaba sobre todo y ofendía a todo el mundo con su lengua satírica; esperemos que la bondad de Dios le haya perdonado sus faltas.»

Giovanni BAGLIONE
Le vite dei pittori, scultori, architetti ed intagliatori (1642).

NARANJA FUEGO

—Si quieres que algo se vea desde lejos, Misia, debes ponerle un poco de rojo y de amarillo. Su brillo es más directo, ¿comprendes?

Papá tenía varios pinceles en una mano, un trapo enrollado alrededor de la muñeca, y otro pincel entre los dedos de la mano derecha. Tras dar dos o tres toques, limpiaba los pelos del pincel en el pedazo de tela manchado.

Era un día alegre, y recuerdo con exactitud sus ojos vivaces yendo del cuadro a la paleta, de la paleta al cuadro, los vistazos rápidos que me echaba cuando me dirigía la palabra. Los días en que se encontraba en tan buena forma estaba aún más nervioso que de costumbre, no con ese nerviosismo exasperado que fomentaba sus cóleras sino con un nerviosismo fluido, ágil; su andar era más suelto, sus zancadas, más amplias, todo su cuerpo parecía ganar altura, sus gestos eran suaves, sus brazos y sus manos ondeaban en el espacio cuando mezclaba los tonos y luego los aplicaba a la figura que estaba pintando. Tenía siempre la sonrisa en los labios, incluso cuando los arrugaba bajo el influjo de algún pensamiento, de alguna idea que se le ocurría de pronto y que también le hacía fruncir el ceño. Yo esperaba verle saltar de alegría en cualquier momento, pero no lo hacía. Iba y venía de aquí para allá, y todo en él chispeaba, se agitaba como un lazo de cintas multicolores. Me parecía un mago, y me inspiraba una adoración sin límites. Con un toque de su varita mágica me hacía olvidar todas las brusquedades a las que tantas veces me sometía.

A veces, tampoco entonces me dirigía la palabra, pero hablaba consigo mismo, o con su cuadro:

–La sombra se ha adensado, pero aún no es de noche... ¿Crees que no te veo, intentando pillarme a traición?... Será más verde, mi estimado hombrecillo... ¿Quién decide aquí, eh? Te lo pregunto... Ah, sí, ¿tú también?... Pero, aun con todo, seré yo quien diga la última palabra... Ya verás, ya verás...

Y hacía chasquidos con la lengua:

–Tttt... tttt... Bueno, supongamos... No, mejor no... Entonces no supongamos, ¡actuemos!... Tttt...

Luego suspiraba:

–¡Ah! Tal vez debería haber hecho más aguadas... Me he apresurado demasiado.

Y, volviéndose hacia mí:

–Muy importantes, las aguadas sucesivas, *carina*, ya te lo he dicho, ¿verdad?

Sin dejar los pinceles, se acercó a mí y colocó sus antebrazos sobre mis hombros:

–Entonces, si queremos que algo se vea de lejos...

Yo respondí sin dudar:

–Debemos emplear el rojo y el amarillo.

–Exacto. Un buen maestro nunca se cansa de repetir las mismas cosas. Y un buen alumno, de repetírselas a sí mismo, pero atención: tanto en palabras como en actos.

Papá se alejó para agarrar su paleta, especie de relieve montañoso en miniatura, algo sucia, y cambió de pincel.

–Ahora, atenta. Cojo un poco de azul... Un bonito azul, luminoso pero no demasiado claro... Un buen cobalto... Éste. Mira.

Dio algunos toques apenas perceptibles de su nuevo color en el contorno de los ojos del hombre.
–Si quieres que se vea de cerca, debes poner un poco de azul.
Creo que fue aquel día cuando comenzó, de manera más concreta, mi aprendizaje... ¡Oh!, es una palabra imponente, lo sé, y apenas me atrevo a pronunciarla, pero es que no estoy segura del término que debería aplicar a lo que gradualmente se iba insinuando en mí.
Enseguida dejé de pensar en ello, claro. Me había acostumbrado a oírle disertar acerca de lo que hacía, hasta el punto de que sus palabras a menudo me parecían frases destinadas tan sólo a él, cosas que se decía para darse ánimo en su tarea. Pero, aquel día, la diferencia estribaba en que me había invitado por propia iniciativa al taller, y no para que recogiera alguna cosa sucia, le llevara una tinaja de agua, preparara un color, le diera un mensaje a su mujer o ejecutara cualquier otro pequeño servicio que me encargara. Tenía la impresión de que ya me tomaba en consideración, de que me hablaba en serio.
Yo tenía casi diez años. Francesco, que tenía casi siete, llevaba poco tiempo yendo a la escuela parroquial y, durante tres horas al día, trabajaba con padre, tanto en el taller como fuera. Yo me quedaba en casa, siempre ayudando a mi madre. O a su esposo. No salía mucho: un poco al barrio, con las mujeres, para ir a la iglesia o al mercado, o a casa de una vecina. Pero, en el fondo, no me apetecía. Aquellas salidas rutinarias me atraían cada vez menos: el jaleo de la calle, los chismorreos...; ni siquiera el mercado, el de las verduras, me divertía ya demasiado. Prefería con mucho mi mundo de puertas para adentro. De todas formas, padre decía que me quería en casa, y tanto mejor para mí, porque me gustaba quedarme con él. A Francesco, en cambio, le habría gustado estar siempre brincando por ahí fuera, y a menudo se

ganaba un buen tirón de orejas. A veces era yo misma quien le resolvía las cuestiones de pintura, sin que papá lo supiera; más de una vez arreglé situaciones en las que, de no ser por mí, habría sufrido la cólera paterna. Francesco estaba dotado, pero, no sé, tenía un carácter menos atento, o más rebelde. ¡Era un chico!

En resumen, papá estaba pintando en aquel momento un *San Miguel* para el cardenal Giustiniani. El modelo le había dado algunos problemas. Era un muchacho que vivía al otro lado del Tíber, y que se comportaba de un modo un tanto indolente; en varias ocasiones había llegado tarde a las sesiones. Padre le sermoneaba, le decía que no le pagaba para que no hiciera nada, que en Roma había modelos de sobra, que si continuaba así no le pagaría ni en lentejas, que le pagaría en patadas. Y, de hecho, un día en que Guido apareció medio borracho, nada más llegar a lo alto de la escalera volvió a bajarla rodando por los peldaños, bajo el aluvión de patadas, puñetazos e injurias de papá. «Hay que reconocer que es un holgazán», murmuró mamá en la cocina al ver al muchacho cayendo por la escalera, patas arriba. «*Signora* –dijo Guido–, con todo mi respeto: tiene usted un bruto por marido.» Mamá se secó rápidamente las manos con el mandil, y creí que los ojos se le iban a salir de la cara cuando le espetó: «Lárgate ahora mismo, bribón, si no quieres que yo también te saque a la calle a patadas. ¿Es que no tienes vergüenza? ¡Lárgate, te digo!» Así pues, hubo que buscar otro modelo, pero resultó que el pobre tipejo era un protegido del Oratorio, y el cardenal se molestó por la manera en que éste había sido tratado. Padre tuvo que ir a pedir disculpas a Monseñor, pero no quiso ceder ni volver a aceptar a *Guido*. Aquello perturbó la buena marcha del trabajo que, aun así, siguió adelante.

Por culpa de aquel cuadro, precisamente, llegaron las desgracias. Lo que mal empieza, mal acaba, decía padre... Aquel cuadro fue el causante, creo yo, de las animosidades que se declararon entre él y Giovanni Baglione. Pues, en efecto, cuando el cuadro estuvo al fin terminado y padre entregó el *Arcángel Miguel*, como había existido un cierto retraso y Baglione había aprovechado ese tiempo para entregar al cardenal el encargo que éste también le había hecho, el de padre fue menos apreciado que el otro. Este hecho despertó su cólera, ya que el *Amor divino* de Baglione no era nada del otro mundo, al contrario, su ejecución era de lo más criticable. Pero Baglione recibió incluso una cadena de plata, o un collar de piedras preciosas, no recuerdo bien, pero una joya de valor, en cualquier caso, como recompensa del cardenal; y padre, en cambio, nada.

La situación se agrió. Cuando Baglione se fue en peregrinación a Loreto, le trajo a papá unas virgencitas de plomo, si bien éste le había pedido una de plata. Baglione aseguró que ya no quedaban de plata, y que todas las figuras eran igual de santas. Ofendidísimo, padre le escribió una carta, que mandó llevar *a Giovanni, pintor*: «No te devuelvo las vírgenes, aunque te lo mereces; me las quedo por la santidad que entrañan, pero que sepas que no te tengo por un hombre con el suficiente espíritu como para comprarlas de otra materia que no sea plomo. Y sé que estoy en lo cierto, pues ya has dado prueba de ello a todo el mundo en otras ocasiones. También me río de ti y de tus consejos. Hazme un favor, si quieres: ponte esa cadena que llevas alrededor del cuello en tu panza de borrego; así el adorno estará a la medida de tu grandeza. Te aseguro, además, que si me hubieses enviado una de plata te la habría pagado, pues yo jamás le habría enviado una de plomo a un hombre de buenos modales. Y dicho esto, te dejo, riéndome de tu amistad.» Conozco el contenido de la carta porque padre nos la leyó a todos por la noche, después de haberla escrito y antes de confiársela a un mensajero.

Toda la familia aplaudió, incluso los más pequeños, cosa que calmó momentáneamente el mal humor de padre.

Baglione, no contento con tener los favores del cardenal y de gozar de un trato privilegiado por parte de éste, maquinó su venganza, y no sólo contra mi padre. Al año siguiente intentó iniciar un proceso de difamación contra varios pintores, Caravaggio, papá, Longhi, el pequeño Filippo Trisegni y otros. Hay que decir que los sonetos, según Baglione groseros, que circulaban acerca de él en Roma –o sea, que nadie los desconocía– habían sido escritos por uno de ellos, aunque él no sabía por quién. No me sorprendería que hubieran sido obra de padre, ya que sabía ser satírico y manifestarlo bien cuando, por un motivo u otro, le interesaba; pero jamás tuve ninguna prueba de ello.

El hecho es que padre fue convocado por el tribunal. Estábamos a principios del otoño. Se vistió elegantemente, y no olvidó llevar en un bolsillo las famosas virgencitas de plomo; estaba furioso, pero seguro de tener razón. A los niños no se les permitía estar allí, y madre tampoco quiso ir.

El día antes había sido leída su carta, y Baglione le había tildado de hombre brutal y sin talento. A lo cual, según nos contó, padre había replicado muy hábilmente, y como un gentilhombre, tachándole de lo que se merecía, o sea, de arrogante. También había dicho al tribunal que cuando él paseaba por Roma, Baglione esperaba que él, Gentileschi, le saludara si llegaban a encontrarse, pero que él mismo no veía razón para hacerlo, y que esperaba que fuera el otro quien se dirigiera a él antes; así llevaban casi un año. Alguien le preguntó si repetiría ante los jueces lo que pensaba del *Amor divino* de Baglione, y él respondió que «¡cómo no!», que la obra comportaba numerosas imperfecciones, y que él había sufrido una injusticia, mal que les pesara a todos los interesados.

Sus declaraciones, aunque sinceras y directas, no le trajeron sino perjuicios, y confirmaron la idea que Baglione tenía de padre y que iba a extender por toda Roma, a saber, que Gentileschi no respetaba a ninguna persona, por muy eminente que fuese, ni a pintores renombrados, ni a jueces, ni a cardenales. Lo cual, en parte, era cierto. La franqueza y el coraje constituían rasgos propios de su naturaleza. Su alma era naranja fuego, y con frecuencia también sus palabras, pues hay que reconocer que padre no se mordía la lengua.

Cuando regresó del tribunal, hubo fiesta en casa. Yo ignoraba qué era lo que festejábamos, si una victoria o una derrota, pues por entonces aún no se había dictado sentencia, y más tarde iban a hacer falta muchas peticiones de embajadores y de altas personalidades para obtener una medida de clemencia del Papa... Aquel regocijo no era, después de todo, más que un desafío, o la simulación de un apaciguamiento.

¡Qué de risas, palabras altisonantes, garrafas de vino vertidas, qué de ruido y de ocurrencias cuyo sentido no siempre podía entender, aquel 14 de septiembre del año 1603! La fiesta duró hasta el amanecer. Los hombres se hartaron de comer, y madre, que había estado cocinando todo el día, ordenaba a los niños servir, pues, en efecto, era costumbre que fueran los niños quienes sirvieran en esa clase de veladas.

Durante los días siguientes, se sucedieron los procesos. Un alumno de Baglione, un tal Tommaso Solini, apodado Mao, llevó a juicio al famosísimo Onorio Longhi (el hijo del arquitecto), quien, la verdad, iba de proceso en proceso, amén de ser convocado, casi una vez al año por término medio, a los múltiples enredos judiciales de su íntimo amigo Caravaggio. El cual, dicho sea de paso, requerido, él también, para dar explicaciones en el proceso Baglione, se defendió, como el buen pájaro que era, con una insolencia que no pasó desapercibida. Caravaggio tenía en su contra aquel asunto de los sonetos, pero también un resentimiento obvio por otro encargo lioso, una *Resurrección* para el Gesù, que una vez más se había llevado Baglione. Tampoco Miguel Ángel había dejado de arrojarse en brazos de la justicia, varios meses antes había sido arrestado en la piazza Navona por herir con su espada a un sargento del Papa, Canonino, ¡y había tenido que huir de Roma disfrazado de anciana! Ahí estaba, pues, ese *bardassa*, ese granuja, con una sonrisa resuelta en los labios, preguntando con toda tranquilidad al juez por qué había sido arrestado. El muy bribón, tan enredador como siempre, va y dice, entre otras cosas, que está enfadado con Gentileschi, o más bien que éste lo está con él, y se permite el lujo de hablar de sus amigos pintores diciendo que no por ser pintores han de tener talento, y también que, en consecuencia, nadie puede esperar de unos malos pintores un juicio de valor acerca de las obras de sus contemporáneos. ¡En definitiva, que en realidad él era el único que podía tener ese derecho! Y, para colmo, cuando le preguntan acerca del hacedor de versos, va y responde sin ceder: «No, yo no compongo versos, ni vulgares ni latinos.»

Pero volvamos a Longhi y a sus procesos. Había sufrido varios por haber cubierto de injurias, sin razón, a una mujer, una viuda de su estado, tildando a la infeliz de puta y de cagueta, y todo ello ante su puerta, en la calle, en plena noche (que Caravaggio hubiera tomado parte en aquello no habría sorprendido a nadie, ya que pasaba el tiempo mezclado con el *popolino*). Fue ella quien le denunció. Poco antes, además, Longhi había injuriado asimismo a su propio tutor, a quien había llamado ladrón y cornudo en una posada. También éste se querelló contra él. Esta vez, si no recuerdo mal, Longhi había insultado, nada menos que en una iglesia, a Mao, en presencia de Baglione. Todos habían salido afuera, y enseguida se había armado la trifulca. Baglione, por llevar un puñal con el que amenazaba a sus rivales, se ganó un puñetazo de uno de los compadres de Longhi. Longhi llevaba en la mano un ladrillo –¡Dios sabe qué hacía en una iglesia con un ladrillo, en lugar de llevar un misal!–, que le tiró a Baglione, el cual tan sólo perdió su sombrero, pero eso ya era demasiado. Más tarde, Longhi les estaba aguardando ante la casa de Mao, espada en mano y profiriendo, como de costumbre, toda clase de injurias. Tommaso della Porta, que había sido testigo de todas aquellas escenas, no quiso testimoniar; era hombre de poco fuste. El asunto dio que hablar, y la instrucción duró muchos días. Siempre había alguien en el tribunal dispuesto a contar a toda Roma los detalles de la instrucción, de manera que nadie ignoraba los meandros del carácter de Onorio.

Además, su hijo, llamado Martino como su abuelo, heredó el cerebro de su padre, agitado y violento, raro, en una palabra. También él fue luego un hombre propenso a los estallidos y las injurias, licencioso y vilipendioso, incapaz de templar su bilis irritada. También él le cogió gusto a las querellas públicas, y nada le complacía más que encolerizarse descaradamente cuando estaba rodeado de público; para colmo, nada le detenía, y se liaba a mamporros incluso con la gente de la Curia; le importaban un comino grado o condición, no tenía consideración ni con la Iglesia ni con la nobleza. Más le habría valido hacer fructificar su talento, pues lo peor es que lo tenía; nada le era extraño, ni la erudición de las ciencias más complejas ni el arte de la poesía. En vez de eso, se las ingenió tanto y tan bien para seguir el mal camino que había emprendido que, tras haber llevado a juicio a un hombre de leyes, y no de los peores, acabó en prisión.

Onorio Longhi era el ángel negro al que en modo alguno había que parecerse. Padre siempre nos lo citaba como un ejemplo a no seguir: «Que no os vea nunca volveros así, pues ya no habría necesidad de aguardar a que los jueces os metieran en prisión. ¡Yo mismo os conduciría a ella!»; «El primero de vosotros que se comporte como un bribón, que se cuide de no acabar como Onorio!»; «Si por desgracia uno de mis hijos se pone a fanfarronear como Longhi, ¡tendrá que vérselas conmigo!»; «De tal palo, tal astilla, ¡como los Longhi!».

«*El verdadero pintor debería ser ante todo un filósofo, a fin de penetrar en la naturaleza de las cosas y de dar a cada una de ellas, según la razón, la cantidad de luz que le conviene. Pues sólo así todas esas imágenes parecerán verdaderas y no meras representaciones o ficciones, y, si el creador es tal y como a mí me gustaría que fuese, sabrá expresarlas a todos por medio del racionamiento. En eso consiste, exactamente, la autoridad del arte del pintor.*»

Giovan Paolo Lomazzo
Idea del tempio della pittura (1590).

AZUR

Una vez finalizado el proceso Baglione, padre se tranquilizó, pero Miguel Ángel, una noche de noviembre, en las escaleras de Santa Maria della Minerva, aguardó a su presa para ajustar cuentas, con su compadre Longhi, además, siempre dispuesto, como él, a cualquier canallada. Tanto y tan bien vapulearon a su común delator que esa vez Longhi acabó en prisión, y Miguel Ángel tuvo que huir, lejos de Roma, a la espera del perdón, o al menos de que las aguas se sosegaran.

Pero, antes de partir, y ante la insistencia de padre, que le había enviado carta tras carta para que se las devolviese, Miguel Ángel hizo traer a casa un hábito de capuchino y, sobre todo, el par de alas que aquél le había prestado para que pintase un *Amor vencedor*. Cuadro que había realizado en oposición al *Amor divino* de Baglione, y nada más que por eso. Cuadro que, a su vez, había sido realizado para enfrentarlo al *San Miguel* de papá, como ya dije... ¡Qué de controversias y de escándalos ha encubierto– pero, quizá, no perdonado– el santo lugar de San Juan de los Florentinos!

Para ser sincera, a pesar de su mala vida y de sus contrariedades, a mí me caía bastante bien Miguel

Ángel. Tal vez estaba influida por padre, cuya aversión hacia su persona no podía compararse con la admiración confesada por su talento. «Miguel Ángel se lo puede permitir todo –repetía a menudo–, incluso ofender al Señor. Su talento es la escala que le conducirá al Cielo. Yo, que soy menos canalla que él, no estoy seguro de alcanzar ni siquiera el Purgatorio. Porque no se trata de una cuestión de religiosidad.» Yo jamás le habría tenido por marido, sino por amigo, por uno de esos amigos siempre ingratos, sí. Pero me guardaba para mí la fascinación y el terror que él me inspiraba.

De todos modos, yo era aún demasiado joven. Ya no era una niña, pero estaba en esa edad intermedia en la que no es posible ningún compromiso. En la que una es todo, pero a medias: una niña, una muchacha; el candor, la belleza... La edad de la espera. Una observa, ya no sabe quién es pero presiente lo que podrá llegar a ser. La edad en la que todas las dudas están permitidas. La edad del balancín interior: la palidez de los sentimientos proyectada en los colores ardientes de las emociones incontroladas.

Finalmente, mediante los favores y las intervenciones del marqués de Giustiniani, del embajador de Toscana e incluso del de Francia, todos los condenados obtuvieron la gracia papal. ¡En buena hora!

La vida, pues, siguió adelante. Padre, en busca de encargos, había olvidado por el momento la distinción que ansiaba y que tantos pintores conocidos suyos ya habían –injustamente, según él– recibido: la Cruz de Cristo, que el Papa concedía a sus mejores súbditos artistas.

Aquel hombre estuvo siempre, a pesar de su voluntad y de la calidad de su trabajo, y según confesión propia, en el límite entre un buen y un mal pintor. Se internaba en la pasarela que separa ambas categorías, sin llegar a cruzarla del todo. Era un pintor honesto, más que honesto, incluso. Pero la amplitud de su ambición no lograba resultados, aunque por nada del mundo se habría rebajado a pintar flores o guirnaldas.

Padre me tomó como modelo de una tañedora de laúd. Y la verdad es que hallé gran placer cumpliendo esa labor.

De entrada, le habían dado una semana para realizar el cuadro, cosa a lo que él, claro está, se negó. Los mercaderes debían de tomar a los pintores por vendedores de puerros: embalar y vender. Unos cuantos días de plazo: unas decenas de ducados, un puñado de «julios», una pulgarada de piastras españolas, incluso algunos pollos (¡doy fe de ello!) como pago. Sí, aquellos señores subestimaban las verdaderas necesidades que implicaba cualquier trabajo digno de ese nombre. Pero siempre tenían prisa, tal vez porque en cada ocasión dudaban tanto acerca de a quién debían adjudicar el menor encargo que luego se les acababa echando el tiempo encima. Por eso el arte consistía también en hacer a los señores promesas de las que luego, mediante mil y una artimañas, que a veces rayaban incluso en lo ridículo, había que desdecirse; por no hablar de las cábalas, las envidias, las zancadillas y los plagios, inherentes a aquel mundillo, que había que sortear, también con maña. La vida de cualquier artista pendía de un hilo; éste podía pasar de la noche a la mañana a vivir como un pordiosero, o como un estafador.

Allí estaba, pues, aquella tañedora de laúd en cuya piel me había metido. Le pedimos prestado el instrumento a un vecino, un músico español que a todas horas nos aturdía con sus extrañas melopeas, las cuales, según nos dijo alguien, no tenían nada de españolas, sino que eran moriscas. El hombre tenía algo de voz. Su casa albergaba a varias pájaras que le cocinaban la pasta, le servían la bebida y le ofrecían también sus atentos oídos –por no hablar de otras partes de sus cuerpos menos delicadas–. Poseía un buen número de instrumentos, lo cual nos permitió poder disponer del laúd, así como de algunas partituras. El español era, por lo demás, muy amable, aunque su sonrisa se perdía en la excesiva gordura que sus variadas comilonas mantenían sin esfuerzo.

Todo había empezado bien. Me puse un vestido azur con un escote cuadrado y adornado de fino encaje, tan fino que parecía una cinta de velo. Madre se encargó de peinarme, sujetándome el pelo por detrás de la nuca en un moño que padre luego deshizo descuidadamente, haciendo caer sobre mi cuello y mis sienes los mechones morenos. Con una mano sujetaba el laúd; delante mí, desparramadas en un desorden muy premeditado, estaban las partituras, y, a mi derecha, madre había compuesto un ramo de lirios blancos, de rosas, de jóvenes margaritas y de flores campestres que, al final, padre quitó del ramo.

Recuerdo bien aquellos días, aquellas sesiones, pues el estado de mamá, quien desde el difícil parto de Marco, nuestro hermano pequeño, que ni siquiera tenía un año, no había sufrido más que complicaciones, de pronto se agravó. Dichas complicaciones le habían provocado la fiebre romana, y, de la noche a la mañana, tuvimos la certeza de que no pasaría aquel invierno. Corría el año 1605, y estábamos en vísperas de la Navidad.

Padre proseguía su trabajo, pues lo necesitaba. Yo me dividía entre las sesiones de pose y la cabecera del lecho de mamá; ayudaba a asearla, a preparar las compresas calmantes que le aplicábamos a todas horas. El ambiente de la casa estaba cargado, reinaba el silencio, entrecortado algunas *veces por los gemidos ape*nas perceptibles de la enferma, por sus suspiros, que parecían sollozos. Su rostro era cada vez más amarillento, verdoso, sus ojos dorados se habían ensombrecido, la pobre adelgazaba, daba pena verla, pero seguía sonriendo, no deliraba.

Padre pintaba, y yo le observaba; estaba bajo la férula de su mirada, nos mirábamos a los ojos sin vernos, pensábamos siempre en lo mismo. Rara vez, en mi vida, le vi tan tranquilo; durante el período en que él estuvo pintando el cuadro y madre muriéndose, no tuvo ningún cambio brusco de humor. En el taller, el tiempo se alargaba como las sombras; en el cuarto de al lado, se acortaba. Y en nuestras cabezas estaba como detenido.

El bullicio festivo de la Natividad de Nuestro Señor Jesucristo apenas se notó en casa. Todos nos hallábamos en una esfera de espera que no era propicia a los sonidos. Hablábamos en voz baja. Andábamos de puntillas. Vivíamos en penumbra. Recogidos.

Poco antes de que sonara su última hora, madre quiso ver a solas a cada uno de sus hijos. Su cuerpo desprendía un olor acre: sus ojos estaban medio cerrados. Hablaba tan despacio que creí que cada sílaba sería la última. Sin embargo me sonrió, me habló de mis doce años, de mi vestido, que yo no había tenido tiempo de quitarme, de su bonito color, e, inmediatamente después, del azur del Cielo, donde nos volveríamos a ver un día. Me habló de padre, y me pidió no que le protegiera, sino que le comprendiera. Y le amara. «La comprensión es el corazón del amor», me dijo, pero ya no sé si fueron ésas sus palabras exactas. La fiebre la sofocaba, el frío la invadía. La sonrisa de sus labios hacía creer que dejaba el mundo con confianza, estaba aterrorizada. Tenía ganas de echarme en sus brazos, de estrecharla con fuerza, de seguir reteniéndola...

Una amiga suya me pidió que saliera, y, como yo no reaccionaba, me tiró del brazo; había llegado el médico.

A la mañana siguiente, al alba del 26 de diciembre, madre murió, tras haber recibido la Extremaunción, aunque sin haber recobrado el conocimiento desde aquella noche.

La velamos poco. Padre no quería. Después de haber recibido, durante todo ese día y el siguiente, la visita de amigos y familiares, y tras haber arreglado lo relativo al entierro, al atardecer del segundo día me llamó, me pidió que me pusiera el vestido azur, que me peinara, que cogiera el laúd y que posara. Mientras yo misma ordenaba las flores, que se habían marchitado un poco, él echaba en su paleta los colores, preparaba el lienzo, regulaba la luz poniendo o quitando velas en los candelabros. Recuerdo con exactitud que, cuando íbamos a comenzar, se desató el mandil y volvió a atárselo, más ceñido. Jamás había sido uno de esos pintores que trabajan de noche; salvo en los momentos forzosos en que había muchos encargos y mucha prisa por entregarlos, prefería siempre la luz del día para pintar, aun a riesgo de tener que cerrar un poco las cortinas cuando el sol era demasiado intenso.

–El destino nos ha arrebatado a tu madre, Misia –dijo poco después.

«El destino, sí», repetía yo en mi interior. Me costaba ordenar mis pensamientos. Sabía que él iba a seguir hablando; papá era gruñón por naturaleza, pero no callado. Siempre estaba hablando, al caminar, al trabajar, e incluso estando solo.

–El destino es como una llanura: liso y limitado.

Noté que aquella noche trabajaba despacio. Y que me miraba poco. Es probable que tan sólo necesitara mi presencia.

–No voy a llorar. No porque su muerte me sea indiferente. Ni tampoco porque me devore el trabajo... ¿Te acuerdas de Palma?

No, no le recordaba. Y no respondí nada.

–Palma –respondió él–, cuando murió su mujer, se puso a pintar, y no fue a enterrarla. Cuando las mujeres volvieron del cementerio, él tan sólo les preguntó: «¿La habéis instalado bien?» Aquéllas fueron las últimas palabras que pronunció... Y yo le entiendo. Tal vez no fue por maldad, sino por la aflicción, silenciosa y solitaria, que le invadió. Yo, en cambio, voy a decirte algo más: Prudenza era mi bienamada mujer. Ni un solo día, ni una sola hora he lamentado haberla tomado por esposa. Ése es un sentimiento precioso en la vida de un hombre. Y juro a Dios que ninguna otra mujer la reemplazará jamás.

Soltó un profundo suspiro, las llamitas de las velas se tambalearon cerca de su rostro, y vi cómo la sombra de su perfil se echaba a temblar en la pared.

–Ella te lo había dicho, ¿verdad?, te había dicho que la vida es la antecámara de la eternidad...

Sin aguardar mi respuesta, prosiguió:

–Esa piadosa mujer vive desde ahora en la eternidad, en la apacible felicidad del continente de los muertos.

Fue entonces, y sólo entonces, cuando me entraron ganas de llorar. Todo mi cuerpo se contrajo, y apreté los dientes para contener un sollozo. Pero las lágrimas fluyeron a mi pesar.

–No llores, *carina*...

Aparté la cara de la luz y me enjugué las mejillas con una manga del vestido.

–Quería decirte que a partir de ahora eres algo más que mi hija mayor, muy mayor. Desde este momento, la responsabilidad de esta casa y de esta familia descansa sobre nuestros hombros, sobre los tuyos y los míos. Aun así, no creo que debas dejar la pintura, al contrario, debes sacar provecho de lo que has aprendido hasta hoy. Tendrás que conciliar todo, pues tengo intención de hacerte proseguir por este camino, al mismo nivel que mis hijos varones.

Mamá fue enterrada con su vestido amarillo azafrán, que tuvimos que retocar un poco, pues la pobre había adelgazado mucho.

Cuando la vi en su pequeño ataúd, supe que, sin ella, el porvenir estaría cargado de dificultades.

La vez siguiente que posé para la *Tañedora de laúd* de papá, tardé en darme cuenta de ello, pues, en aquellos momentos, prestaba sobre todo atención a mi compostura, y tan sólo seguía su mirada, pero de pronto, al girar la cara para mirar, de reojo, el cuadro, vi que el vestido ya no era azur; padre lo había sustituido por una sencilla camisa blanca con el cuello abierto, como el de una campesina.

Algunos años después, el cuadro desapareció bajo otra *Tañedora de laúd*. Así que, al final, no quedó rastro alguno de aquellos días patéticos.

«Nosotros, los italianos, somos más irregulares y corruptos que cualquier otro pueblo.»

Maquiavelo (1469-1527).

AMARILLO PAJA

Amordacé mi corazón. La espera iba a ser larga: tan sólo el Cielo me libraría de mis tormentos.

Pasaban los días, las semanas, los meses volando, sin darme un respiro. Ni un instante para soñar, ni tan siquiera para hacerme preguntas.

Tuve que aprender a estar en todos los frentes: el de las labores domésticas, el del taller, el de los niños, pues Marco, que muy pronto sería llevado a casa de mi tía, la cual no había criado hijos, apenas tenía un año.

Tuve que retomar el camino de los *vicoli* tortuosos y malolientes, que había evitado discretamente durante los últimos años, pasar delante de las *trattorie*, de las *osterie*, de todos aquellos lugares de los que salían hombres achispados que te revolvían por dentro creyendo halagarte, rozarme con las muchachas desvergonzadas que ellos llevaban del brazo y que se reían de mi inquietud, de mi ceño fruncido, con los mendigos incansablemente mugrientos, con los soldados aventureros de los que ni la mismísima perfidia se habría fiado, con toda clase de malhechores que llevaban, a pesar de la prohibición, la espada al cinto, e incluso con los cerdos, los de verdad, que aún entonces pacían en algunos pequeños herbazales.

Los pies estaban a merced de las boñigas de asno o de caballo, y el bajo de mi vestido aparecía ligeramente manchado cuando por fin llegaba al mercado del arco de Séptimo Severo, el más grande, el que de niña tanto me gustaba por su variedad de colores, su extraordinaria animación, y que ahora me disgustaba por sus ruidos y sus espantosos olores a cosas podridas y a aguas estancadas.

En más de una ocasión tuve que dar muestras de autoridad, ante el cansancio de padre y la desfachatez de los chicos, que se las sabían todas. Era yo quien tenía que encarar la insolencia de una criada o el timo de un mercader, las picardías de un aguador o las maledicencias de las vecinas que, con aires de falsa piedad, veían con mal ojo el futuro de mi virtud en medio de tantos hombres. Tan sólo hallaba reposo, finalmente, en la quietud del taller, donde, sola o con mis hermanos, a veces con papá, trabajaba por las tardes.

No tuve tiempo de verme cambiar. Pronto hube de trocar mis actitudes de muchacha en maneras de mujer, y sin darme cuenta. A los trece o catorce años, ya había adquirido la costumbre de ayudar a recibir a los amigos, de hacer esperar en la cocina a algún mercader o modelo, a escuchar las confidencias de padre acerca de su trabajo, la ciudad o los señores.

Me contaba los chismes de los pintores, o los que corrían acerca de ellos, me hablaba de las estafas de los mercaderes, de las cuentas amañadas de los camarlengos. Todo el mundo conocía la severidad de la legislación, las condenas a las que uno se exponía por el menor desvío de dinero: penas aflictivas que llegaban hasta la galera de por vida, la confiscación de bienes e incluso la horca.

La corrupción de las almas estaba severamente castigada, aunque día tras día había personas que caían en la trampa de sus abominaciones; por no hablar de los jueces mismos, que no eran ni clarividentes ni justos. *Tutto era corruzione*. Papá decía que, en medio de aquella nebulosa, incluso aquellos que castigaban buscaban hacer negocio, pues confundían el boato con el poder. «Tan sólo esos señores, los grandes duques, están libres de las preocupaciones del atesorar y del endeudarse, gracias a nosotros, los que les servimos. La vocación de su vida es la complacencia sin límites, y eso lo pagamos nosotros –solía repetir–. Pero tampoco ellos escapan a la muerte violenta, que es su única justicia: se matan entre sí ahogando sus gritos con hermosos terciopelos, y se degüellan con puñales con incrustaciones de rubíes, su único lujo en la muerte, pues los estertores de la agonía son iguales para todos.» Conseguir dinero, en medio de aquella amalgama de poderes contradictorios, de autoridad interesada, de hegemonías de principio, de oscuros tráficos, de comisiones y de arreglos caprichosos, de santísimas razones, no era tarea fácil.

Tal pintor, aceptado un día en la corte de los grandes, podía al día siguiente, por haber representado de un modo demasiado altivo la figura de un cuadro, verse de nuevo en la calle. Tal otro, que un día vivía como un señor, luciendo las telas más nobles y las joyas más deslumbrantes, rodeado de la más hermosa compañía y saboreando los más exquisitos manjares en la mesa de su protector, podía al día siguiente ser puesto, por el mismo individuo que le había acogido en su morada, de patitas en la calle por haber pintado una imagen demasiado profana o no haber cumplido el plazo señalado. Ni siquiera el talento tenía entonces, a los ojos de la autoridad, peso alguno. Demasiados artistas caían, hay que decirlo, en ese gusto exagerado por la ostentación, por el mero afán de parecer, y, ciegos, se hundían en él a la primera ocasión que se les presentaba, para luego tener que morderse los puños, de pura rabia, buscando contra viento y marea una oportunidad para redimirse.

«No hay que apasionarse demasiado por las riquezas materiales de este mundo –nos avisaba papá–, y menos por las que no hemos heredado ni ganado, y que, por tanto, no poseemos.»

Luego, nos mudamos. A principios de la primavera, nos trasladamos de la via Margutta a la via Santa Croce. En verano, también nos fuimos de allí. Papá lo decidió sin exponernos sus motivos ni preguntarnos nuestra opinión, y nos vimos obligados a acatarlo. Nos mudamos al otro lado del río, a la via Santo Spirito in Sassia, al pie del monte Croce. Por segunda vez en pocos meses, forzados a preparar nuestras cosas sin demora, nos dedicamos a ello apresuradamente.

Algunas las metimos en cofres, otras en simples hatillos de tela anudada, o incluso en cestas. Envolvimos los objetos frágiles en capas de paja (unos vasos de Murano de gran valor, y dos cristales de Bohemia que le habían regalado a papá como pago por un cuadro), y luego hicimos con ellas unos paquetes que atamos con cuerdas resistentes. Los vestidos que habían pertenecido a mamá, así como sus escasas joyas, fueron a parar, en esa ocasión, definitivamente a mí. Los trastos y utensilios de pintura los pusimos en común, incluidas las obrillas en las que mis hermanos o yo estábamos trabajando, e incluso los esbozos, los bocetos sin valor. Las criadas tuvieron que embalar todos los enseres de cocina. Papá decidió envolver las patas de los muebles con las cortinas de las ventanas, cosa que me pareció peligrosa para las telas; le propuse que empleara paja, pero no me hizo el menor caso. Sí aceptó, en cambio, ese humilde material de un purísimo color amarillo, para proteger las grandes alas azules y blancas de los demasiado célebres y diversos *Amores* que aún iban a servir en numerosas ocasiones, y también nos llevamos el laúd que nos había prestado el español, ya que el cuadro, por entonces, no había sido terminado, ni abandonado, ni tapado.

En realidad, no teníamos demasiados bártulos, pues nuestros bienes se limitaban a las cosas esenciales para la vida diaria, pero aun así hubo que hacer varios viajes, durante dos días, para realizar la mudanza. Debo decir que la carreta que habíamos conseguido era más bien pequeña, que el burro que tiraba de ella parecía viejo e iba despacio, que la distancia era considerable y el camino estaba atestado, pero, claro, ¡no teníamos medios para mudarnos en una carroza! El jorobado al que pertenecía la carreta hizo un buen negocio, ya que le pagamos generosamente y al momento, con un encantador candelabrillo y algunas decenas de julios, lo cual le garantizaba varios días de sustento, por lo menos, además de un objeto de valor que podría revender a buen precio. En la piazza della Rovere, estuvimos a punto de perder uno de los cargamentos, pues unos caballos que venían en sentido contrario molestaron al burro y el contenido de la carreta se desequilibró, llegando a acusar una inclinación muy peligrosa. Recorrimos los últimos metros sujetando, mal que bien, con las manos, nuestro tesoro.

Nuestra casa no ofrecía grandes diferencias con respecto a la anterior, a no ser el barrio, más nuevo, y el taller de papá, que esta vez instalamos en la planta baja, según la costumbre de la época. De ese modo podía trabajar, si lo deseaba, sobre formatos de mayor tamaño que no habrían cabido por el hueco de la escalera, y permitir a sus huéspedes evitar la olorosa antecámara de la cocina por la que antes tenían que pasar.
Al principio, la proximidad del Hospital del Santo Spirito me mortificaba, a pesar de que había sido recientemente reconstruido, tras haber sufrido un espantoso incendio. A veces me parecía el mismísimo infierno: por sus puertas entreabiertas se escapaban olores a cuerpos desaseados y a excrementos, gritos y

lamentos terroríficos; se percibían seres que de hombres sólo tenían el nombre, de mujeres, sólo la sombra, de niños, sólo la estatura, tan miserables con sus andrajos mugrientos, tan delgados y cubiertos de llagas, tan desfigurados y deformes a causa de alguna horrible enfermedad, cuando no llevaban, sencillamente, la cogulla negra de los apestados que decía mucho acerca de sus sufrimientos y de su estado. El repique de las campanas de la iglesia que había al lado era casi un consuelo, tanto para ellos como para nosotros.

Aquel traslado nos llevó, al mismo tiempo, cerca del castel' San Angelo y de San Pietro, al que se llegaba en pocos pasos atravesando el Borgo, lo cual no implicaba que tuviéramos acceso a la ciudadela del papado. Desde el saqueo de Roma, esa parte de la ciudad –que había sufrido mucho entonces, hasta el punto de haber sido una de las más pobres durante una época–, había sido objeto de estudio, y se habían elaborado varios planes, llenos de buena voluntad pontifical, para reurbanizarla. Incluso se proyectaba trazar una vía de acceso real desde el Tíber a la basílica, pero que no llegó a hacerse, ¡ay!, cuando yo vivía; lo cual no impedía que aquel rincón de la ciudad fuese muy animado, a causa de sus numerosas plazas, plazuelas e iglesias.

Padre se alegraba de haber elegido ese lugar para vivir. Pensaba que el barrio tenía futuro, pues, de hecho, ¿no estaban a punto de construir, no lejos de allí, la Iglesia de Santa Maria in Traspontina? ¿Quién dice que, a causa de ello, no pueda perfilarse algún encargo? ¿Y quién sabe si el *castel* mismo, que albergaba locas y sombrías historias (como la del pobre Benvenuto Cellini, que había estado prisionero allí), pero *sobre todo tesoros artísticos que Sus Santidades, los* diferentes papas, habían acumulado al arbitrio de sus fantasías, no ofrecería algunas oportunidades a los espíritus creadores? ¿Y Santa Cecilia, que no acababa de ser restaurada nunca (cosa que casi se había convertido en un hábito)? Al igual que la pobre Santa Maria in Trastevere... ¿Y ese proyecto de reconstruir la Iglesia de San Francesco a Ripa...? Otra buena ocasión para que él demostrara su talento. Por desgracia, cuando llegamos ya estaba acabada Santa Maria della Scala... Aunque, ¿realmente habría valido la pena? De todos modos, ahora podíamos cruzar el Tíber en un santiamén, y en nuestros antiguos feudos siempre había trabajo... si se buscaba bien. Finalmente, el Giannicolo nos ofrecía sus verdes extensiones y la sombra de sus árboles, entre ellos, el venerable roble bajo el cual tanto había meditado Tasso –¿quién sabe si también a nosotros nos contaría los secretos de su inspiración?–, y algunas villas, construidas en el bucólico montículo, alardeando ante nosotros de sus encantos, haciéndonos soñar... Estábamos cautivados.

A mí no me desagradaba la idea de dejar atrás las caras de aquellas viejas comadres cuyas miradas me habían seguido en exceso últimamente; sospechaba que su recuerdo acabaría ahogándose en alguna parte situada entre su orilla y la mía, siendo arrastrado por la corriente verdosa del Tíber. Y además, bien pensado, nada me ataba ni aquí ni allí. Luego qué mas daba un sitio u otro... Decidí, pues, que no tenía motivo alguno para consumirme, aun cuando hubiera pensado en ello, como al recordar a mamá; a fin de cuentas, el principal cambio se limitaba a tener que adquirir nuevas costumbres. Lejos de mí –me dije, para mi tranquilidad– la influencia de alguna *gran passione*, de algún gran tormento.

Despedimos a una de las criadas, que no eran más que dos desde que yo me había puesto a trabajar más en serio, y nos quedamos sólo con Giustina, mujer más vieja, pero más de fiar. Con ella, que tenía tanta experiencia en todo lo doméstico, organizar, ordenar nuestra nueva casa sería coser y cantar. Y, en efecto, desembalamos todo en un momento, y, como por arte de magia, hallamos un sitio para cada cosa. Padre y los chicos se encargaron de montar el taller. A mí, en cambio, tal y como había imaginado, no me resultó tan divertido tener que lavar y arreglar las cortinas que papá, con toda su buena voluntad, había usado para envolver los muebles.

En suma, durante aquel traslado, las alas de los *Amores* perdieron varias plumas, las más frágiles, las más vellosas; el laúd, en cambio, conservó todas sus notas. Y algunas briznas de paja, como minúsculos insectos, nos hicieron compañía durante mucho tiempo, revoloteando aquí y allá bajo nuestro techo.

No había ninguna duda de que cada uno de nosotros entraba en una nueva fase de su vida. En lo que a mí respecta, al menos, estaba convencida de ello. Curiosa, por demás, y, todo hay que decirlo, armada de coraje gracias a una especie de principio (muy similar al hecho de ponerse a prueba) o de vanidad, caminaba con la cabeza alta, la vista al frente.

Pues, si mis cálculos eran exactos, el primer tercio de mi vida había, más o menos, concluido.

SEGUNDA PARTE
Un tiempo para arrancar, un tiempo para matar

«¿Por qué has puesto un caballo en medio de tu cuadro, y a San Pablo tirado en el suelo?
–Porque sí.
–Ese caballo, ¿es Dios?
–No. Pero se encuentra en la luz de Dios.»

Diálogo entre un prelado
de la Iglesia de Santa Maria del Popolo y Caravaggio.

VERDECELEDÓN

–A las mujeres les gustan demasiado los pintores flamencos. Sí, son bonitos, hay que reconocerlo, todos esos paisajillos suyos salpicados, a propósito, de personajes, y sí, reconozco que son encantadoras sus damas, representadas en esa especie de inmovilidad perlada... Pero ¡no es para desmayarse!
–Papá, eres injusto.
–Soy sincero, más bien. Atrévete a decir que no lo soy, venga: me gustaría poder reconocer que les debemos mucho... Al fin y al cabo, de ellos hemos heredado la pintura al óleo, ¿no?
–Ahora estás siendo irónico...
–Escucha, el propio Miguel Ángel decía de esa pintura que carecía de nervio. Que no tenía, a pesar de su aparente sosiego, música profunda, armonía. ¡Tanto ropaje, tantos puentes y arroyos, tanta hierba, tanto afán de agradar, en suma, para tan pocos resultados tangibles!... Sus palabras textuales eran que «por querer hacer tantas cosas (cada una de las cuales ya es de por sí suficientemente difícil), los pintores de ese país acaban por no ejecutar ninguna de un modo conveniente».
–Sin embargo, me has hablado de Durero...
–Y de muchos otros...

Padre se frotó la nariz, antes de continuar:
–Todos tienen su mérito... Un buen dibujo aquí, una honesta figurilla allá. Pero de nuevo le doy la razón a Miguel Ángel en esto: un mal alumno italiano será siempre mejor que un maestro de cualquier otra región. De hecho todos los extranjeros quieren imitar el toque italiano.
–Me gustaría creerte...
–Entonces, ¡créeme!
–Pero no me das razones, digamos, serias, indiscutibles...
Él soltó una carcajada de lo más cortante.
–¡Hija mía!, hablar de objetividad en arte es como querer enjaular el color. No sirve de nada.
–Bien, vale. Pero entonces, ¿por qué dices que Italia es la única dotada para la pintura?
–Italia es una tierra bendecida por los cielos. La mano del más mediocre de los pintores italianos es un don del Cielo.
–Si me permites, padre, creo que pecas un poco de soberbia.
–No, no. Verás, cariño: un pintor, por el mero hecho de ser italiano, ya es un pintor sagrado.
Nos pasábamos horas hablando sin parar. Yo trabajaba mucho para él. No sólo en sus preparados, y en las sesiones de pose, sino que ya me permitía ejercitarme con alguna figura.
Por otro lado, incluso cuando sus opiniones no me parecían convincentes, sino irrisorias, me había acostumbrado a escucharle hablar. Su oleada de palabras, de observaciones sensatas, calmas o acerbas, tontas o, al contrario, profundas, subversivas o graciosas, me acunaba. Seguía escuchándole incluso cuando ya no le escuchaba. Papá me fascinaba, es más, estoy segura de haberle idolatrado mucho.
Yo era –me decía– su mujercita, su compañera de trabajo, su querida hija. «Me recuerdas a tu madre, posees su misma fuerza sosegada, pero me resultas

más cercana que ella, porque también te pareces a mí, eres un poco yo, formas parte de mí.»

Cuando surgía algún problema con uno de mis hermanos, siempre me pedía consejo. Sobre todo tenía desavenencias con Giulio. Padre e hijo poseían caracteres muy difíciles de conciliar. Giulio era tan propenso como él a la farsa, a la irrisión, pero le faltaba madera, aunque tenía un gran corazón. Francesco también era travieso pero, si bien Giulio pecaba de exceso de despreocupación en todo, Francesco era sacrificado y trabajador, lo cual facilitaba sus relaciones con padre. Marco, el pequeñín, que ya no vivía bajo nuestro techo, era mucho más cerrado, menos sociable, pero siempre dulce; físicamente, era idéntico a mamá. Francesco fue siempre mi hermano predilecto, el primero en edad y en mi corazón. El vínculo más fuerte que existía en casa unía a los tres testarudos de la familia: papá, Francesco y yo.

Padre tenía sus obsesiones, como ese cuento de los pintores flamencos (o de los pintores franceses, o de los pintores españoles...):

–No tienes más que verlo: todos vienen a Roma... ¿Por qué, pues, crees que vienen aquí, eh?

–Por la luz... el clima... el vino italiano...

–La luz, pase, el clima... no, no es un motivo válido, no para los españoles, en todo caso, también ellos tienen su Sur. Por el vino, lo admito, y también por la pasta y por las mujeres... La italiana tiene el corazón caliente, y no sólo el corazón...

–¡Papá! –exclamaba yo, para guardar las formas.

–Hablemos de arte, ¿quieres?

–Me parece recordar que ésa era, en efecto, nuestra intención.

Le había entendido perfectamente, pero me divertía ponerle el cebo y esperar a que, a buen seguro, picase. De todos modos, sabía adónde iría a parar.

–Las iglesias, papá. Tenemos tantas iglesias... son una fuente de trabajo.

–Te recuerdo que los del Norte son protestantes. Un pequeño detalle bastante a tener en cuenta, *bella*. Y a tomar en consideración: por él, se ha derramado mucha sangre.
 –Espera un minuto: hay muchos artistas del Norte que, a pesar de todo, trabajan aquí. No vienen tan sólo a pasear y a admirar nuestras obras.
 –¡Por supuesto! Incluso los hay que hicieron el viaje para volverse locos...
 –¿Quién?
 –Jacob Cornelisz Cobaert, por ejemplo, que hizo un montón de modelos en mármol o marfil. Se pasó la vida realizando una sola escultura...
 Le interrumpí para preguntarle de qué material. Me encantaba conocer ese tipo de detalles.
 –De mármol... Bueno, se pasó la vida, no, más bien quiero decir que se pasa la vida, porque aún no ha muerto, que yo sepa, trabajando en esa enorme pieza que considera su obra maestra...
 –¿Qué representa?
 –A San Mateo, según dicen, pues nadie la ha visto jamás. Y quién sabe si realmente existe... Ese hombre, Misia, vive recluido en su casa. No se le conoce ningún amigo. Nadie ha cruzado jamás el umbral de su puerta.
 –Eso es imposible... ¿Y cuando está enfermo?
 –Es la verdad. Cuando necesita algo que no puede ir a buscar, baja por la ventana una canastilla, atada a una cuerda.
 Un caso triste y gracioso a la vez. Nos echamos a reír. Cuando nos tranquilizamos, padre insistió (pues era muy pertinaz):
 –¿Has oído hablar de Elsheimer, el alemán?
 –Sí. En esta misma casa.
 –Lleva tiempo ido.
 –¿Qué pinta?
 –Paisajillos.
 –¡Paisajillos! ¡En Roma! –exclamé, sorprendida.

–Sí, ya sé, aquí no se estila, pero, aunque no lo creas, hay mucha gente aficionada a ellos. Los de Elsheimer, además, están hermosamente realizados... Lo que quería decir es que para pintar toda esa naturaleza, el hombre se pasa días enteros tumbado bajo los árboles...
–Observando, supongo.
–Exactamente. Observa y observa hasta que, con los ojos cerrados, siente que incluso la más pequeña hoja, la más pequeña ramilla se ha grabado en sus retinas. Entonces, se planta ante el caballete y, sin tan siquiera hacer un boceto, mancha la tela.
–Tal vez sea, sencillamente, un hombre listo, o perezoso.
–Sí, un poco... Al parecer, en su casa todo se está yendo a pique. Es incapaz de ocuparse de nada en concreto. No paga ninguna de sus deudas, y se le acumulan. Sus vástagos no le obedecen, y también se le acumulan... Porque, para colmo de males, se casó con una romana que no para de darle hijos. Una pobre muchacha, que tiene fama de tener carnes generosas y costumbres ligeras.
–¡Pobre!
–¿Cómo pintarías tú esos sentimientos de locura?
–¿Podrías explicarte mejor?
–¿Cuál sería el color dominante en un cuadro en el que alguien te pidiera representar esos personajes de los que te estaba hablando?
–El color... Los colores serían los de sus vestimentas, y el fondo más bien apacible. Destacaría sus caras, sus ojos.
–Claro. No me dices nada nuevo. Yo te hablo del sentimiento. El sentimiento tiene un color.

Reflexioné. Comprendía bien lo que papá quería decir, pero me costaba hacerme una idea. No iba a decir «negro», demasiado fácil. El amarillo, según me había enseñado él, era el color de la pena... Pero, en este caso, no me inspiraba. El rojo era, a todas luces, pasión, y no era esa clase de rabia la que yo imaginaba en las locuras que me acababa de contar. Poco a poco, las imágenes se fueron cubriendo en mi mente de un velo verde. Y se lo hice saber:

–Digamos que verde.
–¿Qué verde?
–Celedón, ¡y no se hable más!
–Sí, hablemos más. Verdeceledón... es un tono tan pálido... Yo vería en él, más bien, un amor no declarado.

–Si lo piensas bien, en los casos que me has contado, hay algo de eso, de la imposibilidad de declarar. Son unos hombres cerrados, ahogados en el agua de una ciénaga interior.

–¡Sea, pues, el celedón! La lección consiste en no olvidar el sentimiento que quieres expresar en una pintura. Sin él, la ejecución, aunque *importantissima*, no es nada. El resultado final de un cuadro es siempre el sentimiento que se desprende de él. Y quien dice sentimiento dice color. Color y pincelada, nada más. Luces y sombras. El resto es accesorio. El resto lo puede hacer cualquier pintor que haya estudiado un poco. Sobre todo en nuestra época.

–¿Por qué dices eso?
–¿Por qué crees tú? Queda poco que aprender de la técnica. A partir de ahora, todo se hará en los corazones –afirmó dándose ligeros golpecillos sobre el lado izquierdo de su pecho, con la mano con la que sostenía la paleta.

Tras un breve silencio, me dijo, mezclando churras con merinas, por atreverme a usar esa expresión para hablar de otro animal:

–¿Ves este jabalí que estoy pintando? ¿Sabes por qué los jabalíes eran sacrificados a la luna en la Antigüedad?

–Lo ignoro.
–La respuesta está en el cuadro.
–¿Me estás planteando un enigma?

–En absoluto, querida... La lección de ahora es que, para ser un buen pintor, también hay que mirar mucha pintura.

–¿Quién te dice que...?

–¡Oh!, para enseguida. Ya lo sé. Bueno, ¿qué pasa entonces con este jabalí y esta luna?

Veía claramente –y aún conservo un recuerdo preciso de él– que el conjunto estaba bañado por una luz lechosa, en una palabra: lunar. Pero presentía que la respuesta, como la precedente acerca del color, no podía ser tan evidente. Máxime cuando la forma rechoncha y fornida del jabalí me parecía estar tan lejos de la suavidad femenina del astro diamantino... A mil kilómetros de distancia, la verdad. De pronto, la curva muy marcada de uno de los colmillos del jabalí, blanco y puntiagudo, me pareció similar a la pequeña luna creciente que papá había pintado como una efigie en el cielo.

–Se parecen –balbuceé.

–Sé más precisa.

–El colmillo de la cabeza del animal que, así inclinado, recuerda a tu luna creciente... como de rebote. Lo digo tal cual lo veo...

Padre se quedó pasmado. Cuando una expresión pareja se dibujaba en su rostro, me hacía dudar y requetedudar: era difícil saber de qué lado se inclinaría la balanza de su juicio.

–¡Misia, me dejas estupefacto! Lo tienes todo para llegar a ser un gran pintor...

–Incluido –me atreví a decir yo, no sin ironía– el toque romano.

–¡Sobre todo, querrás decir! Es un requisito más que esencial, determinante, el más serio del mundo... Pero ¿de dónde partió nuestra conversación? ¿Lo recuerdas?

–Del don italiano.

–Ya decía yo... que había una relación.

No pude sino echarme a reír.

–Pues sí, esto me tranquiliza bastante. Me satisface constatar, y ya iba siendo hora, que conservo la mente clara a pesar de la edad que corre embalada hacia la vejez... ¡Ya me queda poco! Quería decirte algo más: me encanta tu espíritu burlón. No vayas a creer que me pasa desapercibido... Lo veo como una fuerza.

Posó la paleta y me miró con una ternura infinita. Le sonreí con más dulzura de la que podría expresar. Se me saltaron las lágrimas, en una mezcla de afecto y de ganas de reír.

–¡Oh!, Misia, eres mi amor. Mi consuelo, mi esperanza y mi orgullo. Lo sabes, ¿verdad?

Yo había vuelto la cabeza.

–No, no lo sabes bien.

«¿Qué quiere usted que yo le haga? Mi padre me obligó a ello. Primero, porque, una vez que permaneció en prisión durante veinte días, me vi en la necesidad de tener que ganarme el pan. Y, en segundo lugar, porque quiere abusar de mí como si fuera su mujer.»

Palabras atribuidas a Artemisia Gentileschi por Agostino Tassi, durante el interrogatorio a este último.

TIERRA DE SIENA QUEMADA

Percibo con claridad aquel estrecho joyero en el que mi padre y yo estábamos encerrados. Como ante un espejo, nuestras miradas se hundían la una en la otra, y el más pequeño parpadeo entre nosotros era un mensaje de entendimiento: comprensión, desaprobación. Disfrutábamos de todas las edades: de la suya y de aquellas por las que él había pasado; de la mía y de las que yo había de cumplir. Era ése un juego en el que éramos, al mismo tiempo, adultos y niños. Nos agarrábamos de la mano, a veces para dejarnos de un modo mejor, ora lúdicos, ora enojados. En nuestra sangre común fluían la sorpresa y el miedo. En nuestros paseos cotidianos, pasábamos del paisaje diurno a nuestro teatro de sombras, sin hacer parada alguna. No siempre conocíamos las distancias; al menos éramos incapaces de evaluarlas. Nos parecíamos demasiado, y nuestra complicidad no era siempre señal de tregua.

Mamá, al morir tan joven –pensaba yo–, me había entregado a padre. Ésa había sido su voluntad al confiármelo, en cierta manera. Y me preguntaba si, frente a él, ella había sentido lo que yo, si había sido tan impresionable. Cuánto había podido temerlo y cuánto había soportado. Jamás antes me había hecho preguntas acerca de su relación con padre. Ahora, sí, me sentía obligada, porque yo, en cierto modo, la estaba sustituyendo a ella. A veces incluso llegaba a reprocharle que se hubiera ido, como si hubiera cometido una dejación; eso pensaba en los momentos difíciles, en los momentos de agobio, que, por lo demás, no siempre tenían un motivo claro, reconocible, sino que, por el contrario, a veces eran espacios de tiempo muy imprecisos, en los que ninguna acción previa subsistía en el fondo, y que, sin embargo, en mi interior, me ensombrecían el alma.

Mucho más dirigente que antes, durante los últimos años padre me había tomado bajo su protectora autoridad. Me moldeaba, configuraba al ser que con el tiempo yo llegaría a ser, como si fuera un personaje de sus cuadros. Me pintaba en el espacio, incluso cuando yo creía no estar siendo descubierta, cuando creía haberme ocultado bien: de pronto, me veía ante él, sentía cómo bajo su mirada de azabache se perfilaban mis contornos con más fuerza y más distancia dentro de mí de lo que mi sola presencia física habría podido imponerle. Era toda una identidad lo que él imprimía en mí.

Su visión del mundo me marcaba en todo, incluso cuando creía haber escapado a su influjo. Padre era autoritario. Pocos eran los descarríos que me perdonaba. Yo no tenía libertad: él me incitaba a la reflexión, pero su manera de enseñar era posesiva. «Te quiero como eres –parecían decir sus gestos, sus miradas y sus palabras–, pero, ¡ojo!, serás como yo quiera que seas.»

Yo, bien es cierto, me prestaba de buen grado a su exigencia; a sus exigencias no me prestaba: me entregaba. Mi vulnerabilidad, o lo que yo creía tal, no era sino una absoluta receptividad. Él me insuflaba una fuerza inmensa, y yo necesitaba esa fuerza, y sabía que la necesitaría en el futuro, aun a riesgo de llegar a parecerme a él, a costa de ser un poco su modelo, su títere. Por medio de su confianza, o de ese espejo mío que él era, aprendía a confiar en mí misma.

Siempre había sido la niña de sus ojos, y nuestros lazos no hacían más que estrecharse. Y aunque a veces me asfixiaba, dado que yo lo consentía, ¿para qué sublevarme? ¿Rebelarme contra quién? ¿Contra qué? El destino había sido muy bondadoso conmigo al darme por padre a un hombre que me quería más que a nada. ¿Quién se habría quejado de eso? ¿Quién era en el mundo y a quién tenía yo para desear otra vida?

Pero ahora también me doy cuenta de que estábamos encerrados. En un joyero, como dije antes. No había nada entre nosotros que, en todo momento, no anudara o desanudara algo; a decir verdad, dejábamos poco lugar al azar. Vivíamos en ese cofre acolchado como si en él hubiera una figura de porcelana verde pálido, tan acabada y frágil que podía romperse, de no ser por el acolchado que, más que proteger, aprisionaba. Una figurita refinada y perfecta, de ese verdeceledón engañoso que para padre representaba el amor no declarado. Aunque el nuestro sí lo fuese, pues todo era una manifestación de él: tanto nuestra fusión como nuestros desacuerdos, tanto la calma como la violencia. Ese color residía sobre todo en la tensión de una necesidad contenida. Y en la estructura cerrada de nuestras conversaciones.

El nuestro era un amor extremo, y lo sería durante toda nuestra vida, como sólo puede serlo el que existe entre dos seres nacidos de la misma cepa, que siguen el mismo camino, las mismas huellas, que se observan, se temen y se reconocen sin cesar, que cuando creen estar salvándose con sus propias manos en realidad se están ahogando, pues ahogarse es dulce, también, y los dedos saben acoplarse maravillosamente bien.

Una noche en que estábamos todos, incluso Giustina, reunidos alrededor de la mesa, a la hora de la cena, bromeamos acerca del porvenir que, a mis hermanos y a mí, nos estaba reservado. Ellos se reían a más no poder, pues el propósito les parecía descabellado: ¿qué podían llegar a ser sino pintores? ¿Acaso el hijo de un zapatero estaba destinado a algo que no fuera el oficio de la zapatería? El hijo de un pescador, ¿acaso no llevaba pegado al cuerpo el olor a pescado, y así hasta la tumba? Y el del cordelero, ¿a qué olía en su noche de bodas sino a cáñamo? ¿Cuándo se había visto al retoño de un bohemio redimirse por leales servicios? ¿Quién había visto alguna vez al descendiente de un príncipe renunciar a su título y vivir como un porquerizo? ¡Vamos! *Ergo*, ¿qué determina la vida del hijo de un pintor? ¡El color! ¡Y la *fantasia*!

—Pero no el dinero, ¡ay! —comentó padre.

Giustina sonreía tranquilamente, con la cabeza gacha. Es verdad que a veces podíamos pagarle algunas monedas, pero otras no, y entonces tenía que contentarse con comida y cama. Pero era una mujer brava. Jamás se quejaba.

Francesco dijo:

—Cuando tengamos edad para ello, deberíamos poner todo nuestro interés en asociarnos. Ya sea para tomar el portante y largarnos, en el peor de los casos, ya sea para multiplicar nuestras oportunidades, en el mejor.

—Me ofrezco para ocuparme de los encargos —aventuró Giulio—. Discusiones, lisonjear, eso se me da bien.

—¿Tú? Nos llevarías a la ruina —replicó Francesco—. Aunque no dudo en absoluto de tus dotes de conversador, en lo tocante a tus cualidades como negociador, perdóname pero más vale ni pensarlo.

De nuevo, todos nos echamos a reír: Giulio, el turbulento, el insolente Giulio, ¡convertido en puntual y comedido embajador de las artes! Cuando nos tranquilizamos, todos los ojos se volvieron hacia mí.

—Y a Artemisia, habrá que encontrarle un buen

partido para que pueda sacarnos de cualquier apuro, en un momento dado –dijo Giulio que, como siempre, intentaba zafarse más bien a costa de alguien, y no como un hombre.

–Te has quedado corto, me parece, o no conoces la realidad: querrás decir que tendré que estar todo el tiempo sacándoos de apuros –respondí–. Aun así, ¡no voy a casarme por vosotros! No me casaré con nadie, y punto.

–Es una buena idea, esa de casar a Misia –ponderó Francesco–, pero ¡la cosa ya ha empezado mal!

Tras un instante de silencio, debido a la complicidad de los chicos y a la incomprensión de padre, éste preguntó:

–¿Qué quieres decir con que «ya ha empezado mal»?

–Nada...

–Sí, vamos, ¡habla!

–Te digo que... bueno...

–De repente has perdido la calma, hijo. Me gustaría saber por qué.

Y, volviéndose hacia mí, padre añadió:

–¿Tú también ignoras el motivo de su turbación?

–Así es, lo ignoro.

–¿Y tú, Giulio?

–¿Yo? Nada, me reía por... porque... ya sabes, era sólo una broma... acerca del novio de Artemisia –respondió el muchacho.

Solté la cuchara de golpe y sentí cómo se me subía la sangre a la cabeza, sangre que, puedo jurarlo, no era sólo señal de alarma o de sorpresa, sino que también estaba hecha de cólera. En ese instante debería haber abofeteado a mi hermano. Y no habría sido la primera vez.

Pero todo sucedió muy deprisa. Padre se había levantado de un salto empujando hacia atrás, ruidosamente, su asiento, y tenía sus ojos clavados en mí:

–Y ahora, ¿no tienes ninguna explicación que dar?

–Ninguna. No sé a qué se refieren.

Me dio una bofetada. La primera bofetada de mi vida.

Francesco intervino:

–Es verdad, padre, no pasa nada. Tan sólo que Cosimo, el sastre, le tira los tejos.

¡Ahora sí la hiciste buena, Francesco! También yo me levanté. Pero padre me impidió salir del comedor agarrándome del brazo.

–Todo es falso –dije–, aunque puedes creer lo que quieras. Me da igual.

Pero él no me escuchó.

–Ya comprendo, ¡ah!, ¡ya comprendo! ¡Qué buen partido, en efecto! –prosiguió él.

Me miró muy de cerca, me apuntó con su dedo y, agitándolo ante mis narices de modo tal que pareciera más amenazante, hasta el punto de obligarme a volver la cara, añadió:

–¡Ni se te ocurra!... ¡Como me entere!... Mi hija es mi hija, mi hija será pintor como todos los aquí presentes y como cualquier persona honorable, mi hija no es una perdida. Yo, y sólo yo, decidiré qué hombre podrá acercársete... ¡Ah, qué buen partido, en efecto! ¡Un hacedor de calzones!

Al final, conseguí liberarme. Y, al cabo de un momento, ya fuera, les escuché reírse de nuevo.

Estaba tremendamente enojada con Giulio, que no sabía morderse la lengua, y cuya única habilidad era complicar la existencia a los demás, a pesar de su juventud. Cuando no la tomaba con Francesco, al que envidiaba, se metía conmigo. Como ya he dicho, Giulio no era el preferido de padre, lo cual se volvía no sólo contra él sino también contra nosotros dos.

La experiencia me permitió descubrir un sentimiento que jamás había advertido en papá con respecto a mí, o bien que había querido ignorar: el de los celos. Y me enseñó a desconfiar de él.

Tras haberles escuchado reír, con una risa que, en

principio, creí destinada a mí, aunque con toda probabilidad iba en mi contra, cerré la puerta de mi cuartito, situado en el primer piso, como encajado entre el de mis hermanos y otro, aún más pequeño que el mío, que habíamos improvisado para Giustina reduciendo la zona del descansillo. «No se puede sacar nada de semejante velada –pensé–; que se queden ahí, pues, sentados en sus bancos, metiendo la nariz en la polenta, ahogándose de risa, bebiendo demasiado y tragando demasiado.»

Me senté sobre mi colchón de algodón, que ya comenzaba a estar gastado, puesto que llevaba acostándome en él desde mi tierna infancia, me quité las sandalias y me desarreglé las crenchas. Al cabo de unos minutos de no sentir más que rabia y cólera, incapaz de ordenar mis pensamientos, me tumbé mirando la parte de arriba de mi cama, la vara de metal enarcada alrededor de la cual iba enrollada la cortina de muselina.

¡Si el pobre Cosimo supiera! Pero ¿qué tenía él que ver en esta historia?

Cosimo era nuestro vecino, un artesano próspero, quince años, más o menos, mayor que yo. Tenía una tienda y un puñado de personas trabajando a sus órdenes, comerciaba honradamente con algunos personajes de la corte y viajaba a menudo a Venecia para abastecerse de materiales preciosos a los que tan aficionados son los ricos: sedas y pedrería que luego incrustaba en hermosas telas. Su mujer se había fugado, precisamente, con un veneciano. «Era tan bueno con ella, el pobre Cosimo –aseguraban las malas lenguas–, que ella siempre iba engalanada como una princesa... Por eso, una vez le trajo también, en su equipaje, a un príncipe, para que la combinación fuera perfecta.» Yo no sabía cuánto crédito dar a aquellas palabras, pero el hecho era que el bravo Cosimo vivía solo con dos hijos pequeños, una chica y un chiquillo, pues estaba claro que la hermosa infiel no había querido llevarse a su nueva vida nada que obstaculizara sus pasos. Salvo sus vestidos, aseguraba también el rumor, con los que se habría podido tapizar el interior de un palacio, de tantos como ella poseía y de tan lujosas y recamadas como eran sus telas.

El hombre era de una amabilidad tan sólo comparable con su jovialidad. Siempre estaba sonriente, a pesar de sus desdichas, sobre las que jamás hablaba, siempre tenía en los labios una palabra amistosa, aduladora o graciosa. Como buenos vecinos que éramos, manteníamos conversaciones cordiales y nos hacíamos mutuamente pequeños favores. Así, por ejemplo, cuando se presentaba la ocasión, yo ofrecía alguna golosina a sus pequeños, igual que él había ayudado a Giustina con sus consejos para coserle una camisa a Francesco, cuyos puños le daban mucha lata, pues éste quería llevarlos a la moda florentina, o sea, realzados por una banda de encaje para que contrastaran más con su chaleco, sus medias y sus calzas, tan sobrias.

¡Cosimo, un pretendiente! Es cierto que me había dedicado algunos cumplidos, acerca de mi tez o de mi seriedad, por ejemplo, o acerca de la elegancia con la que erguía la cabeza (porte que había adquirido durante las sesiones de pose, y que, por tanto, no tenía mérito alguno, como le dije) o de un peinado hecho a base de tirabuzones para un día de fiesta, qué sé yo, meros cumplidos dichos con una voz y con una sonrisa tan agradable, tan alejada de la grosería de las de un hombre vulgar, que yo, en verdad, nunca llegué a ofuscarme con ellos. ¡A eso era a lo que llamaban mis hermanos «tirar los tejos»! Lo que yo, por contra, jamás habría confesado –y aquella noche di gracias al Cielo por ello– es que Cosimo, a cambio de una *tinaja de aceite de nuez que un día necesitaba* urgentemente su cocinera, y por haber cuidado, en otra ocasión, a sus hijos durante varias tardes, me había regalado una bolsita perfumada, de terciopelo color tierra de Siena quemada y bordado de hilos turquesa y de plata, y seis minúsculas perlas ensartadas en el cordón. La bolsita desprendía una delicada fragancia a rosa, a sándalo y a jazmín.

–Cosimo, no puedo aceptarla.
–No es más que un *discretísimo obsequio*, Artemisia, cuyo color tierra confirma.
–No, de verdad, no puedo.
–Entonces, ¿no le gusta?
–Sabe usted muy bien que no se trata de eso.
–¿Y bien?
–No sé si debo.
–Acéptelo, tan sólo eso, y me verá colmado de dicha.
–Pero... Mi padre, ¿qué va a pensar?... ¿Y qué van a decir mis hermanos?
–Si me permite darle un consejo, no necesita usted causarse ningún perjuicio. ¡No diga nada, y ya está! ¿Qué mujer no tiene secretos? –añadió como conclusión, riendo y alzando los brazos al cielo.

El consejo me pareció lo bastante sensato para seguirlo al pie de la letra. La bolsita halló refugio en uno de mis dos cofres, en el más pequeño, en el que yo guardaba las dos sábanas que habían pertenecido al ajuar de mi madre, así como mi ropa. La oculté entre las sábanas y la ropa, para que las perfumara con su agradable aroma.

Eso, la bolsita, era todo cuanto tenía que ver conmigo el «supuesto pretendiente»... Su ardor, si por ventura existía, se había concretado en ese modesto regalo color tierra de Siena (el mismo del que yo acostumbraba a vestirme), acorde con su amabilidad y su gran temperamento.

Aquélla era la primera vez que un hombre me hacía un regalo, un hombre de buena presencia, que me gustaba y cuya historia –o al menos lo que yo sabía, o creía, de ella– me inspiraba un respetabilísimo sentimiento de compasión. «¿Por qué, después de todo?

–me había dicho a mí misma, a modo de excusa, por si fuera necesaria–. Tal vez me he merecido este obsequio...» Y si Cosimo había puesto en él algo más que su amistad, algo más que esa pizca de tierra de Siena quemada a la que se aferraba mi sentido de la realidad y en la que había creído discernir la honestidad de sus pensamientos, algo más que esas perlas y esos hilos de plata con los que él había tejido la delicadeza de su gesto, ¿quién habría podido condenarle por ello? Yo no, en todo caso, que me atenía a las reglas del decoro manifiestas y, al parecer, todavía no superadas.

El hecho de haber guardado mi secreto me alivió. ¡Qué bien me sentí por ello! Y, en ese alivio, mi cólera se extinguió, y el sueño llegó plácidamente, como grandes manchas de sombra en medio de mis reflexiones.

«Todo eso lo hacía siguiendo órdenes de Orazio Gentileschi.»

Del interrogatorio a Agostino Tassi.

ROJO SANGRE

Así pues, sería pintora. Siguiendo el deseo de mi padre, y también el mío; los dos se habían fundido desde hacía tiempo en la senda de mi destino, y, en ese estadio, habría sido imposible distinguir el suyo del mío.
Yo trabajaba continuamente, tanto y tan bien que a veces, para ser sincera, tenían que quitarme los pinceles de la mano para que parase. ¿Qué otra cosa habría podido hacer, además de ocuparme de las tareas de la casa?
Enseguida me había dado cuenta de que la pintura era un privilegio nada desdeñable en la vida de una mujer. Ella me abría perspectivas distintas a las que me relegaba mi naturaleza. No me hacía ilusiones, sabía que, de todos modos, no me libraría de las segundas ejecutando las primeras. Pero esperaba al menos tener, siendo pintora, una meta en la vida, una meta propia. O, lo que era lo mismo, un placer permanente.
Era consciente de que la herencia que, en esa materia, había recibido de mi padre no me bastaría. Había vivido ya bastante en medio de pintores, de sus conversaciones y de sus realizaciones, como para saberlo: un pintor no debía contentarse con la

mera ejecución, debía, además, tener talento. Y el talento, ¿qué era exactamente? Un toque personal, en cualquier caso, un sello propio, algo que destaca y te hace destacar. Pero eso, tan fácil de decir, no era tan fácil de realizar. Dependía de muy poco, de una particular manera de mirar o de utilizar el pincel, de un sueño. Roma estaba repleta de artistas, algunos venerados, otros no, pero ¿cuántos conseguirían pasar las fronteras de su vida terrestre? Nadie lo sabía. ¿El arrogante Baglione, o bien el clásico Poussin? ¿El sombrío y miserable Caravaggio o Allori el libertino?

Mientras padre se consagraba a composiciones más generales, bañadas por una suave luz, yo ya me sentía atraída por los cuadros de figuras. Me parecía que en ellas podía concentrar mejor el sentimiento que quería expresar, sin tener que preocuparme de poner algo agradable, como un paisaje de acompañamiento, que, por muy bonito que fuera, podría distraerme o apartarme de la esencia de la representación deseada. Por supuesto, me ejercitaba pintando naturalezas muertas y otras muchas cosas, y me pasaba el día haciendo bocetos de casi todo, una flor, una tinaja, la cara de un niño, la mano de un hombre, un mueble, un drapeado, pero lo que yo deseaba abrazar era la figura humana. Por otra parte, tenía siempre en mente la admiración que padre sentía por Caravaggio: sus luces y sombras, siempre en contraste, y que a él, en su propia pintura, no le eran familiares, a pesar de todo. El espíritu de aquel pintor maldito, venerado en nuestra casa, me era cercano, y por eso intentaba asimilarlo. Eso era lo que me diferenciaba, aunque aún tímidamente, de mi demasiado dominante progenitor.

Sin embargo, padre seguía decidiendo cuáles eran las modalidades apropiadas para el estricto aprendizaje y el perfeccionamiento de mi oficio. Me obligaba a ir a admirar los trabajos de Cigoli y Reni, en la capilla Paolina de Santa Maria Maggiore, o los de la ampliación de San Pietro, realizada bajo la dirección de su amigo el caballero D'Arpino. También iba a observar cómo trabajaba en el palacio de Scipione Borghese en *Monte Cavallo, donde estaba realizando los* frescos de la bóveda de la sala Regia, en compañía de Agostino Tassi, quien pintaba, a su vez, marinas y paisajes en colaboración con Lanfranco y Saraceni. Como no era factible que yo entrara en una academia, puesto que ninguna admitía a mujeres, y me resultaba, pues, imposible estudiar tanto modelos al desnudo como matemáticas o perspectiva, y al ser Tassi un especialista en esta última materia, padre le pidió que me enseñara su técnica; por ejemplo, cuando yo iba a verles pintar, o si él venía, en alguna ocasión, a visitarnos.

El día en que padre, desbordado, me pidió que le ayudara con una *Judit* de tamaño considerable, acepté con placer. Él estaba, como ya he dicho, muy ocupado con los trabajos del palacio pontifical. El cardenal tenía, además, fama de ser un gran amante del arte, y su colección, según se oía decir, era prestigiosa; al trabajar en uno de sus pabellones, padre confiaba en llamar la atención del santo hombre para que éste le hiciera algún encargo, y, en consecuencia, poder beneficiarse también de su largueza.

Dado que cuanto más crecía yo, más me prohibía padre salir –sola, ni hablar, y acompañada, a veces–, disponía de tiempo libre, así que no me costó ponerme manos a la obra.

Aquella *Judit* era la primera gran figura en la que iba a participar. Francesco, que no tenía ningún interés en dedicarse a ella, se encargaba, cuando tenía tiempo, de leerme el Antiguo Testamento para que yo pudiera instruirme, con más precisión de lo que lo hacía en la iglesia, acerca de la historia y de los personajes de nuestra cristiandad. Un artista necesitaba poseer tales conocimientos, si consideramos la importancia que tenían en Roma los encargos de tema religioso. Por ese motivo vivíamos en la Ciudad Eterna («¡donde todos los santos hombres se toman por santos a secas!», decían mis hermanos).

En el fondo, me importaba poco el tema. ¿Lo esencial, acaso, no era pintar? Primero, me dedicaba al contorno del dibujo que padre había trazado previamente para, luego, intensificar su contenido. Conocía bien la importancia del trazado, pero no por ello tenía menos prisa por meterme enseguida con el color. Sentía preferencia por él, por el arte de jugar con la luz, con los relieves, con la energía y con la acción. Sólo al entrar en contacto con el color experimentaba realmente emoción, y el color, a su vez, si yo conseguía utilizarlo como es debido, transmitía la expresión de esa emoción a la tela.

La modelo para la *Judit* era una muchacha que se dedicaba a ello, Caterina Sarzi, con quien padre ya había trabajado. Era tranquila, concentrada, silenciosa, cosa que me agradaba; justo lo opuesto a esas romanas cuya lengua no hacía más que decir tonterías, mientras sus ojos y su cuerpo querían convencer de lo contrario.

En la apacibilidad de la tarde, me ponía a pintar, diciéndome que el año 1611 iba a comenzar para mí, puesto que estábamos a finales de 1610. Había cumplido dieciséis años el verano anterior, sentía que tenía una vida por delante, una vida que se abría en mi interior como una magnífica alameda cuyos árboles se adentraran en un parque. Papá tenía buenos encargos, y yo vía libre para dedicarme a mi trabajo.

Caterina Sarzi, que era la hermana de Cosimo, el sastre, se erguía ante mí en un rincón del taller teñido por la suave penumbra. Era alta, tenía una cara seca, pero de rasgos regulares, y una mirada serena. Levantaba una mano para sostener sobre el hombro el drapeado de su túnica –a modo de gesto, pues en realidad el tableado de la tela estaba sujeto por un broche–, que con gran cuidado, y la ayuda de Francesco, yo había dispuesto. En esa postura, pude advertir qué linda era su mano, larga, de dedos afilados, y decidí resaltar su valor, aunque mi primera idea hubiera sido dejarla en la sombra. Pero no la pintaría llevando anillo, por miedo a atraer demasiado sobre ella una atención que prefería centrar en el vestido, manchado de sangre, y en la otra mano, que le colgaba a lo largo del muslo en actitud de estar a punto de soltar el cuchillo del maleficio.

Francesco, sentado detrás de mí, nos leía:

–Transcurría el año duodécimo del reinado de Nabucodonosor, rey de los asirios que vivía en Nínive, la gran ciudad, en tiempos de Arfaxad, rey de los medos, que vivía en Ecbátana...

–Los asirios... Eso debe de caer por Oriente –comenté, sin estar segura de ello.

–Eso es... En aquel tiempo, el rey Nabucodonosor libró batallas contra el rey Arfaxad, en la gran llanura que está en el territorio de Ragáu. Se le unieron todos los habitantes de las montañas, del Éufrates, del Tigris y del Hidaspes...

–Te ruego que resumas. ¡Hay tantos nombres!

–Nabucodonosor envió mensajeros a todas las tribus de Persia, hasta los confines de Etiopía...

–Seguimos en Oriente...

–... Pero los moradores de aquellas regiones despreciaron el mensaje de Nabucodonosor, rey de los asirios, y no quisieron ir con él a la guerra. Entonces, Nabucodonosor juró vengarse un día... El año diecisiete encabezó la lucha contra Arfaxad, a quien mató...

–¿Y su venganza?

–Un año después, volvió a pensar en ella. Mandó llamar a Holofernes, jefe supremo de su ejército y segundo suyo: «Así habla el Gran Rey, el señor de toda la tierra. Parte de junto mí. Toma contigo hombres de probado valor, unos ciento veinte mil infantes y una gran cantidad de caballos, con doce mil jinetes; marcha contra toda la tierra de Occidente, pues esas gentes no escucharon las palabras de mi boca... Sus barrancos se llenarán de heridos; sus ríos y torrentes, repletos de cadáveres, se desbordarán...»

—¡Ése sí es un rey de palabra! –exclamé.

—¡Un hombre de palabra! –rectificó Francesco, riendo–. Continúo: Acto seguido, Holofernes se puso en camino con todo su ejército para preceder al rey Nabucodonosor y para cubrir toda la superficie de la tierra de Occidente con sus carros, sus caballos y sus mejores infantes. Se les agregó una multitud tan numerosa como una plaga de langostas y como la arena de la tierra...

Caterina esbozó una sonrisa, y yo aguardé unos segundos a que su rostro recuperara su impasibilidad. ¿Se le habría ocurrido a alguien, alguna vez, la idea de pintar la partida del caudillo en medio de una nube de langostas?

—... Cruzó el Éufrates, recorrió Mesopotamia, arrasó todas las ciudades altas que dominan el torrente Abroná y llegó hasta el mar. Se apoderó del territorio de Cilicia y, derrotando a todos cuantos se le oponían, alcanzó la frontera de Jafet por el Sur, frente a Arabia. Cercó a todos los madianitas, incendió sus tiendas y saqueó sus aduares; descendió hacia la llanura de Damasco, al tiempo de la siega del trigo, incendió todos sus cultivos, exterminó sus rebaños de ovejas y bueyes, saqueó sus ciudades, devastó sus campos y pasó a cuchillo a todos sus jóvenes... Las tribus le enviaron mensajeros con palabras de paz, pero él no quiso escuchar...

—Era un salvaje –dije.

—... Los israelitas que habitaban en Judea oyeron *todo lo que Holofernes había hecho con todas las naciones*... Aterrorizados, temieron por Jerusalén y por el santuario de Yahvé, su Dios... Alertaron a la gente de toda la comarca, y se dispusieron a entrar en guerra... Todos juntos no cesaron de suplicar al Dios de Israel que librara a sus hijos de la masacre, a sus mujeres de la violencia, a las ciudades que poseían de la destrucción...

–Es una historia espantosa –le interrumpí, de nuevo. Y me pregunté, en mi interior, si había podido existir tal violencia.

–Yahvé prestó oídos a su demanda y consideró su aflicción... Todos rezaron y ayunaron... Holofernes, a quien habían anunciado que los hijos de Israel se preparaban para la guerra, se enteró de que éstos habían cerrado los pasos de la montaña, fortificado las crestas de los montes escarpados y colocado obstáculos en la llanura... Una gran cólera se apoderó de él, y quiso saber más acerca de aquel pueblo, descendiente de los caldeos: cómo éste fue expulsado de sus tierras, cómo el rey de Egipto se levantó contra él y lo esclavizó, cómo su Dios, en contrapartida, golpeó a todo Egipto con plagas irremediables, cómo, una vez expulsados y perseguidos de nuevo por los egipcios, su Dios abrió el Mar Rojo ante ellos, y cómo, al fin, tomaron posesión de Jerusalén...

–¿Y qué respondió Holofernes?

–Que los aniquilaría de la faz de la tierra. Dijo: «Los batiremos como si fueran un solo hombre y no podrán resistir el empuje de nuestra caballería. Los pasaremos a fuego sin distinción. Sus montes se embriagarán con su sangre...» Al día siguiente ordenó Holofernes a todo su ejército y a toda su gente –es decir, a los que habían partido con él para guerrear– que levantaran el campamento y se pusieran en marcha hacia Betulia, que ocuparan los accesos de la montaña y que iniciaran las hostilidades contra los hijos de Israel...

Francesco se detuvo y dejó el libro en el suelo, al lado del taburete en el que estaba sentado. Como no le oía seguir, me giré y le vi. Estiró los brazos por encima de su cabeza, se levantó, dio algunos pasos que le acercaron a mi cuadro y se plantó delante de él, con aire dubitativo.

–Me estás molestando –le espeté.

–Hmmm... Vas por buen camino, hermanita... Aun así, ojo con el carmín, ¡no abuses de él!

–Es el rojo sangre de tu historia, que tiñe mi tela –respondí.

Francesco se excusó, salió un momento, que yo aproveché para intercambiar algunas palabras con Caterina acerca de mi hermano, y de su cuñado, un furriel que también se llamaba Cosimo, Cosimo Quorli, que no me inspiraba ninguna confianza, por mucho que hubiese mantenido algunas charlas amistosas con mi padre, tanto en la casa de via della Croce como en la de Santo Spirito.

En esto, Francesco ya había regresado y había reiniciado la lectura:

–Siguiendo un consejo amigo, Holofernes decidió, no obstante, reservar momentáneamente a sus hombres y modificar su castigo: él y los suyos iban a internarse en el valle, a apoderarse de las fuentes y de todos los depósitos de agua de los israelitas, para que éstos murieran de sed. Los hijos de Israel clamaron al Señor su Dios pues su ánimo empezaba a flaquear, al ver que el enemigo les había cercado y cortado la retirada...

–Francesco, háblame de Judit, anda...

–Ahora viene, Misia, ten paciencia... Algunos israelitas, al verse morir de sed, propusieron rendirse: decían que más valía vivir como esclavos que morir de esa manera.

–Francesco, padre no me pidió que pintara una escena bélica ni una escena heroica...

Estaba impaciente, temía que me estuviera llevando por un camino equivocado o que se cansara de leer para mí antes de que concluyera el relato. Y, además, quería conocer ya la historia de mi personaje.

Francesco prosiguió, elevando más la voz:

–Se enteró entonces de ello Judit...
–¡Por fin! –exclamé–. Perdón. Sigue.
–Muy amable, *signorina*... Judit, viuda desde hacía tres años y cuatro meses, vivía encerrada en su casa... Era hermosa en extremo, y poseía una graciosa mirada. Manasés, su marido, le había dejado oro y plata, criados y criadas, rebaños y tierras en posesión. Todos la estimaban sobremanera, porque era temerosa de Dios, y nadie hablaba mal de ella. Así pues, cuando Judit supo lo que iba a acaecer a su pueblo, mandó llamar a los ancianos de la ciudad para intentar convencerles de que no se rindieran. Ellos le respondieron: «Todo lo que has dicho es verdad, y no hay en tus palabras cosa que reprender. Pues no es hoy la primera vez que se manifiesta tu sabiduría, sino que desde tus primeros años todo el pueblo conoce tu perspicacia y también la bondad innata de tu corazón. Pero el pueblo muere de sed, y ello nos obliga a actuar de la manera en que se lo hemos expresado...» Judit les dijo: «Escuchadme: cumpliré un designio que pasará de generación en generación a los hijos de nuestra raza. Vosotros, esta noche, estad en la puerta; yo saldré fuera con mi doncella, y en el tiempo que habéis fijado para entregar la ciudad a nuestros enemigos, la mano de Yahvé habrá socorrido a Israel...» A continuación, Judit hizo una extensa plegaria, que concluyó así: «... Da a mi mano de viuda fuerza para lo que he proyectado. Hiere al esclavo junto con el amo, al amo junto con el esclavo por medio de la astucia de mis labios. Abate su soberbia por mano de mujer...» Acabada su plegaria al Dios de Israel, se levantó Judit del suelo, llamó a su sierva, se quitó el sayal que vestía, sus prendas de luto, se bañó entera, se ungió con perfumes exquisitos, se arregló los cabellos, se cubrió la cabeza con un turbante y se puso el traje de fiesta con el que solía engalanarse cuando era feliz, en vida de su marido Manasés. Se calzó las sandalias, se puso los collares,

brazaletes y anillos, sus pendientes y todas sus joyas, y realzó su hermosura cuanto pudo, a fin de seducir los ojos de todos los hombres que la viesen...

Yo había dejado los pinceles y la paleta y me había sentado en un pequeño banco enfrente de Caterina. ¡Me imaginaba perfectamente a Judit! Hermosa y altiva, ya vencedora... Observaba a mi modelo. Tal vez no fuera suficientemente engalanada. Pero me gustaba la idea de reflejar una belleza arrogante sin adornos... Era yo quien debía impregnar de nobleza su porte y de una fuerza indestructible su mirada... Ah, pero faltaba algo, algo que suavizara con su movimiento la rigidez de la composición... ¡Un turbante! Debía ocuparme de ello al día siguiente, sin falta; y no olvidarme de pedir su opinión al maestro Orazio Gentileschi.

Francesco también se había parado y había soltado un profundo suspiro. Quizá estuviera cansado... Pero, de ser así, yo no quería saberlo; quería que me leyese el final de la historia, pues algunas historias, de tan conocidas y gastadas, ya no son más que la sombra de la original, y ésta era la que a mí me interesaba. Así de nuevo la paleta y los pinceles para darle a entender que debía continuar.

–Judit salió, pues, de Betulia acompañada por su criada. Los hombres de la ciudad la siguieron con la mirada mientras descendía por la ladera, hasta que llegó al valle, y allí la perdieron de vista. Tras toparse con una avanzada asiria, Judit explicó a los soldados que estaba huyendo de aquellos hebreos sentenciados, y que deseaba contarle a Holofernes cómo podía apoderarse fácilmente de toda la montaña. Los soldados le pusieron una escolta con la que pudo abrirse camino hasta la tienda del general. Éste la acogió con deferencia, dado que ella iba a servir a Nabucodonosor, rey de toda la tierra. «Ahora, mi señor –dijo Judit–, quisiera quedarme a tu lado. Tu sierva irá por las noches al barranco, para suplicar a mi Dios, y Él me dirá cuándo han cometido los israelitas su pecado. Yo vendré a comunicártelo y entonces tú saldrás con todo tu ejército y ninguno de ellos podrá resistirte. Yo te guiaré a través de Judea hasta llegar a Jerusalén y haré que te asientes en medio de ella.» Agradaron estas palabras a Holofernes y a todos sus servidores, que estaban admirados de la sabiduría de Judit, y dijeron: «De un cabo al otro del mundo, no hay mujer como ésta, de tanta hermosura en el rostro y tanta sensatez en las palabras.» Así, día tras día, Judit fue ganándose la confianza de Holofernes.

–Muy pronto le matará –dije sin poder contenerme, presa de un escalofrío.

–Muy pronto –repitió Francesco como para sí mismo–, muy pronto... Al cuarto día, dio Holofernes un banquete... Dijo a Bagoas, el eunuco que tenía al frente de sus negocios: «Trata de persuadir a esa mujer hebrea que tienes contigo para que venga a comer y beber con nosotros. Sería una vergüenza para nosotros que dejáramos marchar a tal mujer sin habernos entretenido con ella. Si no somos capaces de atraerla, después hará burla de nosotros.» Judit se engalanó con su mejor vestido y todos sus ornatos de mujer. Su criada se adelantó para extender en el suelo, frente a Holofernes, los tapices que había recibido de Bagoas para el uso cotidiano, con el fin de que pudiera tomar la comida reclinada sobre ellos. A continuación, entró Judit, se reclinó. Al verla, el corazón de Holofernes quedó arrebatado por ella, su alma, turbada, y experimentó un violento deseo de unirse a ella... Misia, ya conoces el resto...

–Quiero escucharlo.

–Está bien. Cuando se hizo tarde, sus oficiales se apresuraron a retirarse... Tan sólo quedaron en la tienda Judit y Holofernes, desplomado sobre su lecho y rezumando vino. Judit había mandado a su sierva que se quedara fuera de su dormitorio y esperara a que saliera, como los demás días. Porque, en efecto, ella había dicho que saldría para hacer su oración cotidiana... Judit avanzó hasta la columna del lecho que estaba junto a la cabeza de Holofernes, le quitó su cimitarra y, acercándose al lecho, agarró la cabeza de éste por los cabellos y dijo: «¡Dame fortaleza, Dios de Israel, en este momento!» Y, con todas sus fuerzas, le descargó dos golpes sobre el cuello y le cortó la cabeza...

–Es curioso –dije–, no sé por qué, creía que su criada la había ayudado...

–Después hizo rodar el cuerpo fuera del lecho, arrancó las colgaduras de las columnas y, tras salir, entregó la cabeza de Holofernes a su sierva, que la metió en la alforja de las provisiones...

–Ah, bueno, son cómplices, que para el caso es lo mismo.

–Luego salieron las dos juntas a hacer la oración, como de ordinario, atravesaron el campamento, rodearon el barranco, subieron por el monte de Betulia y se presentaron ante las puertas de la ciudad.

–Y murió muy viejecita...

–A los ciento cinco años, en efecto.

–Sin haberse entregado jamás a ningún hombre, salvo a su marido, a pesar de ser tan hermosa...

–Eso es.

–¿Y qué viene después?

–Después, Misia, viene el libro de Ester. Pero, si me lo permites, dejaremos su lectura para otra ocasión.

«Jamás he tenido relaciones con Artemisia ni he intentado tenerlas.»

Del interrogatorio a Agostino Tassi.

AZUL ÍNDIGO

La primavera ya casi estaba ahí. O eso creíamos, debido a la luz clara, gozosa, que acariciaba a los seres y las cosas, haciéndoles multitud de promesas. Sin embargo, aún estábamos en invierno, se avecinaba el Carnaval del año de gracia de 1611. Yo no podía beneficiarme en exceso de aquella falsa primavera, pues padre me mantenía cada vez más encerrada. Pero a través de las ventanas, del resquicio de la puerta, incluso en la cara de las personas que nos visitaban, la detectaba.

Tuzia, su marido Stefano Medaglia y sus tres hijos, Faustina, Lucrezia y Diego, habían venido a vernos a la casa de Santo Spirito el verano anterior. Durante los últimos meses que pasamos en via della Croce, habían estado viviendo con nosotros, en la misma casa. Padre había convencido de ello a Tuzia, cuando ésta vivía con los suyos enfrente de nosotros, en la época de via Margutta. El motivo, según me dijo, era que no quería que yo estuviera sola cuando no hubiese nadie de la familia en casa: tenía miedo de que me fuera consumiendo, de que me sintiera mal (cosa que a veces sucedía, aunque con menos frecuencia de lo que él pensaba).

Así pues, a continuación de nuestra agradable,

aunque breve, estancia en via della Croce, padre volvió a pedir a Tuzia y a los suyos que se vinieran con nosotros a Santo Spirito. Debieron de dudarlo, pues tardaron un poco en trasladarse. La razón principal fue, según parece, el alquiler: doce escudos nada más en la primera casa, dieciocho escudos anuales en la segunda. No creo que en aquel momento estuviéramos apurados de dinero; el motivo de aquella necesaria compañía bajo nuestro techo fue, de nuevo, mi encierro, y, quizá, quién sabe, lo que Francesco y Giulio habían contado acerca de Cosimo Sarzi y de mí.

Finalmente, se decidieron y se trasladaron a la planta de arriba de nuestra casa. Tuvimos que despejar las dos habitaciones e instalarnos todos abajo, donde aún había algo de sitio. Tuzia y su marido le pagaban el alquiler directamente a mi padre.

Nosotros aprovechamos aquella reinstalación para llamar a unos obreros a fin de que nos arreglaran la escalera, en muy mal estado, que separaba las dos plantas, y pusieran una puerta que aislara a una familia de otra.

Para gran desconsuelo mío, Giustina nos dejó, y durante un tiempo, a falta de algo mejor, tuvimos que recurrir a Francesco Scarpellino, que ya había trabajado en nuestra casa como criado, como ayudante de mi padre y también como modelo, a pesar de su horrible jeta y de inspirarnos más bien poca confianza.

Tuzia bajaba a menudo a nuestra casa y yo andaba libremente por la suya. Muy de mañana, me llevaba a misa: la hora matinal disminuía el celo de padre, que no quería que nadie me viese. Íbamos a Sant'Onofrio o, de manera excepcional, a San Paolo; cuando encontrábamos algún coche para llevarnos, íbamos a San Giovanni, que había sido, junto con San Lorenzo in Lucina, la iglesia de mi infancia, e incluso en alguna ocasión nos llegamos hasta Santa Maria Maggiore, que por entonces estaba en plenos trabajos, ya que

Pablo V había ordenado construir una nueva capilla, aunque padre, ¡ay!, no recibió de él ningún encargo, ningún fresco, nada.

Un buen día, Tuzia me hizo saber que padre tenía en mente meterme a monja. La noticia, lo confieso, me encogió el corazón, pero no me impidió responder, con mucha firmeza, que eso no podía ser, puesto que él quería que fuera pintora.

–Te lo aseguro, Artemisia, me lo ha dicho. Te lo juro por mi hija Faustina, aquí presente.

–Te repito que no puede ser, puesto que nos está instruyendo, a mí y a mis hermanos, para que le sucedamos en el oficio... ¿Acaso no te has dado cuenta de que aprovecho casi todo mi tiempo para pintar?

–No dudo de tus capacidades, Misia, aunque no tengo ni idea de arte.

–Es cierto –intervino Faustina, que era dos años menor que yo–, mamá habla con frecuencia de tu talento.

–Tal vez no debería habértelo dicho –continuó Tuzia–, no sé por qué te he hablado de ello.

–Haces bien en preguntártelo. Si padre te da su confianza, no veo por qué te sientes en el deber de traicionarla contándome lo que él te dice.

–Después de todo, no sé por qué te lo tomas a mal. No es ninguna deshonra ser religiosa, al contrario, y menos cuando se es virgen.

–¿Padre te suelta esa clase de discursos?

–Eh, bueno... pues sí –balbuceó Tuzia, evidenciando su desazón–. Está preocupado por ti.

–Muy bien, pues puedes decirle de mi parte que le odio. Y también que no le conviene perder su tiempo de esta manera, que tiene cosas mejores que hacer. Y que, aunque hoy sea virgen, mañana no lo seré, porque un día me casaré. ¡Jamás seré monja! ¡Jamás!

–No te enfades.

–¿Cómo que no? Vivo encerrada aquí, casi con

candados, ¿y ahora pretendéis que me pase toda la vida enclaustrada? ¡Y todo para dar gusto al señor Gentileschi! ¡Ni siquiera una esclava romana habría vivido peor!

Llegó el Carnaval. Por aquellos días, soplaba un viento de locura en la ciudad. La muchedumbre alborozada disfrazaba incluso a los caballos. Los animales llevaban máscaras de hombres, los hombres, de animales.

Era una época del año muy esperada: la gente se deshacía en ella de todos los demonios y se apropiaba de los ángeles custodios que velaban por nosotros a lo largo del año; príncipes y dignatarios, recaudadores de impuestos y soldados de ronda... Se veían señores disfrazados de mendigos o de gitanos, montados en sencillas carretas e intentando seducir a muchachas fáciles o jugar a las damas, a la morra, e incluso a las adivinanzas en la primera encrucijada con la que se topaban.

El vino corría a raudales, y las risas, y los insultos... A veces el confeti era reemplazado por fruta pocha y huevos podridos, las simples disputas por ajustes de cuentas. Las fiestas de los más ricos rivalizaban en boato y en originalidad: desfiles de trajes realizados por los mejores sastres de Italia, máscaras con piedras engastadas, plumas multicolores que disimulaban por un día las intrigas amorosas y las venganzas planeadas. No era raro que se cometiera algún crimen en nombre del amor, en nombre del honor, y hasta en nombre de Dios... y no sólo entre la alta sociedad.

En los palacios, se degustaban, a centenares, capones, patos, gansos, pollos y pichones, pasteles de pescado y *confits* de todas las clases, mezclados con especias sorprendentes, glaseados de dorado o de plata, o sazonados con algunos otros condimentos teñidos de mil matices: por no hablar de los inmensos *panettoni* y de los helados para todos los gustos. Una parte del pueblo llano aprovechaba las sobras, la otra se llenaba la panza, de todas las maneras, con los medios a su alcance; si no en calidad, sí en cantidad, los días de Carnaval eran días de exceso.

Cuando la gente aún conseguía tenerse en pie, bailaba por las calles siguiendo a los triunfos,* aquellos carros y carretas tan lujosamente decorados, repletos de los más bufonescos y fabulosos personajes que se pueda imaginar, o acudía a alguna justa o algún torneo, siempre y cuando alguien se encargara de organizarlo: no existía el cansancio. Los más avispados, aprovechaban sus lujosos atuendos prestados para entrar en los palacios y seducir a las hermosas damas.

En resumidas cuentas, Roma le sacaba partido al Carnaval y lo pasaba en grande hasta la primera noche de Cuaresma, en que se veía a toda la población agarrarse de la mano para bailar la farándula** alrededor de una enorme hoguera, bajo los más hermosos fuegos de artificio. Tan sólo había que tener cuidado de no pasar cerca de una fuente, para evitar ser tirado a ella sin el menor miramiento, y ver dónde metía uno los pies, para no pisotear a algún pobre desgraciado que yaciera borracho o exhausto en mitad de la calle.

Si recuerdo particularmente bien el Carnaval de aquel año es porque, por primera vez desde mi infancia, padre me dejó salir también a mí. Aunque, si bien no le parecía mal tenerme escondida día tras día, ¡no quería que me disfrazara para la ocasión! Tuve que ponerme un vestido muy sencillo, de color azul, al que sólo las mangas, ahuecadas y adornadas con

---

* En el sentido que se le daba a esta palabra en la antigua Roma: cortejo triunfal.
** Del occitano *farandoulo*, un tipo de danza, similar a la sardana. Según Corominas, de dicho término deriva nuestra «farándula», así como su sentido actual. *(Notas del T.)*

unas cintas de satén trenzadas, le conferían cierta delicadeza. Me permitieron, eso sí, fabricarme un antifaz de papel *mâché*, que teñí de azul índigo, y un turbante corto que improvisé con un viejo retal, que también teñí de ese color.

Estábamos invitados a comer en casa de Cosimo Quorli, furriel del Papa, cuñado de los Sarzi (de Cosimo, el sastre, y Caterina, la modelo), uno de los amigos íntimos de padre, cuya mujer era boloñesa y que, por tanto, cocinaba muy bien. Vivían al otro lado del río, no lejos de nuestro antiguo domicilio. Yo no sentía mucha simpatía por Cosimo; en su manera de comportarse pecaba siempre de exceso de familiaridad, era arrogante en su vulgaridad, bajo la capa de una supuesta llaneza, como a menudo suele ocurrir. Y además, debido a la amistad que le unía a su «compadre Gentileschi», se divertía haciendo correr el rumor de que me amaba como a su propia hija... ¡vamos, que yo era su hija! Y me daba abrazos pegajosos y me decía piropos de muy mal gusto, como si yo le perteneciera o él tuviera autoridad sobre mí.

Cosimo pagó de su bolsillo el coche que vino a recogernos, pero como padre aún no había vuelto nos fuimos nosotros, mis hermanos y yo, con Constanza, la cuñada de Agostino Tassi, que había sido enviada junto con el coche para acompañarnos, a fin de que su amigo Orazio no se disgustara con él por haber llevado a su hija sin la necesaria compañía de una mujer.

La comida todavía no estaba lista, y faltaban por llegar algunos invitados; Giovan Battista Stiattesi (primo hermano de Cosimo), que pronto sería vecino nuestro en Santo Spirito, Porzia, su mujer, Pietro Rinaldi, mi joven padrino –pintor, puesto que tradicionalmente le había sido dado a cada hijo Gentileschi un padrino pintor (Giuseppe Cesari, llamado «el caballero de Arpino», era el de Giovan Battista, y Wenzel Coebergher, el flamenco, el de Giulio...)–, y padre, claro. Agostino Tassi, en cambio, ya estaba al llegar yo. Fue él quien me ofreció su brazo para ayudarme a bajar del coche, diciéndome, con una gran sonrisa, que a nadie esperaba más que a mí. Ya estaba acostumbrada a su manera de ser, pues le veía con bastante frecuencia, dado que él trabajaba con padre y, por voluntad de éste y siempre en su presencia, me daba clases de perspectiva; incluso había posado para el fresco que ambos habían realizado en Monte Cavallo, *Concierto dado por Apolo y las Musas*, en el que yo figuraba con un abanico en las manos.

Era plenamente consciente de que Agostino había puesto sus ojos en mí, pero como era amigo de la familia no le prestaba demasiada atención y, más bien, le otorgaba una suerte de confianza básica. Era un guasón, y siempre tenía una frase graciosa en los labios, hasta el punto de que, debo confesarlo, a pesar de mis reservas, a veces me resultaba divertido.

«Orazio es mi amigo del alma», me había repetido en varias ocasiones llevándose la mano al corazón, intentando tranquilizarme, pues sin duda no había dejado de advertir que yo era una muchacha desconfiada por naturaleza. Es cierto que la pareja Tassi-Gentileschi era conocida por todos, que ya habíamos dado varios paseos juntos, durante uno de los cuales Constanza no me había soltado la mano ni un minuto y se había mostrado muy afectuosa conmigo. Ellos tres, Agostino, Cosimo y mi padre, estaban casi siempre juntos.

—Si no estuviera ya casado —dijo Cosimo agarrándonos a Agostino y a mí por los hombros— Artemisia sería mi prometida.

—Te comprendo —respondió Agostino—, es una joven tan hermosa...

Yo esbocé una sonrisa, como para darle las gracias por el cumplido. Por pura educación, la verdad, ya que sus palabras más bien me irritaban.

—Además —continuó Cosimo pasándose la lengua

por los labios y moviendo sus ojos golosos– bajo esa apariencia de hielo..., ¡*il fuoco*, amigo mío!

Me aparté de él.

–Bueno, con su permiso, les dejo... pero vuelvo –añadió, antes de salir de la sala cerrando la puerta.

Al verle marcharse, me sentí aliviada.

Agostino me invitó a sentarme en una espaciosa banqueta en la que él también se acomodó.

–Artemisia –comenzó a decir–, con toda la amistad que me une a su padre y con todo el respeto que le tengo, debo decirle a usted que no comprendo cómo puede dejarla así, sola, tan a menudo.

–Tiene mucho trabajo, y, además, ¿quién se atrevería a reprochárselo?

–Pero dejar a una joven tan bella, sola... No es prudente.

–Es bastante prudente, dado que yo misma soy prudente, y precavida, también.

–¿No teme usted que algún extraño se introduzca en su casa?

–Jamás ha ocurrido tal cosa. Primero, porque no soy tan idiota como para abrirle la puerta a un extraño, y, segundo, porque Tuzia, que vive encima de nuestra casa, siempre está cerca. Las puertas de nuestras moradas se comunican.

Como parecía estar muy nervioso, y no paraba de moverse, cruzando y descruzando las piernas y gesticulando con los brazos a la menor palabra que pronunciaba, le pregunté si estaba inquieto por algo.

–Por nada –respondió–, a no ser por la emoción de hallarme en presencia de una persona tan encantadora.

No pude dejar de replicarle, con cierta ironía:

–No intente hacerme creer, Agostino, que no está acostumbrado a este tipo de situaciones... Pues sabe muy bien lo que se cuenta de usted...

–Lo que se cuenta de mí... –me interrumpió, soltando una carcajada–. Es tan poco de fiar como lo que se cuenta de usted.

Ofuscada, hice ademán de levantarme, pero él me agarró del brazo y me obligó a tranquilizarme.

Una vez calmada, le hice frente:

—Me pregunto qué se puede decir de mí, dado que no tengo nada que reprocharme.

—De todos modos, es usted tan amable que nadie se atrevería a reprocharle su conducta.

—No sé qué pretende insinuar, Agostino, ni adónde quiere ir a parar, pero sus palabras no me parecen muy dignas. ¿Acaso no es capaz de mantener otra conversación mejor?

—Tiene usted razón. Pues, en efecto, debo decirle otra cosa.

Se levantó, dio unos cuantos pasos por la sala, con las manos a la espalda, y luego se inclinó ante mí con mucho alarde.

—Querida, su vestido, por medio de ese azul índigo tan puro, ya expresa, de por sí, sin que haya necesidad de más explicaciones, la nobleza de su alma. Y le ruego que me excuse si con alguna de mis palabras he podido ofenderla, y que sea mi amiga.

Dio un paso para besarme la mano, pero yo le esquivé. Se incorporó y avanzó hacia la puerta, cuando, justo en ese momento, reapareció Cosimo.

—Espero no molestarles. Tan sólo quería decirles que Orazio acaba de llegar, para evitar que les sorprenda...

—¡Ah, déjate de guasas! —respondió Agostino.

—Pero, ¡no te enfades, amigo! ¿Qué culpa tengo yo de que no hayáis hecho lo que debíais? ¿Así es como me agradeces que haya vigilado la puerta, velado por vuestra seguridad?

Agostino, empujándole un poco, salió de la sala para ir a recibir a padre, que venía acompañado de Francesco, su ayudante.

Cosimo alzó los brazos al cielo y, también él, desapareció.

Yo, un tanto afectada por aquella conversación,

cuyo sentido no estaba segura de haber comprendido del todo, recuperé el ánimo, me arreglé instintivamente el pelo con la mano, como si alguien me hubiera despeinado, y salí de la sala para ir a reunirme con las mujeres en la cocina.

Aquel día comimos de maravilla, puesto que las mujeres de la casa Quorli habían preparado una *cibollata* excelente, una gelatina de carne bien condimentada, cordero con higos fritos, y habían conseguido también, para alegría nuestra, tomates, lo cual era todo un acontecimiento. Recuerdo bien aquella comida porque me encantaban los higos fritos. Muchas y variadas frutas refrescaron nuestro paladar a lo largo de la comida, y el vino, de Terracina, nos apagó agradablemente la sed.

Los hombres estaban sentados a un lado de la mesa, y las mujeres al otro; yo estaba entre Constanza y Porzia, y Pietro Rinaldi estaba situado, a Dios gracias, enfrente de mí, pues no habría podido soportar tener tan cerca otra mirada que no fuera la suya.

La comida duró buena parte de la tarde, entre bullicio y risas, y luego salimos en grupo a pasear y a respirar el aire de fiesta que había invadido las calles.

«*Agostino, a fin de cuentas, es un joven muy capacitado, y cuando quiera tomar esposa, tendrá de sobra donde escoger. Ésta* es una holgazana desvergonzada y sin seso, que sin duda sería su ruina.*»

Palabras atribuidas a Cosimo Quorli
por Giovan Battista Stiattesi
durante el interrogatorio de este último.

* Artemisia Gentileschi.

BLANCO

La nostalgia de lo que fue, de lo que un día existió, a veces nos llena el alma de tormento, o, muy al contrario, instala en ella un vacío que ni siquiera la eternidad podría colmar, y en el que desearíamos dejar atrás, sin la sombra de un temblor, algunos hechos, algunos sentimientos junto con la vida misma.

Pero la memoria, ¡ay!, a menudo nos aflige con esas épocas de desgarro en que todo en sí parece haber basculado de repente. De ahí el temor con el que regreso a las imágenes que antaño quebrantaron mi destino. Para siempre.

Muchos señores e hidalgos frecuentaban nuestra casa. Así había sido en todo momento. Cuando padre no estaba, les recibía yo, en compañía de Francesco, mi hermano, o de Tuzia. Intercambiábamos algunas frases de cortesía y les invitaba a regresar más tarde. O bien, si se trataba de amigos o de personas cercanas a nosotros, se quedaban un momento a charlar, degustando alguna bebida refrescante, en verano, o caliente, en invierno, que les ofrecíamos. El otro Francesco, el ayudante de papá, también estaba a veces.

Padre solía alertarme acerca de los eventuales embates masculinos, y también Tuzia me aconsejaba prudencia con respecto a los hombres; no sé cuál de los dos influía al otro, ni qué sentimiento profundo, o justificado, inspiraba sus palabras: ¿un deseo real de protegerme?, ¿un celo no confesado hacia mi juventud?, ¿una falta de confianza en mí o frente al sexo fuerte? Yo no creía, sin embargo, haber demostrado jamás, ni a lo largo de mi educación ni en el resultado directo de ésta, o sea en mi comportamiento, actitud alguna que hubiera podido ser motivo de inquietud en ese ámbito tan temido, en ese espacio en el que hombres y mujeres se encontraban, intercambiaban unas palabras, una sonrisa, una broma, o se hacían una confidencia, sin que ello pudiera traer consecuencia alguna. Pero quizá me faltaba experiencia, a pesar de lo segura que estaba de mi juicio. Y la intuición, a decir verdad, no era mi fuerte, como quedará patente en lo que sigue.

Agostino venía a casa cada vez con mayor frecuencia, supuestamente a ver a mi padre, y había hecho migas con Tuzia, con la que conversaba a menudo. De cuando en cuando, claro está, nos cruzábamos, y él se mostraba amable, bastante simpático, a mi entender, cosa que me parecía normal puesto que yo era la hija de su amigo. De ahí que las gentiles palabras que me dedicaba, incluso cuando estaban teñidas de cierta lisonjería, no me chocaran en absoluto.

Únicamente comencé a estar intrigada cuando Tuzia empezó a decirme, con insistencia, a cada rato, que Agostino era un joven estupendo, tan galante y elegante, tan encantador y generoso, tan lleno de talento y prometedor. Las primeras veces, la escuché sin responder. Tuzia era parlanchina por naturaleza, *pensaba yo, que hable cuanto quiera.* Incluso cuando me hacía preguntas sobre él, me las ingeniaba para no tener que contestar. Luego introdujo un nuevo elemento en su discurso: ese joven tan apuesto... pensaba Tuzia, ¡ah!, pero sin ánimo de ofenderme... que estaría tan bien... conmigo.

–¡Conmigo! –había exclamado yo–. ¿Qué quieres decir con eso?

–Pues claro, contigo... Haríais tan buena pareja...

Y, al ver la cara que yo había puesto, había añadido, farfullando:

–... al menos una pareja de amigos.

–Tuzia, me parece que a veces te metes donde no te llaman.

–Artemisia, no te permito que dudes de mi lealtad. Sabes bien que por nada del mundo diría o haría algo que pudiera perjudicarte.

–¿Quién me lo demuestra?

–Yo. Yo te lo he demostrado, día tras día, durante estos últimos años. Y, pongo a Dios por testigo, te lo he demostrado con creces –afirmó, persignándose y alzando los ojos al cielo.

–No he querido ofenderte –le dije yo–, pero no comprendo a qué vienen las insinuaciones que últimamente oigo de tu boca... Agostino por aquí, Agostino por allá...

–¡Oh! No hay ninguna intención oculta en ellas. Nada que no te haya contado ya.

–¡Aun así! ¡Me has estado proponiendo, casi a medias palabras, que me arroje a sus brazos!

Tuzia se ruborizó de pies a cabeza, hasta las puntas de sus cabellos castaños, y puso tal cara de arrepentida que no pude sino echarme a reír. Acaricié los pliegues de su vestido desde su cintura, para tranquilizar sus manos, y acto seguido las cruzó por debajo de sus pechos, mirándome con aire grave.

Tras un momento de silencio, me dijo:

–Hay algo más.

–Vaya, ya salen a relucir las intenciones ocultas –respondí en tono de desafío.

Pero ella mantuvo la calma, tiñéndola de solemnidad, para anunciarme que corrían «algunos rumores» sobre mí. Aquélla era la segunda vez que alguien me informaba de semejante vileza, así que me sorprendió menos que la primera.

–¿Rumores, eh? –dije, al tiempo que hacía el gesto de barrerlos con el reverso de la mano.

–Alguien ha puesto en duda tu honor.

–¿Alguien? ¿Quién?

–Eso da igual. Yo sólo te prevengo.

–Escucha, tu amigo Agostino, precisamente, ya me hizo alguna alusión a ese respecto, y no hace mucho, en Carnaval.

–¿Y qué le respondiste?

–Lo que tenía que responderle. ¿Acaso tengo yo algo que reprocharme? ¿Tienes tú algo que reprocharme? ¿Tiene alguien algo que reprocharme?

–No he querido decir eso.

–Muy bien. Pues entonces dejemos que los rumores sean lo que son, o dicho de otra manera, dejemos que corran, ya que ése es su destino.

Tuzia dio algunos pasos en dirección a la puerta que daba a la escalera, se detuvo justo en el momento de girar el picaporte, lo soltó y volvió a hacerme frente.

–No estoy demasiado de acuerdo contigo –dijo–; hay que plantar cara a las malas lenguas. Los chismorreos han destruido más de una reputación.

Luego desapareció por la escalera.

Yo estuve dándole vueltas a aquello todo el día, y continué por la noche, sin poder conciliar el sueño. No conseguía dilucidar quién podía estar hablando mal de mí y qué interés tenía en ello. En vano intentaba recordar alguna circunstancia en la que hubiera tenido una actitud supuestamente ambigüa o impropia. La simpatía que me manifestaba Agostino, ¿no ocultaría, en realidad, sentimientos menos loables? Yo no había advertido, ni siquiera cuando me había dado clases de perspectiva, ningún gesto suyo que hubiera podido malinterpretar; a pesar del desparpajo y de la labia que él se gastaba, no me parecía que hubiera sobrepasado nunca los límites de lo correcto. La amistad que le unía a padre, ¿podía no ser sincera? Resultaba difícil de creer, pues a juzgar por el tiempo que pasaban juntos, las jornadas de trabajo que compartían, las madrugadas en las que padre regresaba a casa tras haber salido con él, no dejaban duda acerca de su afecto recíproco, de su camaradería cómplice. A menos que la responsable fuera Tuzia, celosa, por ejemplo, de mí, a pesar de las apariencias, o del interés que Agostino u otro amigo se dignaban mostrarme... ¿Qué debía pensar? Las imágenes se embrollaban como una madeja suelta, e incluso se me apareció la de Cosimo Quorli, con su rostro abotagado y el reflejo malsano que por sí solo conformaba toda la expresión de sus ojos. Enseguida la expulsé de mi mente; me desagradaba... Pensé en mis hermanos, pero era evidente que tenían otros asuntos mejores en los que entrometerse, pues pasaban la mayoría del tiempo fuera de casa. ¿Tendría algo que ver Geronimo Módena, a quien apenas conocía de vista pero que, según me habían dado vagamente a entender, sería un honesto marido para mí? ¿O acaso sería padre el instigador, ya que, si él era tan desconfiado conmigo, bien podía yo sospechar de él? ¿Cómo saberlo? ¿Qué debía pensar?

Al día siguiente, nada más levantarme, fui a ver a Tuzia. Estaba terminando de peinarse; su hijo más pequeño vino corriendo hacia mí y se me echó en los brazos. No hacía mucho, había decidido retratarle. Era un niño dulce y sonriente, al que le gustaba estar en mis faldas, y por el que yo sentía un gran cariño.

Me senté en un banco, sosteniendo a Diego en mis rodillas, y, una vez que hubo acabado, Tuzia se unió a nosotros.

—Escucha, Tuzia —le dije—, he estado reflexionando, y creo que tienes razón: debo saber la verdad.

—Me parece lo más prudente.

–Tengo dudas... incluso sobre ti. ¿Quién me asegura, después de todo, que no eres tú quien propala esos rumores?

Ella se mordió los labios e hizo ademán de levantarse, pero antes de que pudiera hacerlo la agarré del brazo.

–No quiero disgustarte, pero ponte en mi lugar...
–Misia... Eres casi como una hija para mí, y siento una gran estima por Orazio, tu padre.
–Bien, lo supongo. ¿Y?

Tuzia parecía dudar; miró al pequeño Diego como para distraerse, pero dado que éste, arrellanado en mis brazos, ni se inmutó, ella volvió a alzar la vista hacia mí y me espetó:

–El que lo sabe es Agostino.
–¡Agostino!
–Sí.
–¿Y qué es lo que sabe?
–Quién habla, quién murmura...

Bajé a Diego de mis rodillas, y él enseguida se subió a las de su madre. Me levanté hecha una furia.

–Bien. Hablaré con él la próxima vez que venga de visita... Y ni una palabra de esto a mi padre, ¿me oyes?

–Entendido.

Bajé a casa, fui al taller, intenté concentrarme, trabajar. Pero no conseguía dar sino pinceladas torpes, temblorosas, inútiles. Aun así, continué. Quería matar el tiempo.

Así estuve varios días, presa del mayor nerviosismo.

Por fortuna, no tuve que esperar mucho tiempo. El día de la Santa Cruz, el 3 de mayo, a primera hora de la tarde, Agostino llamó a nuestra puerta, y Tuzia salió a recibirle. Yo andaba por el taller, aunque no puede decirse que estuviera trabajando realmente.

Ni siquiera se me ocurrió quitarme el delantal antes de abrir la puerta.

Agostino entró a grandes zancadas, como Pedro por su casa, y me dijo:

–La mujer más hermosa de Roma quiere verme. ¡Qué honor para mí! Y se inclinó antes de añadir:

–Por eso me ve usted tan emocionado.

–No le pido tanto.

–Entonces, ¿qué me pide? Estoy a su entera disposición.

–Quiero saber de dónde proceden esos rumores que corren por ahí, deshonrándome.

–¡Ah!, querida mía, comprendo su inquietud. Pero le aseguro que sólo los necios creen las pamplinas que se dicen... en este caso, con respecto a usted.

–Vayamos a los hechos, Agostino.

–No sé en qué terreno me aventuro, pero como gentil hidalgo que soy, no puedo mantenerla al margen de afirmaciones tan descorteses acerca de su persona...

–Agostino, se lo ruego.

–Está bien, para ser conciso y breve le diré que el hombre que se jacta de conocerla íntimamente no es otro que el ayudante de Orazio, su padre...

–¡Francesco Scarpollini!

No sabía si reír o llorar de rabia. Un torbellino me agitaba el corazón.

Tras haber hecho su declaración, seguro del efecto que había causado, Agostino me había dado la espalda, y ahora se paseaba por el cuarto.

–Y por qué no su propio ayudante, Nicolo Bedino, y por qué no también su criado, y por qué no Antonio Coppino... –dije, de un tirón.

–Ah, no, Antonio no: su labor se limita a preparar el azul ultramar, y no a hacer caricias...

Agostino se echó a reír, creyendo que había dicho algo gracioso.

–¡Francesco! –volví a exclamar.

–Dice –prosiguió él sin mirarme– que usted le ha dado todo lo que él ha querido.

–Qué suerte la suya... Pero no tendrá tanta suerte cuando le eche de esta casa. Pues si lo que usted me ha contado es cierto, no tardaré en hacerlo.

–El mismo Nicolo sostiene que les ha visto besarse más de una vez...

–Y, evidentemente, usted ha permitido que lo dijera...

–Bueno, yo sólo le corrijo las faltas, digamos, profesionales.

Intenté calmarme durante unos segundos, y luego dije:

–Escuche, después de todo, me importa un comino lo que pueda ir contando Francesco... Pues yo sé muy bien cómo me comporto. Y nadie puede estar más segura que yo de que soy virgen.

Agostino se acercó frente a mí y puso su mano sobre mi hombro.

–A mí, por el contrario, Artemisia, me preocupa lo que Francesco pueda contar sobre usted. Y por dos razones: la primera, por la amistad que le profeso a su padre; la segunda, por la estima en que tengo el honor de usted, sea cuál sea su opinión acerca de ella.

Dicho esto, Agostino se retiró, sin dar ninguna otra explicación.

Yo, en cambio, me puse a andar de un lado a otro, mordiéndome los puños con rabia, luego fui a mi habitación y me tumbé en la cama. Mis pensamientos chocaban entre sí de tal manera, tenía tantas ganas de abofetearlos a todos, de reventar a llorar, que mi mente, al no poder contener de golpe todas las emociones que retumbaban en mis sienes, se volvió blanca como un sudario, blanca y lisa como el más puro asco, blanca como las manos desnudas, blanca como la soledad y el cansancio, blanca como la desesperación. El blanco me pareció el signo de la ira contenida, el contrario de la pureza, de la calma, por primera vez.

Al día siguiente, después de una noche agitada, unos ruidos provenientes de la escalera me sacaron de mi breve sueño: alguien estaba subiendo a casa de Tuzia. Asombrada por aquella visita matinal, sentí curiosidad por saber quiénes eran sus protagonistas.

Me puse a toda prisa un vestido y, sin tan siquiera tomarme la molestia de peinarme, subí a casa de nuestra inquilina. Cuál no sería mi sorpresa al encontrarme allí a Agostino, acompañado de Cosimo, el furriel.

–¡Ya de vuelta! –exclamé, tras haber saludado a todos.

–Para gran placer mío –respondió Agostino, con una amplia sonrisa.

Le miré y, señalando a Cosimo con un movimiento de cabeza, le dije, en un tono bastante seco:

–Y a éste, ¿también lo ha querido traer aquí?

Agostino dio un paso hacia mí, como si temiera mi reacción, pues sin duda conocía bien mi antipatía por su amigote, ya que me pidió que mantuviera la calma y contuviera mi ánimo.

–Si existe un ámbito en el que soy enteramente libre –le repliqué– es el de mis sentimientos. Y tengo todo el derecho del mundo a manifestarlos cuando alguien a quien no estimo se cuela en mi casa sin pedirme permiso.

Aun así, y a pesar de la cólera que me agitaba, me tranquilicé para no empeorar la situación. Cosimo se acercó entonces a mí y, haciendo todo tipo de alusiones, o bien sin rodeo alguno, intentó convencerme de que mirara con buenos ojos a Agostino.

–¿Y a usted quién le ha dado vela en este entierro? –le pregunté–. Soy lo bastante mayor para saber cuándo y a quién debo mirar con buenos ojos.

–Desde luego, Artemisia, pero me parece que trata usted a Agostino de una manera muy seca e inmerecida... Un joven como él, tan amable, que, por el contrario, merecería todos los favores...

—¡Todos los favores! —exclamé, indignada—. Usted, al menos, llama a las cosas por su nombre... En cuanto a si Agostino es amable o no, permítame que sea yo quien lo juzgue... Además, la amabilidad es una cualidad que debe ser demostrada antes de ser llamada tal...

—Podría usted mostrarse un poco más... acogedora con él. Ello haría honor a su propia persona, y no podría sino servir para intensificar su belleza.

—No hay nada digno en las proposiciones que usted me hace —le dije—, y con las que tan sólo me inspira asco...

Agostino permaneció callado durante todo ese tiempo. Tuzia estaba sentada en un rincón, y no sólo no intervenía sino que a veces incluso volvía la cara. Cosimo se enfureció entonces y casi escupió:

—¡Bien puede darle a él lo que le ha dado a tantos otros!

Mi corazón comenzó a latir a un ritmo exagerado, desconocido para mí, y sentí cómo me subía la sangre a la cabeza:

—Se lo voy a decir muy claro, Cosimo: las palabras de los bribones como usted no tienen ni pizca, ¿me oye?, ni pizca de valor para mí, y no acostumbro a hacerles el menor caso... ¿Cómo... cómo se atreve a proferir insultos contra mí en mi propia casa, y para colmo bañados de melosidad y condescendencia? Me da usted aún más asco que antes... ¡Le ordeno que desaparezca de mi vista ahora mismo!

Y dicho esto, le di la espalda, pero él intentó una vez más proseguir, diciendo que había sido una broma, que su intención no había sido insultarme.

Sin volverme, grité:

—¡Largo!

Y ambos se marcharon sin pronunciar una palabra más. Pero, unos minutos después, Cosimo regresó, sofocado.

—Orazio... Su padre le pide que nos confíe esa *Ju-*

dit, de considerable tamaño, que usted le ha ayudado a pintar. Ésa era la razón de nuestra visita.

–¿Qué van a hacer con ella?

–Tal vez le pueda interesar a un mercader que conocemos.

Dudé unos instantes; después de todo, no estaba al corriente del asunto, pero pensé que padre se enfurecería si, tras haber elaborado algún plan con sus amigos, éste se iba al traste por mi culpa. Además, tenía ganas de librarme lo antes posible de aquel intruso.

–Está bien, acompáñeme al taller.

Fuimos a buscar el cuadro en cuestión, y Cosimo quiso hacerme firmar un papel como prueba de que se lo cedía.

–Escuche –le dije–, no voy a firmar nada, nada en absoluto, entre otras razones porque no sé leer y porque mi padre no me ha hablado de esto.

–Pero lo necesito...

–Me importa un bledo lo que usted necesite. Le conozco, y sé que es lo bastante malicioso como para hallar la solución que más le convenga sin necesidad de que yo firme nada... ¡Y ahora, desaparezca de mi vista!

«*Había en su casa un cantero llamado Francesco, a quien nadie habría confiado ni siquiera una gata. Y éste se quedaba a solas con ella día y noche. Pasquino, un hombre de Florencia, se jactaba en público de haber gozado a doña Artemisia. En lo que a mí respecta, frecuenté su casa con el honor y el respeto debidos a la casa de un amigo, y no engañé ni a mi amigo ni a su hija.*»

Agostino Tassi, durante el careo
con Artemisia Gentileschi.

GRIS

Comencé a sentirme bastante humillada a causa de aquellas historias en las que, muy a pesar mío, me veía involucrada. Estaba inquieta, turbada. Me pasaba horas observando el lienzo, pincel en mano, sin poder acercarme a él; es más, creo que ni siquiera lo veía. No tenía apetito ni ganas de hablar con nadie de la casa. Cuando padre o mis hermanos se hallaban en el taller, iba a encerrarme en mi cuarto.

No siempre comprendía el porqué de tales chismorreos ni el propósito de sus instigadores. Incluso llegaba a dudar de mí: ¿acaso me había mostrado, sin darme cuenta, demasiado familiar con algún hombre, había tenido, en algún lugar, un comportamiento, un gesto, una mirada equívocas cuyo alcance hubiera obviado? Ciertamente, me mostraba amable con los conocidos, los hombres de la casa, un vecino, algún viejo amigo como el pintor Pietro Rinaldi, mi padrino, u otros pintores, próximos a la familia. ¿Acaso había sobrepasado, sin quererlo, los límites aceptables para una mujer de mi condición y de mi edad, por ejemplo, charlando calurosamente con alguien, riendo o incluso fanfarroneando sin malicia, acaso había infringido alguna regla de oro de los buenos modales? Sí, Francesco Scarpollini me había agarrado una vez por los hombros; sí, Pietro Rinaldo me había estrechado en sus brazos, pero yo les conocía desde hacía mucho tiempo, y aquéllos no eran más que gestos de amistad, a menos que ellos hubieran trastocado su sentido a mis espaldas y hubieran propalado aquellas calumnias.

Cada hora era un martirio, y, al haber perdido la confianza en todos, uno tras otro, terminé por perderla también en mí.

Padre, que rara vez estaba en casa, advirtió de repente, al cabo de dos o tres días, mi abatimiento, y ello le inquietó. Al final le dije la verdad, que Francesco se había vanagloriado de cosas poco correctas, o eso era al menos lo que me habían contado. Montó en cólera y afirmó que ése era un motivo más para librarse de él. También fue a preguntarle a Tuzia la razón de mi estado, y ésta le explicó –según me contó él después– que no era bueno que una muchacha de mi edad estuviera siempre encerrada en casa, y que sería saludable para mí salir de vez en cuando a tomar el aire. Yo no hice ningún comentario al respecto, y él, exasperado por mi silencio, no insistió más y me dejó en paz.

Esa misma noche, me encontraba por casualidad en casa de Tuzia, justo antes de la hora de cenar, cuando llegó un mensajero –el chico que estaba al servicio de ésta– con un recado para mí de parte de Agostino y un trozo de paño para que Tuzia le hiciera un trajecito a su hijo pequeño. «Un gesto encantador», me dije a mí misma. Tuzia cogió su regalo sin decir palabra, y me di cuenta de que le molestaba mi presencia; pero como el chico también traía un mensaje para mí, no sentí, en modo alguno, que debiera marcharme.

El mensajero me estaba informando de que Agostino quería verme, charlar conmigo, y ¿por qué no después de cenar? «Los dos lo necesitamos mutuamente», había mandado decirme.

Reflexioné con rapidez, antes de replicar:
—Dile que ningún hombre de bien habla a una muchacha de noche.

El chico se fue decepcionado.

Cuando volví a estar a solas con Tuzia, le dije:
—Espero que no tengas nada que ver con todos estos tejemanejes.

Ella adoptó un aire de lo más inocente, abriendo de par en par los ojos, para responderme:
—Cómo puedes sospechar de mí, cómo puedes...
—Puedo —la interrumpí— porque paso bastante tiempo pensando en todo esto.
—Precisamente, tal vez piensas demasiado. De tanto pensar, se te acaban embrollando las ideas.
—Pero, embrollada o no, un día de éstos pondré punto y final a esta historia.
—¿Y si Agostino estuviera sencillamente enamorado de ti?

Me sobresalté.
—¿No irás a decirme que no existe una manera menos liosa y retorcida de declararse a una mujer?
—Hay tantas maneras como hombres...
—¡Ah, bueno es saberlo! Una cosa es segura: ninguna es válida para mí.

La dejé allí y no volví a verla hasta el día siguiente. Entretanto, según me contó, padre había hablado con ella y le había pedido que me sacara un poco; había sugerido que fuéramos a San Giovanni.

Tuzia vino a buscarme a media mañana.
—Ponte guapa, *dai*, para una vez que sales— me dijo.

Fui a ponerme un vestido adornado por delante, y hasta los pies, con lazos de seda, y debajo de él una camisa con cuello y puños de fino encaje y amplias mangas muy caídas. Me cubrí los hombros con un ligero mantón y volví a buscar a Tuzia.
—Voy a llevar una cesta de fruta —me comentó—; si nos da tiempo, iremos a pasear y a tomar el aire a una viña, en Montalto, por ejemplo.

Mientras nos hallábamos en el umbral de la puerta, aguardando a que pasara algún coche que pudiera llevarnos al otro lado del Tíber, llegaron Cosimo y Agostino.

Enseguida supuse que Tuzia tenía algo que ver con tan desagradable sorpresa, y me volví hacia ella, pero, en vez de darme alguna explicación, se puso a charlar con los recién llegados. Hice ademán de entrar nuevamente en casa, pero Cosimo me agarró del brazo, apenas el tiempo que tardé en soltarme.

–Podemos ir juntos a esa viña –dijo–. No es prudente que las mujeres den paseos tan largos solas...

–Escuche: en primer lugar, no está claro que yo vaya a ir a esa viña, y en segundo, debería usted saber que estoy harta de sus consejos.

–Siempre igual, Artemisia... Estos continuos enfados suyos acabarán estropeándole la cara.

–¡La vida es lo que me están estropeando ustedes! –repliqué, señalándole a él y a su amigote–. Así que dejen de acosarme.

Mis palabras parecieron convencerles, pues lo cierto es que se marcharon.

Contrariada, me monté finalmente en el coche con Tuzia, pero no abrí la boca durante el viaje, pues era tal el flujo de palabras que me pasaba por la cabeza que necesitaba contenerlo. Entre mis muchos pensamientos, uno me pareció, si no brillante, al menos saludable: ¡casarme! Debía llevar a padre a ese terreno.

Se me había ocurrido la idea de casarme con Pietro, mi padrino. Yo le quería, porque era un hombre muy diferente a todos los que me rodeaban: nada fanfarrón, era la dulzura y la amabilidad personificadas, y su carácter bastante reservado se acomodaría sin dificultad al mío; además, era apuesto y joven aún, a pesar de llevarme unos cuantos años. Pero, una vez mencionada la idea a padre, su respuesta saldría disparada como una flecha en forma de gritos: «¡Rinaldi! ¡Pero si no tiene un real! ¿No ves que no tiene donde caerse muerto? Y con razón, ¡no tiene oficio! Si mi hija debe casarse con un pintor, lo hará con uno que pueda mantenerla bien, ¡no con un pelagatos!» Él prefería, a todas luces, a Módena, más amigo suyo, pero no mío.

El coche avanzaba a tirones por un camino tan animado como siempre, o eso había creído advertir yo; el cielo se nublaba por momentos y la gente se apresuraba a salir antes de que estallara la tormenta y les anegara hasta el cuello, o casi; en días así, las calles estaban más abarrotadas que de costumbre, y la gente se peleaba por cualquier tontería, los gritos y las maldiciones arreciaban en cada esquina.

Con cada tumbo que daba el coche, la dichosa idea de casarme me volvía a la cabeza. Tuzia me miraba de reojo. Sentía cómo sus ojos se esforzaban en descifrar lo que había bajo la máscara de mi rostro; era evidente que quería hablarme, tan sólo esperaba la oportunidad de hacerlo, y yo, para disuadirla, fruncía el ceño, haciendo como que observaba la calle. «Casarme, liberarme al fin de todos ellos: padre, hermanos, falsos amigos...» Me imaginaba en algún lugar lejano, en la quietud de una nueva casa, con un marido tranquilo y cariñoso, o, por lo menos, respetuoso y comprensivo. Él me dejaría pintar, pues ello no le causaría perjuicio alguno, y yo no dejaría de ocuparme de los niños que tuviéramos. Padre, hermanos, amigos...: cada cual en su sitio.

–Me temo que va a llover –dijo Tuzia al fin.

Saqué un poco la cabeza por la ventanilla. El cielo estaba nublado y bajo, y una estría amarilla, luminosa en el medio, horadaba los relieves de las nubes dibujándoles nuevos contornos, tal y como hacían algunos pintores cuando querían sugerir en un cuadro, encima de la escena principal, la presencia divina. Pero el aire aún no estaba cargado de ese olor que anuncia lluvia, ese olor pesado y metálico, embriagador que flota en el aire justo antes de que caigan las primeras gotas.

–Aún falta un poco –respondí–. No creo que llueva antes del anochecer.

–Ojalá tengas razón. No me gustaría que se estropeara nuestro delicioso paseo.

Solté una carcajada.

–Nuestro delicioso paseo... ¿No te parece que ya se ha estropeado bastante?

–Siempre lo mezclas todo –dijoTuzia, suspirando.

–No, querida: asocio.

Llegamos a San Giovanni.

En la plaza del pórtico, di algunas monedas a un mendigo que ocultaba la cara bajo una capucha. Iba vestido como un monje harapiento, y lo único que dejaba ver su mugriento hábito era una mano tendida.

Tuzia y yo nos persignamos y fuimos a sentarnos cerca del altar.

Al cabo de apenas unos minutos, vi surgir tras los pilares las siluetas de dos hombres que miraban en dirección a nosotras. Me volví para intentar descubrir qué hombres o mujeres acompañaban su presencia; era raro ver gente tan cerca del altar y dándole la espalda. Tuzia me dio entonces un discreto codazo. Agaché la cabeza, no sin antes haberla interrogado con la mirada.

Ella se inclinó para decirme al oído:

–Son Agostino y Cosimo.

–¿Qué dices? –murmuré.

–¡Nos habrán seguido!... Allí, delante de los pilares.

¡Será posible! ¡Hasta en el recinto sagrado de una iglesia! Así pues, aquellas dos siluetas en la penumbra... Ahora que Tuzia me había revelado su identidad, los discernía mejor. ¡Santo Dios! ¡*Otra vez ellos!* Comencé a temblar. Aquellos hombres me perseguían como una pesadilla, como fantasmas, como la angustia de una negra conciencia. Sus siluetas sin rostro eran el Mal personificado, me penetraban hasta el corazón, me helaban la sangre. Me sentía culpable, a pesar de que no lo era. Como la presa con la que se ensaña la jauría. Como un condenado a muerte que vive obsesionado, no ya con su crimen, sino con sus verdugos. Tenía ganas de gritar: «Dios, ¿qué he hecho?»

Aun así, aguardamos a que acabara la misa. Yo rezaba con fervor, con una piedad que no era, quizá, sino una mezcla de rabia y miedo ciegos, pidiendo un amparo divino, indefinible, cuyo carácter infinitamente abstracto me resultaba, en aquel instante, doloroso hasta el vértigo.

Rezaba con las manos juntas y los dedos cruzados, con los párpados cerrados y los dientes clavados en mi labio inferior, con una fuerza que me obstruía la sangre. Rezaba porque necesitaba hacerlo. «Santo Dios, ayúdame. Santo Dios y Tú, Santísima Virgen María, venid en mi ayuda. No me abandonéis. Mostradme el camino.»

En cuanto nos levantamos, intenté salir a toda prisa sorteando a la multitud, empujando a los penitentes (a punto estuve de tumbar a un niño al que, oculto en la penumbra, no había visto), tirando de mi mantón trabado entre dos cuerpos (a punto estuve de rasgarlo), sin preocuparme ni siquiera de Tuzia. ¡Estaba dispuesta a marcharme sola, si era preciso! ¡Y enseguida!

Pero ellos volvieron a atraparme. Ahí estaban de nuevo, los dos hombres delante, y Tuzia detrás, con la cabeza gacha, restregándose las manos.

—¡Vaya prisa! —exclamó Cosimo, sofocado.

—Pero ¿es que no tienen ustedes vergüenza? ¡Incluso en una iglesia!

—¿Vergüenza? Mucho desprecio es lo que hay, por lo que veo —intervino Agostino—. ¿Vergüenza? ¿Vergüenza de rezar para reencontrarla? ¿Vergüenza de querer ser amable a los ojos de una dama tan hermosa?

–Déjese de estupideces –le repliqué–. Usted es demasiado zorro para ser honesto.

Cosimo y Tuzia se pusieron a hablar entre ellos, aparte.

–Ande, vayamos juntos a esa viña... Nada mejor que un buen paseo para serenarse y, de paso, reconciliarse con la vida.

–Está lloviendo, y además quiero volver...

–Son sólo unas gotas... –dijo extendiendo la palma de su mano para recoger la lluvia–. Un poco de agua beneficiosa que enseguida escampará.

Me eché el mantón a la cabeza y comencé a andar, despreocupada de todos. Pero Agostino no me dejaba. Ora me seguía a distancia, ora se acercaba intentando agarrarme del brazo, para retenerme o para pararme.

–Permítame que la acompañe. A Orazio no le gustaría saber que su hija va sola por las calles de Roma.

–A Orazio no le gustaría enterarse de que usted no para de importunarme día y noche.

–Él sabe que soy un caballero.

–¡Uf, un caballero!

No volvimos a dirigirnos la palabra hasta llegar a casa.

Había dejado de llover, pero el sol no parecía dispuesto a volver a salir. Tenía la sensación de que el cielo seguiría encapotado el resto del día.

Llegué a casa, fui directa a mi habitación y le di con la puerta en las narices. Agostino se puso a gemir tras ella, como un perro apaleado, pero no quise prestar atención a sus bufonadas.

Un momento después, al no escucharle ya, fui al taller, decidida a no dejarme invadir, a alejar a los malos espíritus, a pintar a toda costa.

A través de la pared se oían ruidos, pues había unos obreros reparando unas partes de ésta que se habían desmenuzado. Eran ruidos atenuados, ya que los obreros estaban a punto de acabar su trabajo. No me molestaban, al contrario, me gustaba sentir su presencia cercana.

Justo cuando me estaba instalando delante del caballete empezó a llover de nuevo. El olor de la pintura, de las esencias, el repique regular del agua al caer, la calma claroscura del lugar me llenaron de una dicha indecible, una bocanada de vida, de sosiego y de claridad interiores. Ni siquiera me molesté en cerrar las ventanas; las gotas de lluvia se estrellaban sobre los baldosines, bruñiendo su color rojo original a toda prisa. Parecían empujarse unas a otras, o apretujarse unas contra otras con extrema precisión, dibujando una amplia banda en el suelo, como un ejército que avanza, compacto, sobre el terreno. Con la misma celeridad y habilidad que yo habría querido ver en mi mano, en mi pincel al dar cada toque en el cuadro, al ordenar cada punto de color en la superficie a cubrir, y también en la extensión gris de mis pensamientos, gris como el gris de la luz, como el gris de aquella serenidad, de aquel respiro que al fin llegaba.

«Él volvió y comenzó a quejarse de que no le trataba bien, y diciendo que me arrepentiría de ello. Yo le respondí: "¿Arrepentirme de qué? El que me quiera deberá ponerme esto", refiriéndome al anillo de bodas. Luego le di la espalda y me fui a mi habitación. Él se marchó.»

Del interrogatorio a Artemisia Gentileschi.

PÚRPURA

Estuve pintando toda la tarde. Oí marcharse a los obreros poco después de que regresara Tuzia. Como no se atrevía a venir a verme, supongo, envió al pequeño Diego. ¡Era un niño tan lindo, tan tierno! Un rayo de dulzura entraba en el taller cada vez que él cruzaba el umbral de la puerta. Y era eso, precisamente, lo que yo quería sugerir en el retrato que le estaba haciendo. No tanto la precisión de su cara sonrosada y de sus rasgos armoniosos como ese halo que lo definía y que transmitía su presencia. Esa otra luz de la que padre siempre me había hablado: la interior, la exterior, la fusión de ambas.

Diego era un niño tranquilo, y daba gusto trabajar con él. Se pasaba la mayor parte del tiempo sonriendo, viéndome pintar, como intrigado; en otros momentos, fruncía el ceño, mirando a otro lado, ningún punto preciso, al parecer, cautivado por sus propios y singulares pensamientos. Y luego, de repente, comenzaba a hacerme preguntas, una tras otra, que a él le parecían apropiadas, como «Misia, ¿tú eres pequeña o mayor?»; «Misia, ¿por qué tu cara tan sólo tiene dos colores hoy?»; «Te gusta hacer eso, ¿verdad, Misia?, pintar»; «Si tú fueras pequeña o yo fuera mayor, ¿podríamos casarnos?»; «¿Se puede vivir en el cielo»;

«¿Crees que el Diego del cuadro podría empezar a moverse?»; «Dime, Misia, ¿y tú, puedes entrar en el cuadro y no volver a salir de él?». Entonces, soltaba un gran suspiro, uno de esos suspiros con los que un niño parece echar fuera toda preocupación, y luego volvía a su mundo, con la sonrisa en la boca, o frunciendo el ceño.

Cuando su madre vino a buscarle, ya era la hora de la cena. Como estaba sola y ya me había tranquilizado, le propuse que se quedara a cenar conmigo, pero ella prefería que yo subiese a la suya, pues sus otros hijos la estaban esperando. Comimos, pues, sin hacer la menor alusión a lo que había sucedido por la mañana; para gran alivio mío, había tantas personas participando en la conversación que ésta pudo transcurrir sin mí. La ayudé a quitar la mesa, y luego volvimos a bajar a mi casa, Tuzia con su costura, y yo con Diego en brazos. Tenía ganas de seguir pintando un poco, justo antes de que cayera la noche, aunque fuera a la luz de una lámpara.

Me gustaba compartir el taller con alguna persona tranquila que estuviera a lo suyo. Tuzia, cerca de una ventana, inclinada sobre su labor, aprovechando los últimos fulgores de aquella tarde lluviosa, con el niño a sus pies, era una de las imágenes más amables de las que alguien pudiera gozar. Una verdadera Madona. Cada elemento parecía estar en su sitio, en un mundo reconciliado –el mío, al menos. Mis pinceles, los trazos bajo mis dedos no oponían ninguna resistencia a lo que mi espíritu anhelaba hacer, y éste llegaba a ellos sin tan siquiera yo advertirlo, como un flujo cuyo secreto poseía cada parte. Algo se estaba liberando, algo era repentinamente libre. Por momentos creía percibir, en forma no de pensamientos sino de emociones, el sentido de la pintura, aquello que podía buscar en ella, aquello que podía esperar hallar en ella. ¡Ah!, no habría sabido explicarlo entonces, explicarlo con palabras, al menos. Era algo tan inmaterial como el aire, como el placer cuando llega, inesperado, puro como el vuelo de un pájaro, y, como él, directo. Un nudo se aflojaba en mi interior, un ansia cobraba forma bajo mis ojos, una señal venida de no se sabe dónde, de un largo período de cuestiones enterradas, apenas formuladas y, en cualquier caso, sin respuesta, de una lenta maceración procedente de mi pasado más lejano, que de pronto me abría el horizonte. Una señal, similar al brillo de una estrella, pero inscrita en mis propios jirones de noche.

Cuando Agostino entró en la habitación, sin anunciarse, sin llamar, sin ninguna clase de preámbulo, creí por un momento que un velo se desgarraba a mi alrededor, que aquel hombre surgía del cuadro mismo que estaba pintando, rasgándolo e hiriéndome a mí al mismo tiempo. La serena magia se había roto.

–¿Cómo ha entrado usted?
–La puerta estaba abierta.
–Habrán olvidado cerrarla los obreros –dijo tímidamente Tuzia, advirtiendo ya el tono subido de la conversación.

Y enseguida comenzó a recoger su labor, como si fuera a marcharse.

–Es usted un sinvergüenza, Agostino. Cuanto más observo su manera de actuar, más me irrita su desfachatez.

–No por eso la amo a usted menos.

Me preguntaba a mí misma qué iba a hacer. Qué debía o, sencillamente, podía hacer. Insultarle, echarle fuera como otras veces, encararme con él... Le rogué a Tuzia, y sobre todo a Diego, que se quedaran. Y seguí pintando.

La lluvia no había cesado de azotar las ventanas, la noche se había estrellado contra ellas. Dentro, la luz de las lámparas de aceite brillaba aún más.

Tras unos instantes de tranquilidad, Agostino daba

ahora vueltas por el taller. De repente, se plantó a un paso del caballete y gritó:

–¡No pinte tanto! ¡No pinte tanto!

Le miré y proseguí mi tarea.

Pero, como me impedía ver bien al niño, le dije, haciéndole notar claramente mi estado de ánimo:

–¿No ve que me está molestando?

–Y a mí me molesta verla malgastar la vista de ese modo, me molesta que usted no se digne mirar a éste su servidor. ¿No se da cuenta de que he corrido por toda Roma, bajo la tormenta, para venir hasta aquí?

–Yo no le he mandado llamar... Nadie dice que sea yo la que le ha hecho venir.

–Pues bien, se lo digo yo.

No quise replicarle. Él prosiguió:

–¡Pintar, siempre pintar! ¡La trementina la devorará! ¿Y todo para qué?

Aunque, a todas luces, había pretendido herirme, hice oídos sordos a sus palabras, y le dije, casi riendo:

–Es cierto, se lo concedo, no soy un monstruo de la pintura que cocine tales salsas y con tal sabor que todos los que las prueben se arriesguen a morir de apoplejía.* Pero no todo el mundo puede ser Merisi, tampoco usted.

–Pero ¿cómo pretende igualar a Caravaggio? ¡Y máxime siendo una mujer! ¿Acaso quiere llevar una vida yendo de cloaca en cloaca, de prisión en prisión, sumida en una confusión de amoríos? ¿Quiere usted acabar sus días sin techo ni amigos, sin una piastra en el bolsillo, verse acosada por el odio, fulminada por la enfermedad, y ser, para colmo, presa de los piratas? ¿A eso aspira usted? ¿A acabar consumida por la fiebre en el muelle de algún Port'Ercole, con las

---

* La frase exacta es de Carducci quien, en sus *Diálogos sobre la pintura*, compara a Caravaggio con el Anticristo: «Este "monstruo de la pintura" ha cocinado tales salsas y con tal sabor que ha logrado ganarse a todo el mundo, aunque quienes las prueben se arriesguen a morir de apoplejía.»

manos vacías, bella dama, vacías, y el cuerpo –o lo que quede de él– cubierto de andrajos?... ¡Sola, sola, sola!

–¿Quién hablaba de igualar? Yo no pensaba sino en admirar... ¡Vamos, Agostino, admítalo! ¡Cualquier pintor de Roma sueña con llegarle a la suela del zapato a Michelangelo! Pero ni usted ni yo... Además, a esta hora, si no está muerto, como algunos aseguran, nuestro artista vive en España, y muy honorablemente.

Agostino permaneció callado. No tanto porque me estuviera escuchando, creo yo, sino porque el aluvión de palabras que le había arrastrado también le había agotado. ¡Ah!, pero no por mucho tiempo. Enseguida se repuso, y de un salto se precipitó sobre mí, vociferando de nuevo:

–¡No pinte tanto, le digo! ¡No pinte tanto!

Tras lo cual me zarandeó, tirando el caballete al suelo y quitándome a la fuerza los pinceles que tenía en la mano, al tiempo que seguía gritando:

–¡El talento! ¡El talento! ¿Cree usted que el hecho de ejercitar sus pinceles... se lo dará? ¿O la insolencia de... sus pechos? ¿O el descaro que demuestra en todo momento... olvidando que no es más que una mujer? ¿O... sus ojos?

Yo me había arrodillado, por una parte, para evitar su ira y, por otra, para empezar a recoger lo que no soportaba ver por el suelo: paleta, pinceles, trapos, tarros...

Al levantarme, le dije tranquilamente, sin mirarle, alisándome el vestido y el pelo un tanto alborotado:

–¿Mis ojos?... ¡Quizá! ¿Mis pinceles?... ¡Quién sabe!

Aprovechando la calma momentánea, Tuzia anunció que se iba a su casa.

–No quiero estar sola –le imploré por segunda vez–. Puedes quedarte.

–¡No está sola, yo estoy con usted! –dijo Agostino–. Venga, vete, Tuzia, ¡vete de aquí!

Ésta, agarró a Diego en sus brazos y soltó, acercándose a la puerta:
–De todas maneras, no quiero quedarme aquí discutiendo. Me voy.

Fui a sentarme en el banco en el que antes había estado Tuzia y me puse a mirar por la ventana las gotas que iban a estrellarse contra las ventanas. Entonces, Agostino se echó a mis pies y puso su cabeza sobre mi regazo. Sorprendida, retrocedí un poco y aparté los brazos, poniendo las manos a un lado y a otro del banco, para no tener que tocar su cuerpo. Pero él se pegaba a mí; sentía el olor de su pelo aún mojado, tan mojado como su vestimenta, al parecer, no sé si de lluvia o de sudor, pues Agostino estaba ardiendo. Me sentía, más que impactada, confusa, y cansada, muy cansada, sobre todo. «Quizá hoy –pensaba– acabemos de una vez con toda esta intimidad.» Yo había echado el busto hacia atrás, pero sus brazos enlazaban mi talle con fuerza.

Agostino se despegó de mí, me dirigió la sonrisa más dulce que jamás le había visto, me cogió una mano y se levantó.

–Venga –dijo–, caminemos un poco juntos, resulta fatigoso quedarse sentado.

También yo me levanté, y los dos paseamos, uno al lado del otro, por los alrededores de la sala. Dimos dos o tres vueltas, hasta que de repente me sentí agotada.

–Me siento mal, me siento débil. Es a causa de toda esta tensión, Agostino. De la inquietud que usted me provoca, persiguiéndome... Creo que tengo fiebre.

Él dejo de caminar, se llevó la mano a la frente y me respondió que, seguramente, tenía más fiebre que yo. Y que si yo me sentía perseguida, él se sentía acosado... ¡obsesionado por mí!

De pronto, al pasar ante la puerta de mi cuarto, me estrechó contra él, empujó la puerta, la hizo girar con su espalda, cerró enseguida con llave y me tiró al borde de la cama.

Me puse a gritar:
—¡No! ¡No!... ¡Déjeme!... ¡Tuzia! ¡Tuzia!... *Aiuto!*... ¡No! ¡No!

Me metió una rodilla entre los muslos para que no pudiera cerrarlos y apoyó una mano sobre mi pecho para impedir que me levantara.

—Desde ahora... ¡eres mía!

Yo me debatía, intentaba bajarme la falda, pero él volvía a levantármela. Con una mano me agarraba las dos muñecas, y con la otra se esforzaba en taparme la boca con un pañuelo. Pero yo agitaba la cabeza de un lado a otro y seguía gritando:

—¡Tuzia!... *Aiuto!*... ¡No!... ¡No... así! ¡No!

—¡Para!... ¡Para, te lo suplico! —jadeaba él—. Ya verás....

Yo me desgañitaba, pero el pañuelo, ya enteramente en mi boca, sofocaba los sonidos. Agostino me soltó las manos y colocó sus dos rodillas entre mis muslos.

Parecía un demente, la violencia le hinchaba la cara, las venas del cuello. Yo le empujaba con las manos, con los puños, le golpeaba, le arañaba, intentaba por todos los medios liberarme de su peso. Notaba el desorden de mis movimientos, sentía cómo se mezclaban en mí la rabia y el agotamiento, mi corazón iba a estallar, un velo púrpura caía intermitentemente ante mis ojos, veía la muerte en él, tenía miedo de entregarme a pesar mío, tan sólo porque me flaqueaban las fuerzas, no podía más, temía lo que estaba a punto de volcarse en mi vida, de precipitarse confusamente, en un momento, sin remedio. Veía a Agostino fuera de sí, veía aquel velo púrpura o quizá ya había cerrado los ojos y aquello no era más que el párpado cerrado sobre mi pupila, estrías coloradas como venas ardientes.

Luego, tras dirigir su miembro hacia mi natura,* comenzó a empujar y me penetró.

---

* Es obvio que la autora emplea el término *nature*, «natura», en uno de los sentidos que antiguamente, tanto en francés como en castellano, poseía éste: «órganos genitales», especialmente los de la mujer. *(N. del T.)*

«Permaneció largo rato sobre mí, manteniendo su miembro en mi natura, y, una vez satisfecho, se retiró. Al verme liberada, me precipité hacia el cajón de la mesa, agarré un cuchillo y me dirigí hacia Agostino diciendo: "Voy a matarte con esto porque me has deshonrado." Él me replicó entonces, abriendo su navaja: "Aquí me tienes, preparado."»

Del interrogatorio a Artemisia Gentileschi.

AMARILLO NATURAL

Lloraba y me lamentaba con palabras infantiles, tal y como advertía al pronunciarlas:
–Quema mucho, me duele mucho...
Agostino, de pie ante mí, despeinado, no decía nada. Su furia parecía haberse apaciguado, la expresión de su cara se había relajado. ¡Pero sus ojos! Sus ojos continuaban devorándome.
–¿Cómo puede estar ahí, mirándome como si nada hubiera...? ¡Cómo se atreve, después del daño que me ha hecho!
–Ya lo verá, usted acabará amándome tanto como yo la he deseado.
Me sentía vacía. Tenía ganas de que se marchara, pero también de ser consolada. Entre sollozo y sollozo, me daba cuenta de que estaba echándole y reteniéndole a la vez. Me sentía confusa. ¿Adónde se había ido mi fuerza, mi legendaria soberbia? Me sentía como una niña, sí.
–¡Usted me ha ofendido! ¿Cómo se atreve a hablarme ahora de amor? No es más que un salvaje.
Por segunda vez, se arrodilló a mis pies, intentando cogerme la mano, pero yo la aparté. Redoblé mis lágrimas, como si ya no esperara de mi vida más que una cosa: que lo que quedara de ella se vaciara y se di-

luyese en ese flujo salado. Y, ciertamente, mi vida parecía haberse reducido de repente a un hilo, a casi nada.

–Deme la mano –dijo–, déjese querer. ¿De qué le sirve tanta animosidad? He soñado tanto con usted, Artemisia. Y no piense que la he tomado por vanidad.

–No pienso nada, el único que puede saber eso es usted... Yo tan sólo sé, y no estoy soñando, que usted me ha deshonrado... Por mucho que intente hacerme creer otra cosa con sus buenas palabras.

–Mis palabras son verdad. Y, como prueba, voy a hacerle un juramento.

Agostino tomó mi rostro entre sus manos. Yo me sentía demasiado desamparada para resistirme.

–Escúcheme y recuerde bien esto: le juro que me casaré con usted en cuanto salga del embrollo en el que estoy metido.

Luego me secó las lágrimas, acariciándome suavemente las mejillas, hasta que me tranquilicé.

–Pero ¿y yo?... ¿Es eso lo que yo quiero? –le pregunté.

–Ahora que hemos dado fin a nuestra hostilidad, lo querrá.

Él parecía muy seguro de sí; y yo lo estaba tan poco de mí... Tan sólo pedía que alguien me consolara. Y él se esforzaba en hacerlo.

Agostino se marchó, aunque ignoro a qué hora.

Después de haberme tirado de nuevo en la cama sollozando, volví a levantarme. Quería cambiarme de ropa. Estaba perdiendo mucha sangre, pues, me acababa de venir la menstruación. Al verla, volví a echarme en la cama. Y, otra vez, volví a levantarme.

Ni siquiera tenía ganas de llamar a Tuzia para que me ayudara. Deseaba esconderme, reducirme, desaparecer. Me sentía sucia. Me faltaba coraje. En aquel momento, ni siquiera sentía rabia. Ningún deseo de venganza, nada.

Terminé por acostarme, pero sin poder conciliar el sueño. Tenía la impresión de que mi cuerpo estaba trastocado del todo, y con él mi cabeza. Ningún pensamiento emergía con claridad de aquel caos. Tenía calor, frío, calor, frío. Me invadía la fatiga, pero no lograba abandonarme al reposo. La turbación sacudía el interior de aquel cuerpo como muerto. Tenía la sensación de pesar diez veces más, de acarrear un lastre miserable. Notaba un sinfín de punzadas aguijoneándome el vientre, como cuando a uno le atenaza un miedo incontrolable. Ellas me recordaban que tenía un cuerpo, un lugar donde el espíritu se extraviaba en oscuras aproximaciones. Algo, algo irremediable había sucedido. Intentaba luchar contra las imágenes, contra los pensamientos, contra mí misma. Y me veía al mismo tiempo como una masa informe, inerte. Me sentía mancillada. Me daba asco. Deseaba acunarme.

¿Y dónde estaba padre? Era como si llevara meses sola. Más aún: desde que nos habíamos mudado. ¡Ah!, ya no sabía. Padre... Padre y su querida hija... Padre, que me había mantenido encerrada como si le perteneciera, que iba y venía, entraba y salía, desaparecía. Padre, que quería decidir cada uno de mis pasos. Que creía en mí sin confiar en mí. Que me aprisionaba y enviaba a casa a un pintor... ¡para enseñarme perspectiva! Padre, que vivía rodeado de una pandilla de hombres, todos artistas, todos amigos, que me aislaba y los traía sin cesar a nuestra casa. Y ellos se fijaban en mí, me piropeaban... Y me calumniaban y me denigraban, a mí, la intocable. Ante la mirada cómplice de Orazio Gentileschi el huraño. Su hija, su amada hija, miradla ahora, desmoronada, atormentada, hundida.

Creo que aún no había logrado dormirme, cuando de pronto oí voces y risas en el piso de abajo, en la cocina. Poco a poco fui discerniendo la de papá, la de mi hermano Francesco, una que no conseguía identificar y... ¡la de Agostino! Mi corazón dio un brinco. Luego pensé: «Tal vez sea mejor así, nadie sospechará nada.» ¿Era ésa la razón por la que Agostino había vuelto a una hora tan tardía? En efecto, solía hacerlo... Pero ¿por qué precisamente esa noche? ¿Quería evitar de ese modo cualquier sospecha? Enseguida volví a sumirme en el pasmo, caí un poco más, me acurruqué aún más sobre el colchón, como un animal agazapado, haciendo mi nido en un hueco de la lana, esperando no sólo que me protegiera sino casi que me engullera.

De pronto comencé a fijarme en el rayo de luz que se filtraba por debajo de la puerta, justo enfrente de la cama. No sabría decir en qué momento los hombres habían salido de la cocina para ir al taller. Agucé el oído. Percibía, distintas, cercanas, las voces de padre y de Agostino, a pesar de que se esforzaban en hablar bajo.

–Me sorprende que Artemisia esté ya en la cama... –dijo padre–. Normalmente me espera, aunque llegue muy tarde.

–¿Las labores domésticas la obliga a velar tanto? –dejó caer Agostino, y creí notar en sus palabras una pizca de ironía.

–Puede estar cosiendo, puede estar dibujando, puede estar peinándose, o puede no estar haciendo nada... que es lo más habitual, cuando uno espera. Se sueña, se cree estar haciendo, no se hace nada...

–¡Las mujeres son así, amigo mío!

–Es cierto que la mía a menudo trabaja. Como yo... Pues lo menos que se puede decir de ella es que se me parece.

¿«La mía»? Algo fallaba en su respuesta, o eso me pareció a mí. Agostino hablaba de las mujeres... Ah, sí, padre había respondido «la mía». En lugar de decir «mi hija». Bueno, no había sido más que una confusión, muy típica en él. Me había parecido escuchar otra cosa, palabras más graves. Sonreí.

—A este paso, no conseguirá casarla.
—Es difícil de casar, en efecto.
—¿Qué hombre querría una mujer con semejante carácter?

Me incorporé en la cama. «Intenta despistarle –pensé–. Ese hombre es un zorro perverso, cuando no actúa como tal.»
—¡Pero sabe hacer de todo!
—Quizá demasiado, ¿no?

El rayo de luz que se veía bajo la puerta oscilaba; una ráfaga de viento debía de estar moviendo la llama de la lámpara. Yo observaba el trazo amarillo, que a ratos se estriaba en sombras, y, por fuerza, le veía adensarse en la oscuridad. Si lo observaba sin pestañear, éste casi se imprimía en mi pupila, tras haberla hendido como un relámpago silencioso. No sé por qué, mezclado con él me vino el recuerdo de mis primeras impresiones de niña, aquel cielo romano de un azul tan brillante que a mí me parecía amarillo, amarillo natural. Y esa imagen me embargó de pronto por entero, vi cómo el color inundaba mi cuerpo, se expandía con estrépito, recordé que el amarillo era el color de la locura, y éste me llenaba de una dicha loca y de un dolor indecible.

—... ¡y tiene talento! No es fácil oponerse al talento: ¿debe uno hacerlo? ¿No debe?

Era la voz de padre, seguida de un largo suspiro. Perdida en mi propio delirio interior, no había escuchado parte de sus palabras.

Y de pronto, se irguió allí, delante de mí. Su silueta, a contraluz, parecía más encorvada, más anciana. No le había oído llamar, ni le había visto abrir la puerta. Y eso que tenía los ojos abiertos a aquella raya luminosa. ¿O los había cerrado?

—¡Ah! Creí que estabas durmiendo... Me preguntaba...

Meneaba la cabeza de una manera extraña, como si la oscuridad de la habitación le molestara.

–Pero ¡qué aspecto tan raro tienes! Estás agotada, ¿o me equivoco?

Oí los pasos de alguien que regresaba a la cocina.

–Me siento... Creo que estoy un poco enferma, pero no es nada.

Me deslicé bajo las mantas, disuadiendo a padre de insistir; él cerró la puerta y se fue. Tras mis párpados centelleaban incontables chispas de luz. Ahora tan sólo deseaba una cosa: dormir. ¡Pero el cuerpo pesaba tanto! ¿Cómo conseguir que una cinta de sueño se enrollase alrededor mío, cómo hacer para engancharme a ella, para montarme en las curvas sedosas de su balancín y dejarme llevar por ella?... De repente me vino a la memoria, arrancándome de mi pesadez, resonando en mí, cada uno de los pasos de Judit avanzando hacia Holofernes. Aquella magnífica mujer oliendo a especias, con sus cabellos de fuego revueltos, avanzando con toda su orgullosa altura hacia el general ebrio sobre su lecho. ¡Cuán finos son sus tobillos, y su paso, cuán gracioso y seguro a la vez! ¡Cuán pálida es su encarnación, y sus rasgos, cuán serenos! ¡Cuán duros, en contraste, son sus ojos, y su mirada, cortante como la obsidiana! Sin embargo, sonríe. En mi mente, va ganando altura a medida que se acerca. Los dedos de su mano son largos y finos, siento cómo se deslizan por los cabellos tupidos del asirio, cómo se escurren entre sus bucles y cómo de golpe se apoderan de ellos, los agarran en un puño cerrado hasta clavarse las uñas en su propia palma. Lo sujeta y vuelve la cabeza del hombre para ver mejor su cuello, un cuello que se estira, se estira. Y la violencia asciende al rostro de la hermosa mujer. Y su rostro revela un esfuerzo terrible, el de un crimen a punto de ser cometido, pero al mismo tiempo se mantiene frío, pues una máscara impasible oculta la emoción; en él destacan los músculos faciales, pero la piel no tiembla, o muy poco, de manera imperceptible... Era eso, era eso lo que le faltaba a la gran *Judit* que Cosimo y Agostino se habían llevado. ¿Qué había sido de ella, en efecto?... De todos modos, debería pintar otra, menos rígida, menos asentada que la primera, más contundente, menos instalada en el tiempo, de una belleza menos visible. Además, la primera también era obra de padre. Una *Judit* más mía, más personal, eso estaría bien. Mi corazón se llenó de dicha. Una dicha infantil que brincaba al ritmo de la sangre de mis venas. Pintar, pintar y dejar a los demás en su lugar. El tiempo acabaría pasando y trayendo días mejores.

A duras penas, me levanté, llevada por un impulso que iba más aprisa que yo. Mi espíritu se adelantaba a mi cuerpo, cuya dolorosa fatiga frenaba la acción. Mis miembros querían hacerme creer que mediante una serie de esfuerzos estaban saliendo de una larga enfermedad. Me habría gustado desligarme de ellos. Ya, ya estaba en el taller, avanzando a tientas, encendiendo una lámpara, dos, algunas velas. ¡Que se haga la luz! ¿Por dónde empezar? Primero, lavar los pinceles que se habían quedado allí, empastados de pintura, y secarlos con varios trapos, suaves de tan usados. Sentir, una tras otra, sus cerdas limpias, sedosas en la punta de mis dedos: ¡qué placer! Después ordenar los tarros de pigmentos por colores, tonalidades, como en la tienda de Antinorio, el mercader del Corso, y las brochas y los pinceles, según su grosor. Pasar la mano por la tela para juzgar su grano –¿tejido irregular de grano grueso?, ¿tejido fino?, ¿cáñamo de Venecia?–, su tensión en el bastidor. Con ayuda de una espátula, hacer la mezcla necesaria para prepararla, amasar esa pasta, alisarla, meter los dedos en ella para apreciar mejor su consistencia: preparar la capa según el tipo de soporte que se quiera recubrir y según lo que se desee pintar en él. ¡Ah!, el olor de las distintas colas de pegar: ¡de pescado!, ¡de queso!, ¡de conejo!, ¡de retal! ¡El del yeso, el del blanco de cinc o de cerusa, el del aceite de nuez! ¡El olor de los aceites calientes, de la capa fría! Repasar cada mano, esperar a que se seque, apomazar! ¡Sentir cómo el polvillo te recubre las manos, a veces los brazos o el rostro! Dejar reposar la blanca superficie... de cuando en cuando, pasar la punta de los dedos por ella... desleír los colores, ni demasiado aprisa ni demasiado despacio... mezclarlos asimismo por pequeñas cantidades... volver a la tela... ir de una cosa a otra como jugando... Sí, ¡jugar!, ¡jugar!

Estaba ebria de placer. Adelantaba las etapas, las confundía. ¡Ah, qué maravillosa cocina, la de prepararse para pintar! Mi alma se desbordaba de gratitud hacia cada uno de aquellos materiales, y se henchía de respeto por cada uno de los gestos realizados: toda una liberación. Estaba exultante. Poco me importaba entonces conocer la calidad de ejecución de mis futuras obras, y aún menos su contenido. Tales consideraciones no significaban nada en comparación con el momento vivido, en bruto, inmediato. La felicidad se hallaba inserta en bloque en aquella exaltación, estimulándola. ¿Y acaso no era ésta, además, más pura que la de cualquier clase de reconocimiento anhelado o, al menos, tal vez, esperado? ¿No bastaba para justificar todo cuanto pudiera venir después? Casi sentía vergüenza, pues ¿una dicha tan directa, tan solitaria, podía estarme permitida, a mí, a una mujer?

En el fondo de mi noche, la belleza de los preparativos, de los inicios, me pareció más clara que el alba, que, sin embargo, ya surgía, límpida e infinitamente suave después de la lluvia, tras las ventanas.

Apagué las luces para dejar que cada una de sus estelas lácteas se infiltrara en el taller, dentro de mí, donde todo era vibración, resonancia. Se me saltaban las lágrimas.

«*Tanto la primera vez como las otras muchas veces que Agostino me conoció carnalmente, perdí mucha sangre. Cuando le preguntaba el porqué de tanta sangre, él me respondía que era a causa de mi débil complexión.*»

Del interrogatorio a Artemisia Gentileschi.

VERDE ESMERALDA

Recuerdo los meses siguientes como un período de gran confusión.

Al encierro que padre imponía a mi persona vino a sumarse el derecho que Agostino se otorgó sobre mi natura, sobre cualquiera de mis actos e incluso de mis gestos.

Se presentaba a cualquier hora del día, y a veces de la noche, sabedor de que padre no estaba, pues solían trabajar juntos en el palacio de Borghese. Ponía tanto empeño –ora con deferencia, ora con brusquedad– en convencerme de que ningún otro hombre, salvo él, habría podido poseerme, ya que seguramente ninguno sabría amarme con tanto ardor y amor sincero, que, en ciertos períodos, acababa creyéndomelo y perdonándole el ímpetu imperioso de sus exigencias para conmigo.

–¿Acaso no te he defendido siempre –me decía–, no me he preocupado siempre de tu honor? ¿Por qué crees que lo he hecho sino por tenerte a mi lado?

Una noche, estrechándome hasta casi ahogarme, con los ojos brillantes, me había dicho esta extraña frase:

–Ven, mi vida, ven, mi corazón, ven, mi sol negro, tú que serás mi perdición.

No llegaba a comprender del todo cada una de aquellas palabras que resonaban como un eco en mi cabeza, pero él me abrigaba con sus brazos, no era momento para preguntar, y no pude evitar sonreírle.

Otras veces, ya fuera porque él llevaba días sin venir, ya porque no acababa de llegar la hora de ese matrimonio que me había prometido, me acordaba de la manera en que me había poseído, y de toda la deshonra que ello me acarrearía si el asunto quedaba ahí:

–Usted me ha robado algo que jamás podrá devolverme –le dije un día.

A lo que él respondió:

–No le quepa duda, Artemisia, de que me gustaría tomarla como mujer y casarme con usted.

–Entonces, ¿por qué no me trató con más miramiento, al menos?

–Por la sencilla razón de que necesitaba ser más fuerte que sus vacilaciones.

Él se afanaba por persuadirme de que nada podría inmiscuirse entre nosotros, de que nada podría separarnos. Pero, creyendo sin duda que sus palabras de amor y sus promesas no bastaban, o menospreciando mi confianza, su afán de persuasión adquiría formas menos delicadas.

Agostino mandó que me vigilaran. A todas horas había alguno de sus hombres apostado delante de la casa, acechando. Al principio, aquello me divertía; luego, según los días y según la naturaleza de las charlas que él y yo manteníamos, me contrariaba.

Pero cuando le preguntaba si tenía intención de seguir con tales métodos y cuándo iba a dejar de vigilarme, me respondía imperturbablemente que aquélla era una prueba más del valor que él daba al hecho de guardarme sana y salva...

... Y en secreto, añadiría yo. A este respecto, debo confesar que aquello no habría podido pasar si padre hubiera estado al corriente de nuestra relación. Y es que nadie de la familia sabía nada, o eso al menos creía yo. De todos modos, padre no estaba nunca en casa, y mis hermanos siempre andaban fuera.

Muchas veces estuve tentada de hablar, sobre todo al principio, cuando lo que estaba ocurriendo me atormentaba aún de lleno. Después, tuve miedo de delatarme. Y al final, justo lo contrario: tenía unas ganas irresistibles de contarlo todo cada vez que me sentía herida por alguna artimaña de Agostino.

Reconozco que mi posición no era nada cómoda. Si hablaba, y todo salía bien, padre se mostraría comprensivo e intentaríamos hallar juntos una solución. O bien –cosa más probable–, padre montaría en una cólera tan terrible que ésta se volvería contra mí, y acabaría metida en un convento sin más, a menos que me obligara a casarme, pero, en tal caso, ¿con quién? ¿Con Agostino? ¿Con Módena? ¿Con quién? Si Agostino se enteraba de la traición, ¿me seguiría queriendo? Y si Módena o algún otro se enteraba de mi deshonra, ¿me aceptaría tal cual? A menos... a menos que todos supieran ya todo, a mis espaldas. Pues, a pesar de las precauciones, muchas personas estaban al corriente. Tuzia, que tras haber hecho de alcahueta entre Agostino y yo, afirmaba ahora que no quería comprometerse, e intentaba darme lecciones de moral cada vez que podía. Los hombres de Agostino. Y ese demonio de Cosimo, que se presentó más de una vez ante mi puerta para convencerme de que fuera suya:

–Si se lo ha dado a otros, bien puede dármelo a mí, ¿no?

–Yo no he dado nada a nadie.

–Se lo ha dado a Agostino, lo sé muy bien.

–Métase en sus asuntos.

Una noche, me trajo incluso unos pasteles, pero también intentó avasallarme.

–Ni por la fuerza –le dije– ni de ninguna manera.

–Si no acepta, le aseguro que iré por ahí presumiendo de que la he gozado.

—Haga lo que le plazca. Pero ¡no vuelva a poner jamás los pies aquí!

Cuando la cosa fue a más, agarró los pasteles que había dejado en una mesa y los tiró al suelo. Por el modo en que se aplastaron, pude deducir que eran tan blandengues, pastosos, pesados y pringosos como él.

—Su educación, al igual que usted, deja mucho que desear —le espeté.

Le pregunté a Agostino cómo era posible que Cosimo estuviera al corriente de lo nuestro, y qué medidas pensaba tomar para frenar su mala lengua.

—Ninguna, Artemisia, dado que no puedo hacer nada. Cosimo es mi amigo; él me salvó la vida.

Ignoro a qué acontecimiento se refería Agostino, pues no logré que me lo contara.

Lo menos que podía pensarse de mí en aquella situación era que estaba en un callejón sin salida. Decir, no decir, hacer, ¿qué hacer? Tenía la impresión de que si tiraba de un hilo de la marioneta, ésta se pondría a correr y me arrastraría Dios sabe dónde. Repetía las cosas una y mil veces, me adelantaba a todos, charlaba sin parar y cambiaba de opinión a cada momento. Pero, hablara o no hablara, en realidad no estaba segura de nada, puesto que ignoraba en el fondo qué era lo que se sabía y si se estaba tramando ya algo, como tantas otras veces.

Incluso de mi hipotético matrimonio con Módena, tan sólo había oído hablar en una ocasión:

—Realmente, Módena es un buen partido, Artemisia: trabaja para Monseñor el cardenal Bandino y su situación es envidiable... Creo que por mediación de Monseñor Nappi podríamos llegar a un acuerdo respecto a tu dote.

Yo no había respondido, y padre no había vuelto a sacar el tema.

¿Qué pensaba él, qué sabía? ¿Ocultaba algo que no era un secreto para nadie? Tal vez, a fin de cuentas, yo resultara sospechosa únicamente por ser tan recelosa. La idea me estremecía.

Apenas salía de casa, salvo para ir, acompañada siempre por Tuzia, al mercado o a San Paolo, San Giovanni, San Carlo alli Catinari. Desde que mis hermanos se hicieron mayores, habíamos perdido la costumbre de salir en familia. Cada cual llevaba su vida. Y Marco, el benjamím, llevaba años lejos de nosotros, en el campo.

Yo seguía esperando. Esperando a Agostino, un acontecimiento relevante, o tan sólo sus promesas. Dependiendo de los días, me mostraba valiente, entusiasta, seria, rebelde, alegre o resignada. ¡Mi humor era tan cambiante! Aprovechaba los ratos libres para dibujar, para pintar, pero trabajaba despacio. Una multitud de pensamientos frenaba mi mano. A veces, pedía consejo a padre o a Agostino. Éste ya no intentaba impedir que pintara, desde el día en que le dije que al menos podía dejarme eso, que no podía tomar lo que quería, encerrarme como lo hacía y encima pretender atarme las manos. Y, a pesar de la reserva que él se había impuesto en este terreno, más de una vez le sorprendí echando un vistazo, casi de admiración, a mis obras. Pero jamás decía una palabra.

¿Tal vez fuera aquello el amor? Aquellos secretos, aquellos abrazos opresivos, aquellos sentimientos violentos que a veces dejaban lugar a la ternura, aquellos rechazos a los que sucedían unas ganas locas de cariño, aquellas riñas, aquellas discusiones seguidas de interminables esperas, aquellas promesas de un tono verde esmeralda, aquellas caricias que yo podía tanto odiar como desear, aquellos olores a pintura y a cuerpo mezclados, aquellos arrebatos de fría venganza que se diluían en un calor suave, apacible e incluso, no habría sabido explicar por qué, asfixiante. Agostino y yo, uno junto al otro, él vestido, yo desnuda.

Aquella vida de reclusión, ¿era el infierno o más bien la antecámara de un paraíso? ¿No era nada más que lo que era, algo que no conduciría a ninguna parte? ¿Había un sentido oculto en las cosas o, por el contrario, era preciso dejar de buscarlo?

Por más que mi vida hubiera dado un vuelco, en el fondo, se había detenido.

Fue a finales del verano, casi en otoño. Una noche, como no conseguía ni concentrarme en un cuadro ni conciliar el sueño, estaba dando vueltas por la cocina, cuando padre llegó.

En cuanto cruzó el umbral de la puerta se detuvo. Al ver su mirada iracunda, comprendí al instante que algo grave había ocurrido.

–¿Te preocupa algo? –le pregunté.

–¡Muchas cosas me preocupan! –dijo, recalcando cada palabra de la frase, que había pronunciado con fuerza.

–¿Quieres contármelas a mí?

–¿Qué ha sido de la *Judit* que me ayudaste a pintar? –me gritó.

–Fue confiada a Agostino y Cosimo, siguiendo tu voluntad.

–¿Quién se la confió y siguiendo las órdenes de quién?

–*Yo* se la confié siguiendo las órdenes que *tú* les habías dado.

–¿Que yo *les* había dado o que yo *te* había dado?

Por un momento, dudé.

–Que tú les habías dado.

–¿Y tú te fías de todos los ladrones que entran en esta casa?

Reflexioné antes de responder:

–*Me fío de tus amigos... aunque no de todos.* No era la primera vez que les dabas alguna órden que yo debía cumplir...

–¿Como por ejemplo?

Enumeré varias, contándolas con los dedos:

–Venir a buscarme para llevarme a Monte Cavallo... Venir a buscarme para llevarme a casa de Cosimo...

–¡Pero un cuadro!

–¡No me habías dicho nada!... ¡Nunca estás aquí!

–¿Y quién te mandó firmar?

Intenté recordar. ¿De qué me estaba hablando? ¿Lo había olvidado?

–No recuerdo haber firmado nada.

Padre se abalanzó sobre mí, me agarró por los brazos, me empujó hasta uno de los bancos de la cocina y me obligó a sentarme. Él tomó asiento al otro lado de la mesa.

–Escucha, Misia, no te hagas la tonta conmigo.

–No te entiendo. Pero... ¿por qué no me cuentas primero lo que ha pasado?

–He discutido con Agostino y Cosimo. No sé cómo, en la taberna de la via Margutta, nos hemos puesto a hablar de ese cuadro.

Hizo una pausa.

–¿Y bien?

–¿Y bien? ¡Ha desaparecido!

–No lo habrán buscado bien.

–¡Te digo que firmaste, Misia, firmaste un maldito papel!

–Te lo juro, padre, se lo entregué, ¡pero no firmé nada en absoluto!

–Me han dicho que van a enseñármelo.

–¿Cuándo?

–¡Delante del juez!, les he contestado. ¡Delante del juez!

«¿Delante del juez? ¡Dios mío! ¡Qué deprisa van las cosas!» pensé, asustada.

–Pero... si te entregan ese supuesto papel, tal vez veas con más claridad...

–¿De qué me sirve ese papel, ¡por Dios!, si el cuadro ha desaparecido?

—¡Eso es imposible sin tu consentimiento!
—Pero tienen el tuyo, querida.
—¡Te digo que no! Jamás firmaría un papel que a duras penas puedo leer.
—Entonces, explícame esa historia de la firma.
—No puedo explicarte algo que no he hecho.
—Lo has hecho, ya que el cuadro no está aquí.
—Diles que te enseñen el papel.
—¡Delante del juez!

Padre se levantó, se puso a dar vueltas por la cocina, abrió la puerta, salió, la cerró de golpe y desapareció en la noche.

Me quedé alelada en el banco durante un buen rato, al cabo del cual, de repente, vi a Francesco frente a mí.

—¿Otra vez ha pasado algo?
—¡Pregúntaselo tú mismo a papá!
—¡Eh, no te lo tomes así!
—¡Estoy harta! Me paso la vida aquí, encerrada, muda, esperando, esperando que alguien decida lo que debo hacer con mi vida. Remiendo vuestras camisas, voy a compraros comida a ese odioso mercado, barro, desde que no tenemos sirvienta... Pero ¡seré cretina! ¡Sometida como lo estoy, y encima tengo que poner buena cara delante de estos señores que llevan su propia vida de hombres... que se divierten como locos entre hombres! Me encierran, deciden por mí, y yo sin rechistar... E incluso cuando obedezco al pie de la letra, pues no, aún así no están contentos... Jamás un gesto de cariño, una palabra amable... Pero arrastrarme por el fango, ¡eso sí saben hacerlo!

Francesco me observaba en silencio. Intenté calmarme, pero estallé en sollozos.

—Cómo lamento —dije—, cómo lamento que mamá ya no esté aquí. Habría podido apoyar la cabeza sobre su hombro...

—¿Qué puedo hacer por ti?

No le respondí. No tenía nada que responderle.

Aún no había transcurrido una semana –durante la cual no vi prácticamente a nadie, por así decirlo– cuando padre vino a hablar conmigo.

Bueno, al principio se quedó callado, pero noté que estaba reteniendo las palabras, o que intentaba contener sus sentimientos, pues le temblaban los labios. Había envejecido un poco, y ahora cada movimiento de su cara se imprimía en sus arrugas sombrías y hacía que todas se movieran a la vez. Me daba pena, aunque no sabía por qué, pues no era un hombre lastimoso, seguía teniendo ese aire fuerte y orgulloso que le obligaba a fruncir demasiado el ceño. Y yo sentía ganas de ir a abrazarle, aunque tal vez fuera yo la que deseaba ser abrazada. Hay que reconocer que, habiendo vivido todas aquellas horas de tensión, bien merecía, tarde o temprano, algún consuelo.

Por fin, padre me dijo:
–El mal ya está hecho.
Le interrogué con la mirada.
–El cuadro...
–¿Sí?
–... y lo demás.

¡Se había enterado! A pesar de que no sabía lo que me aguardaba, sentí un alivio infinito: ¿qué más podía perder?

Permanecimos callados durante algunos minutos. Curiosamente, tan sólo experimentaba una sensación de vacío, como si de pronto mi mente fuera ya incapaz de pensar.

Padre no me dijo lo que sabía ni quién se lo había contado. Tan sólo me rogó que hablara.

Y hablé. Sin la menor emoción, como si estuviera recitando un texto memorizado; mi propia voz, tan monocorde, me sorprendió.

Estábamos en el taller, a media tarde. Yo había dejado los pinceles, pero no me había movido del sitio; estaba sentada justo delante del caballete, en nuestro viejo taburete. Y él se había sentado en el banquito que había junto a la ventana, desde el cual ora me miraba, ora miraba afuera, como todo el que se sentaba allí.

Cuando terminé de relatarle mi historia, que él había escuchado sin interrumpirme ni una sola vez, meneó la cabeza y dijo, casi con dulzura:

–¡Mi hija, mi propia hija!

Apenas tuve tiempo de advertir cierto amor en su suspiro, pues enseguida se enfureció:

–¡Hacerme eso... a mí! ¡Causarme semejante daño... a mí!

Había algo chocante en sus palabras, algo hiriente, pero no conseguía comprender qué.

–Después de todo, es tu amigo... –comenté tímidamente.

–Un rufián puede ser tu amigo, ¡no tu marido!

–¿Y si cumpliera sus promesas?

Padre alzó los brazos al cielo, en un gesto de exasperación.

–Pero ¿es que no sabes que Agostino está casado? ¿Que mandó asesinar en Mantua a su esposa María a puñaladas, para librarse de ella? ¿Y que pagó mucho dinero a unos hombres para que cometieran el crimen?

Molesta, bajé los ojos. Una gran tristeza me invadía.

Padre inspiró profundamente antes de proseguir:

–Él dice que ella le había engañado y robado, pero lo cierto es que él se había fugado con su cuñada Constanza... El muy canalla, ¡con la hermana de su mujer! Que incluso vivió con ella después de haberla desvirgado, que le hizo varios hijos y fue condenado por incesto gracias a las declaraciones de la hermana de ésta. ¡Incluso Olimpia, la propia hermana de Agostino, dio testimonio de ello! ¿No sabes que ese hombre va de querella en querella, de juicio en juicio, de prisión en prisión? ¡Todo el mundo lo sabe! Y hay actas, ¿me oyes?, hay varias actas en el Borgo que lo demuestran.

Sentí sus ojos clavados en mí, y de repente me preguntó:

–Pero tú... tú ¿dónde vives para no saber nada de Roma ni de lo que pasa en ella?

Aunque sorprendida por la pregunta, le respondí con voz serena, sin levantar la mirada del suelo:

–Pues aquí, padre. Vivo aquí donde me ves, encerrada en nuestra casa de Santo Spirito, en lo alto de una colina, cerca de unas cuevas, al parecer.

«Cada vez que Artemisia se atreva a decirme a la cara que estuvimos liados y que la desvirgué, contestaré que miente.»

Agostino Tassi,
durante su careo con Artemisia Gentileschi.

AZUL COBALTO

«¡Es mía!», afirmaba uno. «¡Soy su dueño!», reafirmaba el otro.
Pero ¿a quién pertenecía yo en realidad? ¿Aún lo sabía? ¿Lo había sabido alguna vez? Un telón de duda había caído ante mis ojos, envolviendo hasta el menor de mis movimientos. Si quería ir a la derecha, un brazo firme me retenía, diciendo que aquél no era mi camino, y si deseaba dirigirme a la izquierda, una mano poderosa me agarraba, aconsejándome no hacer nada puesto que ése no podía ser mi destino.
Desde luego, yo era responsable en parte, pero ¿cómo podía determinar mi grado de culpa si estaba atada de pies y manos? ¿Dónde había comenzado todo? ¿En qué momento se había producido? No, por muchas vueltas que le daba, estaba claro que aquello no había podido suceder de otra manera. Había pasado de un hombre a otro, mediante una transmisión de poderes en mano, por así decirlo. «Se la confío, Agostino, para que usted le enseñe perspectiva.» ¿Qué perspectiva, en verdad? Apenas algunos puntos de referencia en un espacio borroso. «¿A quién sino a usted, célebre pintor de paisajes y de marinas?» Y ¿cuáles eran los colores de esos paisajes que, tras varios cálculos aproximados, me habían atrapado?

¿A qué distancia se hallaban las manchas luminosas en ese océano que estaba a punto de tragarme? «Yo la instruiré, Orazio, no le quepa la menor duda.» «Por su bien, puesto que será pintora.» «Por su bien, estamos de acuerdo.»

–¡Ah!, pero ¿te ha hecho regalos, dime?
–Me los ha ofrecido, y yo los he rechazado.
–Bueno, ¡al menos mi hija no se ha vendido!

Aquel otoño no tuvo cabida en mi memoria. Sin embargo, de repente fui más libre. Caminaba por la ciudad, la iba descubriendo. Pero eran paseos intemporales. Me dejaba acunar por el ruido de las callejas, mis retinas guardaban, como si fueran dibujos, cada uno de los rostros con los que me topaba, me dejaba imbuir por el brillo del cielo que se desparramaba por las paredes rosa fuerte de las casas. La ciudad me susurraba al oído palabras de gratitud. ¿Cómo había podido olvidar que era romana? La ciudad, guarida de hombres que conocían a fondo todos los vicios, los mismos que hasta entonces me habían atormentado, me parecía, de repente, como un consuelo. ¿O ello se debía tan sólo al hecho de poder caminar, a grandes y seguras zancadas, reconquistando un territorio vibrante como el de la infancia, aquella época en la que nos atrevemos a creer que nada entraña riesgo?

Agostino ya no me vigilaba tanto, o tal vez lo hiciera de un modo más discreto, no sé. Aparte de aquel suceso –ocurrido más por miedo a padre que por convicción real, creía yo–, en un primer momento, nuestra relación apenas se modificó, atrapada como yo lo estaba entre dos fuegos: él negaba todo lo que padre me había contado acerca de él. Incluso me enseñó un fajo de cartas que llevaba siempre consigo, algunas de las cuales se referían, según me dijo, a la muerte de su mujer; en ellas no se aludía a ningún crimen. En cuanto a los otros procesos que había protagonizado, ¿acaso el propio Orazio no se había visto mezclado en el asunto Baglione? «¿Quién de nosotros, hombres de bien –decía–, no ha tenido algún lío con la justicia, a pesar de llevar una vida honrada?»

–La afrenta que usted me ha causado es irreparable, puesto que padre jamás aceptará que le tome por esposo.

–Tenga por seguro que sabré recuperar su confianza y su amistad. Pues la relación que usted y yo hemos mantenido nos concierne a ambos. En cuanto a las preguntas que pudiera hacerse acerca de mí, no se preocupe, las respuestas que le daré, llegado el momento oportuno, le satisfarán.

–Entonces, ¿cuándo se casará usted conmigo?
–Pronto, Artemisia, pronto.
–¡Qué lejos está ese pronto!
–Las mujeres son demasiado impacientes.
–No ha respondido usted a mi pregunta.
–Porque ni yo ni nadie, Artemisia, somos los dueños del tiempo.

Al llegar el invierno, las cosas seguían igual, no había habido ningún cambio notable. En diciembre, Giovan Battista Stiattesi, el primo hermano de Cosimo Quorli, su mujer Porzia, a quien yo estimaba, y su hijo Aloisio vinieron a instalarse en la otra ala, desocupada, de la casa. En Navidad, Agostino me regaló un par de zarcillos de plata labrada, y yo le di una docena de pañuelos que cosí y bordé con sus iniciales.

Salía a pasear, con Porzia o Tuzia, con mis hermanos Francesco o Giulio. Padre no veía inconveniente en ello. ¡Qué más daba, si ya era una perdida! A partir de entonces, me confié a Porzia y Tuzia con entera libertad. La primera me aconsejaba que fuera prudente, pero evitaba darme lecciones de moral acerca de Agostino. Lo único que me dijo, un día, fue: «No cuentes conmigo para defenderle, ni ahora ni nunca, acabe en lo que acabe vuestro amorío.» En cuanto a la segunda, tras haberse mostrado tan temeraria en los tejemanejes previos, se había refugiado ahora en una temerosa reserva. En el fondo, ya no era mi amiga.

En los primeros días del año 1612, me encontré a Agostino, aguardándome en casa. Giulio le había abierto. Estaba como loco, y no a causa de mi ausencia.
–Quiero hablar con usted a solas.
Fuimos al taller.
–Artemisia, ¿por qué no me ha dicho que su padre va a llevarme a juicio?
–No quiero verme mezclada en esa historia del cuadro, dado que también entonces me engañó usted. Si no me equivoco, ¡usted sabe más que yo al respecto!
Me agarró por el brazo con tal violencia que medio me caí al suelo, hasta que, con no menos brusquedad, conseguí zafarme.
–No siga, Agostino, con una vez ya ha sido suficiente.
–¡Respóndame!
–Es usted el que debería darme a mí respuestas, y no al revés, creo yo.
–He sabido que Orazio ha estado recabando información entre la gente cercana a Su Santidad Pablo V, acerca de las modalidades de instrucción de un proceso.
–Sepa usted que yo no controlo las salidas de mi padre.
–Usted me oculta algo.
–Dese por satisfecho, Agostino, usted está mejor informado que yo.
–También usted podría enterarse...
–De ninguna manera, tampoco tengo la menor influencia respecto a lo que mi padre decida o no confiarme.

Agostino guardó silencio un instante, durante el cual no dejó de moverse. Se rascaba el brazo izquierdo, luego el derecho, se erguía sobre la punta de los pies, volvía a sentarse, meneaba las rodillas, se pasaba una y otra vez la mano por el pelo.

–Y si la convocan a usted, Artemisia, ¿qué piensa hacer?

–Testimoniar.

–¡No se puede testimoniar contra el hombre al que se ama!

En lugar de responder, me contenté con mirarle.

Él añadió entonces:

–Y que desea hacerla su esposa.

–Cada vez le creo menos, Agostino. Y, a la vista de su inquietud, está claro que su conciencia no está tranquila.

Dio un paso hacia mí, amenazante, que me hizo retroceder otro tanto.

–No me gustaría verme en la situación de no poder desposarla, ¿no lo comprende?

–Y yo no quisiera seguir comprometiéndome a ir por un camino que no me lleva a ninguna parte. Usted ha hecho lo que ha querido, padre ha actuado como le ha venido en gana, así que yo, si me preguntan, diré la verdad, lo que hay.

–Pero podría no hablar del cuadro...

–Con el cuadro o sin él, ¿se casaría mañana conmigo?

–Le he dicho mil veces...

–Entonces, no se moleste en repetirlo –le corté–. Diré la verdad, y la diré frente a quien deba ser dicha o deba ser escuchada.

–¡No, no lo hará!

Sonreí.

–Pero Agostino, ¡si todo el mundo la sabe ya!

Entonces, sin preguntarme nada más, se marchó. Le oí intercambiar unas palabras con Giulio y luego cerrar la puerta principal.

Jamás supe nada de las gestiones que realizó padre. Me limité a observar sus incesantes idas y venidas, y advertí en la densidad de su silencio la trama de una conjura. Durante ese tiempo, Agostino no volvió a aparecer más que una vez, con el mejor de los ánimos, pero no me hizo partícipe del asunto.

Luego todo sucedió extremadamente deprisa, y yo me vi implicada en una realidad cortante como un azul cobalto en el filo de una espada, para la cual no estaba preparada y en la que, quizá, no había querido creer. Lo cierto es que, si bien alguna vez había podido encararla, no había sido, en cambio, capaz de imaginarla.

Una mañana, al despertarme, me enteré de la muerte repentina de Cosimo Quorli. «¡El muy malvado! –pensé–. ¡La gente de su calaña siempre muere sin recibir lo que se merece!» Y le borré de mi mente.

Unos días antes –corría el mes de marzo–, Tuzia había sido arrestada. Y también Agostino.

El 18 de marzo del año 1612, Su Señoría el Excelentísimo Francesco Bulgarello me sometió al primer interrogatorio, con vistas a proceder a la instrucción del proceso.

Mi sorpresa al verle llegar fue tan viva que no tuve tiempo de desprenderme de una cierta parsimonia. Así pues, todo transcurrió de manera muy cortés, en presencia de un escribano forense que, en el salón de nuestra casa, fue anotando las preguntas de Su Señoría y las respuestas de su humilde servidora.

En aquella ocasión conocí el contenido de la petición que Orazio Gentileschi había enviado a nuestro Santísimo Padre el papa Pablo V.

Tras evocar mi desfloración a manos de Agostino Tassi, «pintor, amigo íntimo y compañero del demandante», cometida por *mediación de la señora Tuzia*, y de qué manera había tomado parte en el asunto Cosimo Quorli, hablaba del episodio del cuadro extraído a la fuerza y mediante artimañas, una Judit de gran tamaño. Aún recuerdo con exactitud algunas de las palabras: «Santísimo Padre, el acto que se ha cometido en detrimento de este desdichado demandante, perjudicándole de manera grave y considerable, y lo que es más, al amparo de la amistad, es tan vil que de hecho puede ser considerado como un crimen [...]» Y padre terminaba suplicando a Su Santidad que tuviera en consideración su demanda y se ocupara de una afrenta tan cruel, dentro de los límites permitidos por la justicia, «para evitar la ruina ulterior de mis otros hijos».

Había oído bien: era él, el desdichado demandante, quien había sufrido el daño, era él el perjudicado, y, si la justicia no lo remediaba, sus otros hijos también se verían perjudicados. Pero no su hija: eso no se me había escapado.

Me invadió una enorme tristeza, pero respondí a todo lo mejor que pude. ¿Había sacado un cuchillo después de haber sido deshonrada para utilizarlo contra la persona de Agostino? Sí, exacto, pero apenas le había rozado con la punta, y de su pecho no habían salido más que unas gotas de sangre. ¿Había constatado, una vez consumado el acto, un flujo de sangre en mis partes pudendas? Dado que ignoraba este tipo de cosas, no podía decir con exactitud a Su Señoría si la sangre que mi natura perdía en aquel momento era la de mi menstruación, pues me había venido por entonces, o de otro tipo. Lo cierto es que era más roja que de costumbre. Le advertí de lo que me había contado mi padrino Pietro Rinaldi, a saber, que justo antes de la muerte de Cosimo, la noche antes de que Agostino fuera llevado a prisión, ambos acudieron a casa de Tuzia para ponerse de acuerdo acerca de lo que dirían si eran arrestados.

> *«Estoy en prisión desde el viernes pasado. Hace, pues, ocho días que fui arrestado en la calle de la Lungara, a eso de las diez de la noche. Estaba solo cuando me arrestaron. Ignoro, y no puedo imaginar tampoco, la razón por la que estoy aquí y por qué Su Señoría quiere interrogarme.»*
>
> Del interrogatorio a Agostino Tassi.

NEGRO HEZ

«No, señor, lo ignoro, y jamás he oído decir que Agostino estuviese enamorado de Artemisia ni que mantuviera relaciones con ella.» Eso fue lo que declaró Antonio Mazzantino, un amigo de Agostino: por la poca credibilidad de su declaración, fue acusado de falso testimonio y enviado al calabozo. «Sabiendo cuánto amo a Artemisia, y lo que ha pasado entre nosotros, y la promesa que hice a Dios y a Artemisia de desposarme con ella...», contó por su parte Giovan Battista Stiattesi, revelando, según él, algunas confidencias que Agostino le había hecho en su casa, una noche en que estuvieron conversando largo y tendido.

Pues, como supe entonces, en Roma no se había hablado de otra cosa durante meses: desde el jardín del cardenal Borghese a San Pietro in Chiesa, tanto en la casa de Cosimo como en la posada de enfrente. Y, asimismo, tampoco se habló, durante los siete meses que duró el proceso, desde marzo a octubre, de ningún otro asunto.

Los testimonios se habían multiplicado, los jueces interrogaron a mucha gente: vecinos, amigos, modelos, lavanderas, un barbero, un posadero, un comerciante de colores, algunos desconocidos, algunos enemigos, dos comadronas... ¡Y qué no llegaron a decir! ¡Cuántos testimonios corruptos fueron, bajo tortura, rectificados! Una persona podía afirmar, sin la menor vergüenza, una cosa y lo contrario. ¡Y los jueces siempre querían saber más! Durante aquellos meses supe más del género humano que en toda mi vida. ¡Y sobre mí, y sobre aquellos a los que creía conocer!

Supe, por ejemplo, que Agostino le había dicho a Stiattesi que Cosimo me había violado varias veces. Y que por eso no podía casarse conmigo. Y que Cosimo, por su parte, le había confesado a Stiattesi que no podía poseerme, arguyendo que yo era su hija. «¿Cómo se atreve a alardear de tal cosa cuando ha intentado usted tener tratos con ella?», le había dicho, indignado, Stiattesi. Y el otro, tan grosero como siempre, le había replicado: «Cállate, *stronzo*, tú qué sabrás, así es como crece una familia.»

Todos me habían poseído, todos me deseaban, tan sólo uno me había gozado, pero todos me tildaban de puta. Supe también que Agostino había tenido dos sangrientas riñas con Geronimo Módena, y otras muchas con varios hombres que, a su juicio, pretendían seducirme. Pero ¿qué le dijo al juez? Que, salvo aquella gresca conmigo, jamás en su vida se había peleado con nadie, «ni con armas ni con los puños». ¡Alabado sea Dios! El enamoradísimo Agostino, que quería hacerme su esposa, pero que, según sus propias palabras, había negociado mi eventual matrimonio con Módena, el cual estaba obligado a concertarlo puesto que había tenido tratos conmigo... ¡durante dos años! ¡También él! Pues resulta que Agostino y su compadre Orazio, satisfechos y victoriosos, habían llegado a un acuerdo acerca de mi dote. ¡Ay! Y Módena, que había ordenado a su gente vigilar la casa, había *desistido del empeño, por considerar que yo había montado...* ¡un prostíbulo!

Pobre, pobre y honrado Agostino, engañado por su querido Cosimo, que le había llevado a mi casa diciéndole que yo era demasiado libertina para ser virgen, y que, tras darse cuenta enseguida de su equivocación, se había arrepentido piadosamente. ¡Eso fue lo que le contó mi valeroso pretendiente a Stiattesi! Por lo demás –demás que sin duda alguna le habría implicado delante de los jueces–, ¡no recordaba nada! Salvo que yo era muy coqueta y proclive a utilizar mis encantos, y que por eso mi padre le había pedido que me vigilara de cerca y vigilara nuestra casa. «Creía que, como amigo y confidente de las cuitas de Orazio, el ideal de la amistad me exigía emplear ese medio para mantener indemne su honor.» ¡Qué gran hombre! ¿Y qué hacia entonces en San Giovanni, el día en que, «por pura casualidad», se había encontrado a la joven? ¡Cumplir con sus deberes religiosos, claro está! Además, si se había dirigido a ella fue para rogarle «que se comportara como una hija obediente y no avergonzara a su padre».

Agostino también se había inventado que yo había sido la amante de mi padre o algo así. Eso no era lo que yo le había contado. Le había dicho, a modo de confidencia, que a mi padre y a mí nos unía un estrecho amor. Ésas fueron, exactamente, mis palabras. Pero jamás, jamás de la vida el bueno de Agostino había intentado mantener relaciones carnales conmigo, se lo aseguraba a Su Señoría, con la mano en el corazón. Y menos cuando el propio Orazio le había confesado que me comportaba mal, dándole a entender que era... ¡una puta! Así que...

¿Y el cuadro? El cuadro había sido embargado aquí, enviado allá, llevado de nuevo a otro lugar, depositado en tal sitio, en buenas manos. Vamos, que la hermosa Judit había recorrido toda la Roma nocturna. Pero ¿quién, quién había ordenado el traslado? Cosimo había redactado un falso documento, a nombre de la hija del pintor, hecho del que Stiattesi había sido testigo. ¿Cuándo? En los últimos días del Carnaval. ¿Dónde? En la mesa de mármol de su casa. ¿Y la joven Gentileschi? Ella no había escrito ni suscrito tal documento. Y con razón: sabía leer un poco, pero escribir, ni una palabra.

Y, entonces, Stiattesi, ¿por qué se empeñaba en defender a la infeliz muchacha? Pues porque también se acostaba conmigo, claro. Cosa lógica y normal, ya que vivía en la misma casa que yo. Además, afirmó Agostino, «en todos los sitios en que ha servido, se ha dedicado a desvirgar a las muchachas y a preñar a las mujeres; incluso preñó a una mujer de cincuenta años, que le dio un hijo». Y, para colmo, no tenía donde caerse muerto. Aun así, Stiattesi, como estaba bien informado, concluía que Agostino, en el fondo creía que yo era una joven virtuosa.

¿Y Tuzia, que había dicho Tuzia? Que Agostino estaba consagrado en cuerpo y alma a Orazio, ¡y que sentía un gran cariño por él y por su hija! ¡Habría dado su vida por ellos! Por eso, persiguiendo a la joven con tanto amor, le había pedido que la espiara, y él mismo lo hacía, incluso entreabriendo la puerta de su habitación. Para saber lo que la hermosa joven podía estar haciendo con su padre. «En resumen, señor –declaró Tuzia, soltando un gran suspiro–, no podía dar un paso en compañía de Artemisia sin que Agostino estuviera detrás de ella.» Eso sí, nadie más, salvo él, se había visto a solas conmigo.

Y Nicolo Bedino, el fiel ayudante de Agostino, a quien padre había tenido la amabilidad de iniciar en el dibujo y yo en la pintura, a cambio de algunas mixturas de colores, ¿qué había dicho? Primero se había presentado ante el señor juez con una imparcialidad digna de elogios: «Cuando oigo hablar mal de alguien o cuando oigo decir que alguien ha obrado mal, no suelo creérmelo, porque todo el mundo puede mentir.» Después afirmó sin titubeos que no me tenía por una mujer respetable, puesto que muchos hombres iban a verme a mi casa. ¡Y todos me acariciaban y me besaban! Además, había oído decir a varias personas, aunque ya no recordaba a quiénes, que yo no era virgen. Pero ¿quién me desvirgó? No podría afirmarlo, de eso no había oído hablar a nadie. Aunque conocía el motivo por el que Agostino se hallaba en prisión, claro, ¡todo el mundo lo sabía!

¿Y Carlo Saraceno, el pintor veneciano? ¡Oh!, jamás había tenido la oportunidad de conocerme. Tan sólo sabía que yo pintaba... y que era virgen. Era más que sabido que Agostino se había querellado en cientos de ocasiones con todos sus amigos. Luca, el hijo de Aloisio Penti, el cantero, aseguró que, en todas las casas en las que había vivido, me pasaba las horas en la ventana. Y él sí sabía quién me había desvirgado, y desde hacía años: ¡el tal Pasquino Fiorentino, por supuesto!

Todos habían oído decir algo, así que todo tenía valor de testimonio.

¿Y qué decía la señora Margherita, la lavandera? Que aunque había servido a padre durante años y por eso le conocía bien, no podía *afirmar*, puesto que había sido su cuñado el que se lo había contado a su hermana. En cambio, estaba segura, eso sí, de haber visto a Nicolo Bedino rondar la casa, desde hacía un año... ¿Y Bernardino, el barbero? Que, por supuesto, él jamás había pisado esa casa, pero que sabía que el joven de trece o catorce años que venía a ver a padre era su sobrino Giovan Battista, a quien enseñaba dibujo. Y que nadie podía negarle que el oficio que tenía era de lo más adecuado para escuchar confidencias... ¿Y Antinoro Bertucci, el pelirrojo, el mercader de colores del Corso? ¿Que si él conocía a los pintores? ¡Mejor que nadie! Que sabía, y con razón, muchas cosas, pues todos le tenían por amigo. Y, aunque no podría jurarlo, afirmaba que jamás había oído decir que la hija de Gentileschi fuera una perdida.

Las comadres fueron más precisas. Todas habían tocado y requetetocado mi natura. ¿Y qué respuesta les dieron, pues, mis partes pudendas? Que yo había sido desvirgada, ¡y no en fecha reciente! Si no, sus dedos, tan dotados de experiencia, lo habrían notado. Diez, quince años de experiencia, ¡imagínese!

Olimpia, la hermana de Agostino, se atrevió a repetir lo que ya había declarado antes, cuando le enjuiciaron a él: «Mi hermano es un bellaco, una mala persona que jamás ha querido hacer el bien, ni siquiera cuando era niño...» Marta de Rubertis, vecina de Agostino, confirmó que había tenido conocimiento de que Agostino había sido acusado de incesto con su cuñada* Constanza, la hermana de su primera mujer, María.

El padre Pietro Giordano, de la orden de los eremitas de San Agustín, tras haber sido puesto al corriente del asunto, había intervenido en favor de Agostino, quien le había dicho que yo, Artemisia, era su bienamada, su mujer...

Un fulano había dicho que otro fulano... De ahí que... Pero yo, señor juez, no estaba allí... ¿Que si es la verdad? Pues claro, señor juez, yo soy un hombre honesto... Y yo, una mujer honesta, pregunte a cualquiera y se lo dirá... ¿Si podría ser que no lo supiera? Pero eso se sabe, ¡todo el mundo lo ha dicho! ¡Todo el mundo, todo el mundo, todo el mundo! ¡El rumor corría, corría, corría! ¡Yo sé, yo sé, yo sé!

¡Yo suscribo, yo afirmo, yo juro!

Yo escuché, yo pregunté, yo imaginé, incluso. Durante muchas semanas, durante aquellos largos meses, padecía intensas fiebres e incesantes jaquecas. En cualquier momento me ponía a vomitar, sin motivo aparente.

Los primeros días, a veces me cegaba la rabia. Estaba resentida con todos. Y me impulsaba un deseo de venganza, cuya violencia me hacía temblar. Des-

---

* En aquella época, también se consideraba incesto mantener relaciones sexuales con la cuñada de uno.

pués, no sé cómo, el cansancio se superponía a menudo a mis emociones, dando cabida a una suerte de abulia, de calmosa desgana. En ciertos momentos, acabé por creer que todo lo que se decía, aquel montón de frases desparramadas en el seno de la justicia no me concernía, que no era a mí a quien aludían. Y quizá era entonces cuando veía la verdad: en el fondo, todos hablaban de sí mismos, se escuchaban a sí mismos, a su buena conciencia o a lo que tomaban por tal, o a lo que pretendían hacer pasar por tal. El rumor hacía palpitar sus taciturnas vidas, por eso ellos lo alimentaban como si fuera un buen fuego que pudiera iluminar con una luz nueva sus pobres existencias. Ellos eran los reyes de una fiesta cuyas alegres chispas actuaban como una epidemia.

En tales momentos, que Dios me perdone, todo me daba igual.

Sin embargo, algunos de aquellos acontecimientos me marcaron profundamente.

A finales del mes de abril, cuando ya habían tenido lugar varios interrogatorios y careos, Agostino, prisionero en Corte Savella, pidió verme. Fueron Giovan Battista y su hijo, Aloisio (que solían ir a visitarle, puesto que, a pesar de todo, seguían siendo amigos suyos), quienes me transmitieron su petición.

A Giovan Battista, que fue, concretamente, quien me manifestó el deseo de Agostino, le respondí:

–No, no quiero ir. ¿Por qué desea usted que le haga ese favor?

–Lo ignoro, yo me limito a tramsmitirle su mensaje, Artemisia.

–Entonces, no veo razón alguna para ir.

Pero como Agostino seguía insistiendo a los Stiattesi, éstos seguían insistiéndome a mí.

–Lo mejor que podría hacer sería enterarse de lo que quiere –me dijo Giovan Battista.

Y me convenció. Quizá esperaba que Agostino diera muestras de arrepentimiento, o bien fui por curiosidad, por no quedarme en ascuas. Pero, en el fondo, sabía que no iba a sacar nada en claro de aquel encuentro. Las cosas habían ido demasiado lejos, pensaba yo, como para que la situación pudiera dar un vuelco repentino, a no ser que hubiera alguna novedad...

El día 1 de mayo, a medianoche, tras haberle contado a padre que queríamos ir a la iglesia de San Carlo alli Catinari, para que no me pusiera impedimentos o se opusiera a aquella visita, nos fuimos los cinco, los tres Stiattesi, mi hermano Giulio y yo. Enfilamos la calle de la Lungara y cruzamos el puente Sisto para ir a Corte Savella. La noche era clara y tranquila, y una hora después ya habíamos llegado.

Agostino, sabedor de nuestra visita, nos aguardaba detrás de una reja, a la izquierda, nada más pasar la primera puerta. Reconocí enseguida su silueta en la penumbra, pues, como de costumbre, estaba nervioso. Pidió que nos abrieran y entramos en la cancelaría, iluminada con antorchas.

Su inquietud era tanta que no conseguía pronunciar una palabra. Nos sentamos. Como permanecía callado, aunque todo su cuerpo se agitaba sin cesar, Giovan Battista y Porzia quisieron dejarnos a solas. Pero yo me opuse, pues quería que hubiera testigos. Únicamente Giulio y Aloisio se alejaron un poco, y se pusieron a charlar.

—Deseaba hablar con su padre —dijo por fin Agostino—, pero el día que vino, por la mañana, era la hora de la misa, a la que me obligan a ir, y no nos permitieron vernos... Sé que se ha entrevistado con un monje de aquí, pero no conozco el contenido de su conversación.

—¿Qué quiere de mí? —le pregunté.

—Mi querida Artemisia... —suspiró largamente.

—Le escucho: para eso he venido.

—Me resulta difícil expresarle la emoción que me produce verla en este lugar, como usted comprenderá. Me habría gustado recibirla en un lugar más digno de usted y del amor que le profeso... Usted es mía y debe seguir siéndolo... Pero...

Hizo un gesto, como si barriera con la mano lo que acababa de decir, y luego prosiguió:

–¡Oh!, ¿a qué viene tanta inquietud? Sé que usted *me es fiel*.

–Si me ha mandado llamar únicamente para decirme eso, sepa que no tengo la cabeza para semejantes tonterías.

–¡Veo que sigue teniendo el mismo temperamento! ¡Ah, pero no se enfade! Se lo ruego: ¡no se engañe! Créame, aunque sólo sea por esta vez. Ya sabe usted lo que le prometí, y lo que yo jamás olvido: ni una hora, ni un minuto.

–¡Cómo voy a dar crédito a sus palabras en un lugar así! –dije recorriendo, con la mano y los ojos, la sala en la que estábamos, y fijándome particularmente en las pesadas puertas y en sus increíbles cerraduras.

Él me miró con tristeza.

–Es demasiado fácil –añadí– pretender que me apiade de usted.

Agostino replicó, casi gritando y llevándose la mano al corazón:

–¡Si no la tomo por esposa, que me invadan el cuerpo tantos demonios como cabellos tengo en la cabeza y pelos en la barba, y durante toda mi vida!

Sus repentinas palabras me enternecieron: ¿y si decía la verdad? ¿Y si yo misma estuviera a punto de cerrar unas puertas que habría preferido ver abiertas? ¿Y si estuviera equivocada acerca de sus intenciones? ¿Y si no le hubiera dado suficiente tiempo?

–¿Y su mujer, qué? Se lo ruego, Agostino, dígame la verdad... Si es usted sincero, siempre podremos hallar alguna solución.

–Sincero fui cuando le dije que mi mujer estaba muerta.

No sabía qué responder, cuando él añadió, agarrándome las manos:

–Podríamos casarnos pronto... En un par de semanas, a lo sumo.

Cambié de opinión.

–Me gustaría mucho creer en su promesa y aceptarla... Pero temo que mi confianza en usted se haya resquebrajado del todo.

–¡Por piedad, Artemisia, créame!

Permanecimos callados unos minutos. Porzia, con las manos cruzadas sobre las piernas, nos miraba; Giovan Battista, en cambio, con los codos apoyados en las rodillas y la cabeza inclinada hacia delante, escrutaba el suelo.

–¿Cómo podría usted cumplir su promesa, Agostino?

–Con su ayuda. Soy suyo, y si usted también me ama, tiene que ayudarme a salir de este embrollo. Pues usted es la única que puede hacerlo: desdígase, y yo haré luego lo que usted quiera.

Aparté mis manos de las suyas y me levanté:

–Eso no, jamás.

–Es nuestra única oportunidad, Artemisia: no diga que fui yo el que la desvirgó. Culpe a cualquier otro, pero no a mí. Diga que fue Cosimo Quorli: total, ¡está muerto!... ¡Diga que fue otro! ¿Por qué no Pietro Nemmi?... Ah no, él no, desapareció hace demasiado tiempo... Mmmm... ¡Piense en otro que haya muerto!

Me sobrecogí de espanto. Aun así, con una calma pasmosa, le respondí:

–Sabe muy bien que fue usted, y sólo usted, quien lo hizo. Si lo que me está proponiendo es que mienta para casarme, olvídelo... Este asunto ya me ha perjudicado bastante.

–¡Pero acusar a un muerto no es difícil, Artemisia!

–Fue usted quien me desvirgó, y nadie más. Digan lo que digan, no he pasado por *las manos de todos los hombres*, y sepa que ni siquiera para hacerle cumplir su promesa pasaré por ellas, por muy muertas y enterradas que estén.

También él separó las rodillas, se acodó en ellas, puso la cabeza entre las manos y la sacudió como para salir de un mal sueño.

Le hice una señal a Porzia para indicarle que deseaba marcharme. Agostino se puso entonces de pie, pero no enojado, como cabía esperar después de mi negativa, sino, al contrario, se acercó a mí con un aire muy amable, me miró y me sonrió con ternura, y añadió:

–Entonces, tendremos que esperar aún mucho tiempo antes de poder unirnos.

El corazón se me encogió, no sé por qué, pero disimulé.

Al final, Agostino nos dio las gracias a todos, a mí en particular por haberle visitado, y se encaminó hacia el fondo de la sala. El guardia, que había permanecido de pie, retirado, avanzó y, lentamente, abrió de nuevo puertas y rejas. Salimos de la cancelaría, y yo no volví la cabeza.

Varios días después, durante un careo entre Giovan Battista y Agostino, el primero contó la charla que habíamos mantenido en la prisión, ante lo cual el segundo le llamó *becco fottuto*, cornudo chivato. Injuria que le valió al prisionero un castigo de Su Señoría. Pero no le bastó con eso, y afirmó que Stiattesi había ido a Corte Savella para pedirle quince escudos, a cambio de los cuales nuestro pobre vecino habría prometido convertirme a la causa de la mentira...

¡Aquello era demasiado para mí! De golpe y porrazo, la ola de compasión que me había invadido ante Agostino en Corte Savella, y que durante varios días había arrojado inquietud a mi mente, se desvaneció, dejándome de nuevo fuera de mí, desligada, lejana, desposeída, quizá. Un velo negro, negro hez, teñido no ya de dolor ni de pena, sino más bien similar a la duda, al desencanto, cubrió mis ojos, aislándome de los demás por un tiempo.

«Sí señor, estoy dispuesta a confirmar cuanto dije en el interrogatorio, incluso bajo tortura, y allí donde sea preciso hacerlo.»

Artemisia Gentileschi,
durante el careo con Agostino Tassi.

CARMÍN

Vi a Agostino en una ocasión más, durante el careo que ambos mantuvimos.

Él declaraba que no tenía nada que añadir ni que quitar de cuanto había afirmado hasta entonces, a saber, que era inocente. No, no me había violado, no, jamás había mantenido relaciones carnales conmigo. Pero yo, delante de él y de Su Señoría, sostenía lo contrario, y no pensaba retirar nada de cuanto había dicho. En aquella ocasión, tuve que volver a relatar la historia, cada detalle, cada gesto.

Agostino sostenía que mis declaraciones eran falsas y engañosas, a lo cual yo replicaba que eran verdad. Él volvió a hablar, acusándoles, de los hombres que frecuentaban la casa, a vanagloriarse de la amistad que le profesaba a padre, a utilizar las palabras honor y respeto para justificarse.

Y yo a repetir que la verdad estaba de mi parte.

Fue entonces cuando Su Señoría me preguntó si estaría dispuesta a mantener mis acusaciones incluso sometida a tormento, y yo le respondí que desde luego que sí: ¿qué podía perder?

Y las mantuve. Mientras el carcelero apretaba los nudos que me aferraban los dedos, gritaba:

—¡Es verdad, es verdad, es verdad!

Cada vez que él reanudaba la tortura para ver si yo cedía, gritaba:

–¡Es verdad, es verdad, es verdad!

Y la cólera era más fuerte que el dolor, lo puedo asegurar. La extrema indignación que sentía ante tanta injusticia me daba un coraje que me sobrepasaba sin que yo me diera cuenta siquiera.

Agostino me observaba impertérrito, y cuando mis ojos se cruzaron con los suyos, pensé que su maldad tan sólo era pareja a su cobardía.

Sin poder contenerme, le espeté, mostrándole mis manos hinchadas de sangre, mis dedos magullados:

–¡Éste es tu anillo de bodas, éstas son tus promesas!

Y él puso cara de asco.

–Eres un tipejo innoble, y cada día que pasa me lo confirma –dije, casi sollozando, pues de pronto sentí que me faltaba el aire.

–Miente –replicó él.

Y, dirigiéndose a mí, repitió:

–¡Estás mintiendo, estás mintiendo por celos!

El carcelero volvió a apretar los nudos.

–Tú eres un maestro en ese campo, yo no tengo nada que enseñarte acerca de los celos, ¡y para ti los dejo!

–Así pues, ¿mantienen ustedes, la una y el otro, palabra por palabra, sus declaraciones? –preguntó Su Señoría.

–Sí –dijo Agostino.

–Sí, porque es la verdad –dije yo.

El carcelero me desató los nudos. No podía mover los dedos, tenía como coaguladas las articulaciones. Se entonó un *miserere*. Yo estaba de pie, me sentía agotada, quería sentarme o irme.

Así que le pedí permiso a Su Señoría para ausentarme, pero en cuanto éste me lo concedió, Agostino intervino, con cierta arrogancia, diciendo que quería interrogarme acerca de varios puntos que le resultaban confusos en mi boca.

Miré a Su Señoría, que asintió con la cabeza a la petición del acusado.

Éste quería saber quién me había obligado a hablar, y precisar –siempre precisar, una y otra vez– algunas cosas, incluido lo referente a mi desfloramieto. Pero Agostino olvidaba que la memoria es limitada, a menos que pensara que yo, al igual que él, jugaba con mi imaginación. Respondí a cada una de sus preguntas como debía, salvo en lo tocante a la ofensa a mi natura, sobre la cual ya se había dicho todo, e incluso puede que demasiado. Aun así, tuve que hablar otra vez de las pérdidas de sangre, de los gritos ahogados, de los amigos de padre; tuve que responder a sus habituales insinuaciones, incapaz como era de morderse su lengua viperina. Al final, con tono sarcástico, me preguntó por qué padre había tardado tanto, un año desde los hechos, en poner la denuncia, viendo en ello una razón más para dudar de mi sinceridad. Yo le recordé que si padre había guardado ese largo silencio fue porque esperaba que el ultraje no saliera a la luz, y poder, en cualquier caso, encontrar otra solución que no fuera la de tener que ir a juicio.

–Pero tú, ¿por qué me has acusado?

–He testimoniado porque era mi deber hacerlo, y para castigarte por la falta que cometiste. Pero no olvides nunca que el demandante no soy yo, sino mi padre, tu amigo. Y que por eso es más ingrata aún la obstinación de tu odio.

Veintitrés preguntas llegó a hacerme Agostino entonces, mientras tenía los dedos paralizados, mientras miraba, sin poder hacer nada, las manchas color carmín que los estriaban y sentía las punzadas que me daban; pues no podía masajearme una mano con la otra, ya que ambas estaban como inertes. «Una pregunta más y llegaré a creer que lo hace por vicio.» No pensaba sólo en la actitud de mi violador.

Agostino fue llevado de vuelta a su celda; vi cómo su silueta enjuta y nerviosa se alejaba a grandes zancadas, sin pronunciar una palabra de despedida, sin dedicarme el menor gesto de comprensión. También a mí me dieron permiso para marcharme, sudorosa, dolorida, infeliz.

Tardé mucho tiempo en recuperarme de aquel episodio. Por fortuna, aquella dura prueba fue la última a la que me sometieron los jueces.
Vivía recluida, pintaba poco, no veía a nadie. Tenía la impresión de que debía protegerme. Me sentía rota, hecha trizas, como si en mi vida hubiera sucedido algo irremediable, algo que no sabía explicar, que no conseguía circunscribir con claridad, que no habría podido ni siquiera dibujar. La ruptura se había producido con violencia, pero sin estrépito, y algunos pedazos silenciosos de aquel impacto caían hasta el fondo de mí, como a un abismo, y ¿cómo habría podido recogerlos entonces, cuando ni siquiera podía encontrarlos, identificarlos?
Me quedaba horas y horas sentada en un rincón del taller, podía llegar la noche, suceder al día, sin que yo notara el cambio dentro de mí. Tan sólo quería creer que a pesar de la oscuridad en la que me hallaba, de la falta de apetito y de vitalidad, se estaban dando algunos movimientos sordos, imperceptibles que algún día me llevarían a recuperar la esperanza. Y esa ilusión me ayudaba a vivir, aunque vivir tan sólo significaba entonces respirar, aguardar.

Mientras me hallaba sumida en aquel estado, recibí una noticia determinante.
Padre vino una noche a verme.
—Tengo un marido para ti.
Al oírle, no reaccioné. A decir verdad, no sentí nada.
—Es alguien que quiere tomarte tal y como eres... ahora.

Le observé con atención. Le escuché. ¿Qué habría podido decir, de todos modos, puesto que él siempre decidía por mí?

–Por supuesto, no me vengas ahora con ese cuento del amor. Hazme el favor de dejar eso a un lado. A menos que...

Fue a cortar una rebanada de pan y prosiguió, dando vueltas de aquí para allá, con la boca llena:

–... A menos que consideres amor la generosidad de un hombre que acepta tomarte por esposa.

Me miró con ojos inquisitivos, así que me contenté con asentir con la cabeza.

–Ese hombre es pintor y negociante, a la vez. E irás a vivir a Florencia, lo cual será mejor para mi reputación y la del resto de nuestra familia. Lo comprendes, ¿verdad?

–Sí, padre.

–En cuanto acabe el proceso, te casarás y te irás.

«Bueno –pensé–, por lo menos eso, irme de aquí. A otro sitio, lejos, a reiniciar mi vida.»

–No posee una gran fortuna, pero como tú tampoco eres rica, hemos llegado a un acuerdo con respecto a tu dote... Aunque, no te preocupes: con todo, su situación es envidiable, y me ha dado su palabra de honor de que no te faltará de nada.

–¿Puedo saber el nombre de mi prometido?

–¡Ah! ¿No te lo he dicho aún?

–No, que yo recuerde.

–Se trata de Pietro Antonio di Vicenzo Stiattesi, primo de Giovan Battista, pero no de la línea de Cosimo Quorli, a Dios gracias. No son primos hermanos, sino lejanos... ¿Qué más debo decirte que pueda interesarte? Bueno, sí, que es joven y que goza de buena salud y de una intachable reputación. Es un hombre honrado; no se le conocen actos viles ni frecuenta malas compañías. Lo cual es una ventaja para ti.

Asentí en silencio.

–Eso es todo, creo... ¿Supongo que no te opondrás?

Meneé la cabeza.

–Ah, otra cosa, he obtenido algo importante, y que te concierne, de Pietro Antonio Stiattesi.

Padre se detuvo, puso una mano sobre el tirador de la puerta, dando a entender que saldría enseguida de la sala en la que nos hallábamos, y dijo:

–Le hice prometerme, aunque se mostró un tanto reticente, que no se opondrá a que continúes el oficio de pintor, o sea, a que lo ejerzas plenamente, si ese es tu deseo... A condición, claro está, de que no mancilles su reputación con tus pinceles... Además, le dije que, de cuando en cuando, tal vez yo necesitaría tu ayuda.

Me miró de arriba abajo, se mordió los labios y preguntó:

–¿Estás de acuerdo?

–Sí, padre.

–Muy bien... Entonces, procura salir un poco de tu torpor antes de partir para Florencia. Estamos en septiembre, en unas cuantas semanas concluirá el proceso. Procura estar preparada, y con mejor aspecto, para la boda.

Luego, sin esperar mi respuesta, se marchó. Le oí hablar con Francesco, al otro lado de la puerta de la sala.

Plegué la labor de costura que tenía sobre las rodillas, la coloqué en la cesta que estaba a mis pies y permanecí un buen rato así, medio ida.

¡Menuda noticia!

Sin embargo, me llevó varios días, quizá semanas, salir del letargo en el que había hallado refugio. ¡Yo, casada! ¡Yo, perdonada de mis actos y, en consecuencia, casi lavada de la infame mancilla! ¡Yo, lejos de aquí!

Poco a poco, se fueron esbozando en mi mente las líneas de una nueva vida, que me llenaron de esperanza. Aunque no sabía lo que mi futuro esposo me reservaba, sí sabía al menos lo que yo dejaba atrás y, en aquel momento, sin la menor añoranza. El porvenir, por desconocido, me parecía necesariamente mejor que el presente. Al fin iba a poder huir de la sombría trampa de los últimos años en Roma, de ese laberinto que, a cada paso que yo daba, no permitía presagiar ninguna salida. Poco me importaba ahora el marido, poco me importaba la ciudad a la que me llevara, pues a mis ojos ambos tenían a su favor el hecho de ser terrenos vírgenes, mundos inexplorados que daban rienda suelta a mi fantasía.

Es cierto que, una vez más, alguien había decidido por mí, es cierto que de nuevo iba a pasar, como una mercancía, de la mano de un hombre a la de otro, pero ¿acaso no había sido siempre ése mi destino? Comprendí que se trataba no tanto de rebelarme por principio –dado que ello había sido inútil hasta entonces– como de sacar provecho de la nueva situación. Si el marido era bueno y amable, ¿qué más podía esperar salvo una vida apacible y confortable, llena de encantadores *bambini*? ¿Acaso padre no me había asegurado que podría pintar con toda tranquilidad, no era eso indicio de la mayor libertad posible?

Súbitamente, el entusiasmo se apoderó de mí, y también la impaciencia, aunque había decidido guardar en secreto mis sentimientos. Tan sólo salí de mi reserva para mostrarme aún más cortés, cosa que padre me rogó que hiciera, o eso al menos sentí yo, para que la razón triunfara sobre mi natural fogosidad.

Corrí a casa de Cosimo, nuestro vecino, para pedirle varios retales de lino y de paño de color y algunas cintas; tenía ganas de coser y de bordar, de completar un ajuar que, salvo por lo que heredé de mamá, era, a decir verdad, muy pobre.

–Me alegro de la noticia –me dijo el bueno de Cosimo–. Tal y como están las cosas, no podía haberle ocurrido nada mejor.

–Eso creo yo también.

—¿Para cuándo es la boda?
—Nos casaremos en cuanto concluya el proceso.
Cosimo era una de las escasas personas que no se había dejado llevar por las malas lenguas. Tan discreto como de costumbre, nada de lo sucedido parecía haberle afectado ni haber oscurecido la ternura que siempre me había demostrado.
—Aún conservo la bolsita que usted me regaló cuando nos mudamos aquí, Cosimo. La encontré al abrir el cofre de mamá. Aún siguen dentro las flores, aunque secas... Lo que ha perdurado es el olor a jazmín.
—¡Ah, qué placer me da oírla!
—Usted es un buen hombre, Cosimo. Y jamás olvidaré que no me ha arrastrado por el fango.
—No había razón alguna para hacerlo. Confío en usted... Tan sólo lamento que hayan hecho sufrir a una *zitella*, a una joven de su edad, como lo han hecho...
—Eso ya no importa. ¡Pronto acabará todo!
—Dígame, Artemisia, para el traje... bueno... si desea llevar un traje de boda especial, cuente con mi ayuda.
—¿De veras?
—Pues claro, tiene mi palabra.
Durante un tiempo, dejé de lado mis oscuros pensamientos, mis pinceles, para reemplazarlos por las agujas. Por las tardes, cosía, bordaba, incluso zurcía. Preparé dos pares de sábanas con mis iniciales, así como dos manteles, uno para los días de fiesta, especialmente recamado, servilletas y pañuelos, cosí dos blusas, un vestido con lazos y un mandil de pintor, para sustituir el que llevaba tanto tiempo utilizando que parecía ya un trapo de cocina.

Cuando padre me presentó a Pietro Antonio di Vicenzo Stiattesi, ya estaba preparada para el encuentro y me hallaba, pues, en la mejor disposición.

Era un hombre de estatura mediana, ojos castaños y un aire un tanto tímido. Iba bien vestido, y sus maneras pretendían ser las de un hidalgo. Poco hablador, en apariencia, pero atento a las palabras de los demás, tampoco era dado a los sarcasmos ni a la verborrea que caracterizaba el ambiente en que yo había vivido. Por el modo en que se distanciaba de sus bromas groseras, parecía no apreciar las mil y una canalladas de las que se ufanaban sin cesar los hombres de aquí. Su voz era algo apagada, pero su acento toscano, dulce y cantarín.

Si bien no hizo latir mi corazón, tampoco me inquietó con respecto a la suerte que podría correr a su lado.

Después vino a verme varias veces, con el consentimiento de padre, y pude confirmar así mis primeras impresiones. Hombre de un humor constante, me trataba siempre con gran gentileza, y yo intentaba corresponderle de igual manera. Me besaba la mano al despedirse, pero ni una sola vez se permitió familiaridad alguna con mi natura, ni siquiera en forma de alusión. También consintió en echar un vistazo a mis obras y, no sin modestia, me expresó su admiración.

Al no tener, ¡ay!, ningún hermano, había heredado, al morir su padre, el negocio de éste, aunque él también había sido educado para ser pintor. Ejercía los dos oficios a la vez, cosa que no era fácil. Me habló de su actividad mercantil, que le obligaba a viajar a menudo, pues comerciaba con géneros y productos tan diversos como la seda o las especias. Hablamos poco de nosotros, de nuestra vida futura; sin duda ambos estimábamos que ya sabíamos lo suficiente el uno del otro como para poder presagiar lo que vendría. Tan sólo me dijo: «Espero que seamos unos buenos esposos.» A lo que yo le respondí: «Ése es mi mayor deseo.»

La boda se celebró en la intimidad, el 29 de noviembre de 1612, en la Iglesia de Santo Spirito, un mes después de que finalizara el juicio en el que Agostino fue condenado a un año de prisión en Corte Savella.

«*Siempre tuvimos en mala consideración a la mayoría de las gentes de esa profesión pero, en la práctica, nos parecían honorables y valiosas. A Agostino, empero, a quien siempre habíamos considerado un hombre malvado, en todo momento y en cualquier experiencia nos pareció tal, así que jamás nos ha decepcionado.*»

Palabras atribuidas al cardenal Giambattista Pamphili, el futuro papa Inocencio X.

TERCERA PARTE
Un tiempo para sanar

«[...] *havendola drizzata nella professione di pittura, in tre anni si è talmente appraticata, che posso ardir de dire che hoggi non ci sia pare a lei, havendo per sin adesso fatte opere, che forse principali mastri di questa professione non arrivano al suo sapere [...]*»

«[...] habiéndola instruido en la profesión de pintor, en tres años ha trabajado* tanto que puedo atreverme a decir que hoy nadie la iguala, a la vista de las obras que ella ha realizado de por sí, y que quizá ni siquiera los principales maestros de esta profesión saben tanto como ella [...]»

Carta de Orazio Gentileschi
a la gran duquesa Christine de Lorraine
(julio de 1612).

* Artemisia.

ORO

–¡Ea, cochero, ea!
Ése fue el canto de partida, el estribillo del viaje.
–¡Ea, cochero, ea!
Palabras que el viento abatía, entrecortándolas, sobre los viajeros, en la diáfana campiña. Éramos pocos los que, al inicio de aquel mes de diciembre, partíamos hacia Florencia. Pietro Antonio apenas hablaba; durante una parte del viaje, apoyó su mano sobre la mía.
Mi corazón galopaba tan deprisa como los caballos. Qué podía importarme lo que trajera el porvenir, cuando ya todo él silbaba en mis oídos, revelando a mis ojos un horizonte de paisajes felices.
En el momento de cruzar las puertas de Roma, apenas había sentido un leve nudo en la garganta. Y no habría sabido decir si el dolor que había experimentado era el de un pasado reciente que de pronto me atravesaba como una flecha o el de la nostalgia de abandonar mi ciudad natal, sus gentes, su vida. Justo después, me había vuelto hacia Pietro Antonio, y ambos habíamos sonreído. «No –pensé entonces–, él no me ve como a una *puttana*, él me ha tomado por esposa. Puta, libertina... Todo eso será un mal recuerdo, no un signo de esclavitud.»

Los rizos castaños de mi marido temblaban sobre su frente a causa del traqueteo del coche, pero su mirada permanecía serena, y su cuerpo, hundido en la oquedad del asiento, parecía haberse instalado allí como si fuera el amo de aquellos parajes, como si los hubiera impregnado de su olor hacía ya tiempo. Había adoptado esa pose que enmascara la timidez de las personas aparentemente seguras de todo, evidenciando la tranquila autoridad que le otorgaba el hecho de ser siete años mayor que yo.

–*Giovani sposi?* –nos preguntó con calidez un viajero vestido con sotana.

–Sí, señor, nos casamos hace cuatro días.

–¡Ah! –exclamó abriendo los brazos hacia el cielo–. ¡Cómo les envidio! *Tanti auguri!*

–Gracias.

–Muchas gracias, señor.

–Y, si me permite decirlo –añadió sin mirarme–, su esposa es tan joven y tan bonita que ya con su sola presencia alegrará el hogar.

Pietro Antonio me apretó la mano. ¿Estaba contento? ¿Estaba orgulloso? En mi fuero interno, yo no me sentía ya tan joven, ni tan bonita. Iba camino de una nueva vida, ya era una mujer y me parecía que los años de madurez habían irrumpido, como una tormenta de agosto, en mi cuerpo, antes de tiempo, con la tibieza del agua, la brutalidad del trueno y la precisión del rayo, provocándome una mezcla de placer y de temor. Algunas cosas inolvidables me habían labrado, algunas manos, algunas palabras me habían ya modelado, imprimiendo una huella, una sombra, una energía también, en mi cuerpo. Lo cual no restaba ni un ápice a mi alegría, sino que más bien le daba otras resonancias. Yo no era un ave pura, exaltada, alzando el vuelo a otros cielos. Al contrario: impura, cargada de pesar, iba a disfrutar de la dulzura inesperada de un perdón. Aquella Artemisia que entraba, sí, con pie ligero, en un mun-

do nuevo, ya no era, sin embargo, una joven cándida.
–¡Ea, cochero, ea! ¡Más deprisa!

Una luz mucho más rosa aún que la de Roma nimbaba Florencia la tarde en que llegamos. Los palacios con sus magníficas fachadas de rigor, orquestados alrededor de unas plazas sumamente equilibradas por las que la población, vestida con gusto, refinadamente, deambulaba con entera calma y libertad, me encandilaron desde el primer momento. Así como Roma me había parecido siempre el eco de toda disonancia, aquí, cada ser, cada cosa parecían haber sido creados para la armonía. La altivez de los transeúntes, acentuada a veces por una ligera afectación, contrastaba con la melodiosa entonación de su lengua. Aunque no todos eran ricos, los florentinos actuaban como si lo fueran. Yo les observaba sonriendo, como si estuviera viendo la escena de una *commedia*.

Pietro Antonio, que me miraba de reojo, dijo, con cierto aire de satisfacción:
–*Firenze*, ¿eh? ¡Pues sí, esto es Florencia!

Y, haciendo un gesto circular con la mano, abarcó aquellas primeras visiones que yo estaba teniendo de su ciudad.

Luego me miró fijamente, como si una pregunta le quemara los labios, y al fin soltó:
–¿Estás contenta?
–Sí, mucho.

Aparte de mis utensilios de pintura, tenía muy pocas pertenencias, apenas dos arcones, así que no me costó mucho instalarme.

La casa de Pietro Antonio estaba dividida en varias partes: un ala, con entrada independiente, en la que vivían su madre, ya viuda, y su anciana tía; una segunda, central, que era la de la tienda, cuya concesión había adquirido su padre en una subasta; y una tercera que habitábamos nosotros y que se comunicaba con la tienda. En uno de los cuartos que servían para almacenar la mercancía, instalé mi taller (dado que mi marido compartía el suyo, situado en una casa próxima a la nuestra, con otro pintor florentino), no muy grande pero bastante bien iluminado, en el primer piso, a la espera de poder trasladarme al segundo, poco apto para un taller, pero más amplio, una vez acabados los trabajos de reforma.

Desde los primeros días, comprendí que debía ponerme a pintar sin tardanza, temerosa de verme engullida demasiado pronto por una vida enteramente dedicada a las tareas domésticas, al marido y a la familia.

Pietro Antonio estaba muy ocupado con su negocio, y enseguida observé que era dado a relegar su oficio de pintor; una pena, la verdad, pues era un buen paisajista. Tenía varios empleados que iban a los palacios a vender directamente la mercancía, mientras él se encargaba del abastecimiento, de ir a buscar o a recibir el género, de supervisar las reservas, de satisfacer las demandas. Viajaba bastante, a Génova o a Venecia, y luego volvía a la tienda para organizar la venta de los tejidos, lanas y sedas, de las pieles curtidas, de los objetos de porcelana, de algunas especias... Él me conseguía lienzos, colores y resinas a bajo precio, y yo a cambio le ayudaba a veces en el negocio, o en la trastienda, colocando el género, por ejemplo.

Le pedí que me introdujera en la lectura y la escritura: de la primera, apenas conocía los rudimentos, que me parecían insuficientes, y, en cuanto a la segunda, tan sólo me había quedado con las letras de mi nombre. Así podría ayudarle mejor en sus asuntos, *y ocuparme de los míos sin importunar a nadie.* Él se prestó de buen grado a enseñarme, y yo fui una alumna dócil y voluntariosa. Dedicamos muchas de las noches de mi primer invierno florentino a esa labor, y muy pronto me pude desenvolver correctamente, lo cual me bastó, pues no aspiraba a la perfección en ese campo; los progresos vendrían por sí solos, y yo adquiriría más soltura con el tiempo.

Pasaba bastante tiempo en el taller. A las horas que me había fijado, me encerraba en él, incluso los días de escasa inspiración. Por aquel entonces, a menudo me volvían a la memoria las imágenes de mis primeros años en el taller de mi padre. Las largas horas de juventud que pasé observándole, oyéndole explicarme el sentido de los colores, la importancia de la luz: «Si quieres que algo se vea de cerca, debes utilizar el azul...» «Te estoy hablando del sentimiento. Cada sentimiento tiene su color...» «La luz, hija mía. La luz lo es todo. Con la luz basta.» Los días en que se agobiaba, los días en que me agobiaba. «Si al menos tuviera un buen aprendiz en quien poder confiar...» «"Me gustaría creerte..."» «"Pues, entonces, ¡créeme!"» Los momentos de absoluta ternura, en que yo era su hija del alma, su preferida, su amor: «Tú eres mi consuelo, mi esperanza y mi orgullo. ¿Acaso no lo sabes?... No, aún no lo sabes bien.» Las historias interminables acerca de los artistas, de su talento, de sus manías, de sus *pazzie*, de sus vicios y de sus iluminaciones. «El toque del más mediocre de los pintores italianos es un don del Cielo...» Aquel Guidotti, que quería volar... Rustici y su puerco espín, su águila, sus culebras... Las maravillosas penumbras crepusculares de las tardes de rudo trabajo, en las que debía añadir una mancha aquí, un trazo allá a la composición, como si un rayo de luz invisible, percibido tan sólo por el pintor, se hubiera adelantado un poco al pincel... ¡Ah, padre, padre, de quien tanto había aprendido! ¡Ah, sus ojos negros, tan terribles y vivos! ¡Sus palabras como cuchillas! «Encarnado: el rojo del vínculo que nos une. Ése sería nuestro tono dominante en un cuadro.»

«Hay que pensar en lo que se está haciendo... Y no lo olvides: ¡la técnica te dará alas!», decía aún, antes de que los años le deshauciaran en el inevitable y desolador camino de la vejez, le encerraran con su lote de penas y tormentos cotidianos, le agriaran del todo.

Ahora me tocaba a mí. Ahora yo era mi único maestro. Ya no era tan sólo una mujer, también era una persona adulta, al fin. Y aunque el miedo me atenazaba a veces, debido a las muchas responsabilidades que tenía, éstas también me llenaban de alegría. De una alegría tan intensa que solía dejarme paralizada, incapaz de hacer el menor movimiento, en medio del taller.

Yo soñaba, crecía en el espacio: había sufrido tamaño deshonor que ahora bien merecía todos los honores.

La voz de padre seguía sonando en mis oídos: «Los colores son armas.» ¿Por qué una mujer ha de estar condenada a pintar flores y paisajes, y, como mucho, y sin ser tomada en serio, algunos retratos y autorretratos? Yo iba a romper esa regla. ¡También yo quería afrontar los grandes temas! ¡Los episodios religiosos, las figuras históricas! Por fin iba a demostrar quién era. Y, agazapada y oculta detrás de aquellos personajes, iba a guiar la mirada de los visitantes, a atraer su atención, a moldear sus sentimientos a mi voluntad. Jamás sabrían hasta qué punto les iba a dominar, hasta qué punto les iba a conocer, dirigiendo sus reacciones por medio de mis colores. ¡Ah, ya no volverían a insultarme y salir corriendo! Porque iba a ejercer sobre ellos un secreto poder. Una nueva energía hinchaba mis venas, aceleraba mi pulso y mi respiración.

Iba a desnudarme sin necesidad de descubrirme. Los cuadros serían mi espejo, mi espejo que interpelaría, interrogaría a todos aquellos, hombres y mujeres, que me habían humillado mirándome sin verme, sin verse.

Sí, de ahora en adelante, trabajar, bregar, pintar sin descanso.

Aquel mundo que, en apariencia, yo misma estaba cerrando sobre mí, en realidad me abría las puertas de todas las libertades.

En definitiva, que, contrariamente a lo que padre me había dado a entender, no tuve que dejar el talento en el umbral de mi hogar, ni tampoco el amor.

Pues quizá fuera eso el amor, ese sentimiento apacible, lejos de las guerras, lejos de aquellos combates estériles entre fuerzas contrarias cuyo único color era el rojo.

En la primera época de nuestra relación, Pietro Antonio y yo, nos acercamos el uno al otro con dulzura. Jamás me trató con brusquedad, siempre me respetó, como esposo, hasta que acepté entregarme a él. Había comprendido algunas cosas sin que yo hubiera necesitado explicárselas. Al fin me hallaba ante alguien que no deseaba saber siempre más. No me acosaba. No recelaba de mí. No me condenaba. No me entregaba a los demonios. Parecía comprenderme con benevolencia, y ello bastaba para que yo fuera, por mi propio pie, confiada, a poner mi cabeza en su hombro.

Un día, mi marido me entregó un paquetillo mal envuelto, mal atado, diciéndome que lo asiera con cuidado.

—Ojo, no se te vaya a caer, que vale mucho.
—¿Qué es?
—Un regalo.
Un saquito de polvo de oro y varios panes de oro.
—Para tus cuadros.

¡Oro para mis cuadros! Nada de amarillo, ¡oro auténtico! El oro, símbolo de la fuerza y del poder, pero también de la constancia. El oro de las virtudes cristianas, distinto del amarillo de la locura. El oro de nuestro amor, resplandeciente de ternura.

–Gracias, Pietro Antonio. Aprenderé a utilizarlo.

Meneó la cabeza, para dar a entender que no tenía importancia, que no necesitaba agradecérselo. Hizo ademán de marcharse, pero yo le agarré de la manga.

–Tengo algo que decirte.
–¿Ahora mismo?... Tengo trabajo.
–También yo... Seré breve.
¡Para una vez que venía a mi taller!

Se sentó a medias, justo al borde de una vieja banqueta, baja y dura, mientras yo iba a dejar el paquete en un pequeño estante. En cuanto tuve las manos libres, comencé a retorcérmelas. ¡Decir algo tan evidente a esas alturas de pronto me intimidaba!

Farfullé:
–Estoy esperando un hijo.

Pietro Antonio se acercó a mí, que no me atrevía a alzar la cabeza, me tomó de los brazos con una y otra mano, los estrechó entre sus dedos, y me besó, primero cerca de la oreja, y luego en la frente. Me sonrió y dijo:

–Es una buena noticia, mi amada esposa. Será una alegría para esta casa.

Y nació Prudenza, una chiquilla magnífica, con ojos de gacela color avellana claro, como los de mi madre, el primer día del año 1614.

«*Artemisia, donna di Pagolantonio stitesi e figliuola di Oratio Lomi Pittora di contro de havere addi 19 di luglio 1616 quatro recho il Cavaliere vasari per principio di sua matricola aent° A ac 54 si ri conobbe per il padre.*»

Extracto del acta de admisión de Artemisia Gentileschi en la Academia de Dibujo de Florencia, fechada el 19 de julio de 1616.

VERDE NILO

Yo no había olvidado que si bien Ártemis, deidad mortífera, sanguinaria, celosa, cazadora, vengativa, señora de las cosas violentas, nacida de una violación, como tantos otros personajes del Olimpo, era aquella que, con doblez, malicia y astucia, le pedía a Zeus, su padre, que le concediera una eterna virginidad a pesar de sus cualidades masculinas (o, más bien, a causa de ellas), de sus provocaciones implacables, de las perturbaciones que provocaba, también era la diosa de los nacimientos, virtuosa y salvadora.

Ella, cuyo nombre yo había heredado, me había insuflado ese poder mágico de proteger a los más pequeños y a los animales, y yo, la Ártemis terrena, orgullosa de ese don, desechaba mi violencia anterior para sumergirme con placer en las alegrías del amor maternal mimando a mi criatura, a la niña Prudenza. La dualidad inscrita en mí desde siempre, incluso en el nombre mismo de Artemisia, y los meandros de la vida por los que ésta me había arrastrado, al fin le daban a esta pobre mortal un respiro.

De la noche a la mañana, la cuna de mi pequeña estaba a mi lado, en el taller: así cada una de las dos podía seguir el menor movimiento de la otra. Ella gorjeaba y agitaba sus manitas, y yo le hablaba mientras pintaba. Ella gemía, lloraba, y yo, sin parar de trabajar ni dejar los pinceles, estaba a su lado. Ella se dormía, y yo la observaba en silencio, maravillada, estaba pendiente de su aliento sostenido, atenta a cualquier ligero sobresalto, a cualquier estremecimiento de su fina piel, a cualquier gota de sudor en un huequecillo del brazo, en un pliegue del cuello.

Enseguida tuvo en mí una confianza absoluta, o eso creí yo, que puse todo mi empeño en no defraudarla.

Su frescura, su candor me impulsaban a dar un paso adelante en la vida. Había pasado una nueva página de la mía, y, sintiendo el dulce cuerpecillo de Prudenza contra mi seno, avanzaba con una fuerza inconmensurable, con una energía sin igual.

–Estás radiante, hija mía –me había dicho mi suegra, la señora Stiattesi, tan poco dada a hacer cumplidos.

–Sí, esa niña te ha alegrado el alma –había añadido su hermana menor, que jamás abría la boca si no era para validar o invalidar las palabras de ésta.

Las dos estaban preocupadas por los efectos que pudieran causar los vapores y los olores de los óleos sobre la salud del bebé: ¡habían oído tantas cosas al respecto!

Yo intentaba tranquilizarlas hablándoles de mi propia infancia. Pero ellas no se apeaban de su escepticismo: los rumores de la calle, las advertencias de las vecinas pesaban más en su ánimo que mi experiencia. Tenía la impresión de que, en el fondo, me reprochaban un poco que no recurriera a ellas, que no confiara en su buena mano, que no les pidiera ayuda ni me desahogara con ellas ante la primera dificultad que se me presentara, pues, a buen seguro, las habría hecho felices confesándoles mi impotencia en alguna ocasión, en lugar de querer hacerlo todo a la vez.

Pero ellas no comprendían que, en ese caso concreto, era no una cuestión de orgullo sino de placer. No estaba alardeando de nada sino descubriendo algo que me hacía mucho bien.

–¡Ella es mi vida! –les dije un día sonriendo para intentar apaciguarlas–. ¡Mi hija y mi pintura son mi energía, mi savia!

–¡Y tu marido también! –añadió, frunciendo el ceño, la vieja Stiattesi.

¿Qué estaba insinuando? Tras recobrarme, asentí:

–*Ed il mio sposo*, por supuesto.

Para calmarlas, a fin de ganarme momentáneamente su confianza, les pedí que posaran para un pequeño cuadro que jamás vendí, pues se sintieron tan alagadas con él que acabé regalándoselo.

En cuanto a padre, apenas tenía noticias de él. Para ser sincera, en realidad no quería tenerlas. Aunque, en lo tocante a mi matrimonio, nuestro trato había sido de lo más cortés, tras el juicio, que tanto había exacerbado nuestros sentimientos, la relación se había agotado. ¡Aquella historia había puesto realmente a prueba nuestros nervios! Y era evidente que el cariño que sentíamos se había resentido de aquel terrible año.

Sabía que volveríamos a vernos, aunque no fuera más que para hablar de negocios, para trabajar juntos en algún proyecto pictórico; que muy pronto me necesitaría, pues por aquel entonces estaba rodeado más bien de ineptos.

Padre no vino a conocer a Prudenza: ¡qué otra cosa cabía esperar de un hombre tan poco aficionado a la familia! Fue nuestro amigo Pietro Rinaldi, que, de paso por Florencia, vino a visitarme, quien me dio noticias de Roma.

Me envió un mensaje anunciándome su llegada, y yo estaba muy excitada con la idea de volver a verle.

Recuerdo que vino por la mañana a llamar a nuestra puerta.

Tras presentarle a Pietro Antonio, que estaba atareado con unos clientes, nos retiramos a mi cubil. Fui a por una cesta de fruta, que coloqué entre ambos, sobre un taburete, y nos pusimos a charlar, arrellanados en unos asientos bajos.

–¿Por qué tienes tus cuadros vueltos de cara a la pared? –me preguntó, después de haber echado una ojeada circular a mi taller.

–Bueno, es que muchos de ellos no son sino esbozos, por el momento, y en ese estadio no quiero exponerlos a las críticas de un ojo ducho... Cuando trabaje con más seriedad, cuando esté más segura de mí...

Él sonrió.

–¿Trabajas mucho?

–Bastante, sí. ¿Y tú?

–¡No lo suficiente! Demasiadas entrevistas, demasiados ruegos, pero pocos encargos... Ya sabes lo que es Roma: un terreno fértil, pero superpoblado de gente de nuestro oficio... Y, además, puede que mi trabajo no sea lo bastante convincente.

–¿No será que *tú* no eres lo bastante convincente?

–Desde luego no soy muy bueno para los negocios, lo reconozco. La verdad es que todas esas conversaciones, esas zalamerías, esas gentes vestidas de hábito, esas horas y más horas de interminable espera, esas salas con olor a santidad me aburren tremendamente.

Permanecimos unos minutos en silencio. Hasta que, de pronto, me vino un arrebato de alegría que no pude contener:

–¡Dios mío! Espero que no me tomes por una vanidosa, pero, al oírte, me he dado cuenta de lo tranquila que vivo aquí. ¡Si supieras qué feliz soy! Ahora avanzo a mi ritmo, sin presiones externas. Mi marido es un buen hombre, de gran valía, y tengo una hija deliciosa. No quiero compararme con nadie, pinto siguiendo mi propio anhelo, mi propia voluntad, y por ahora no tengo que rendir cuentas a Dios sabe quién...

–Eres libre, Artemisia. Protege tu libertad, amiga mía.

–Sí, ahora lo comprendo: mi alejamiento, mi aislamiento, mi encierro son, a pesar de lo que puedan parecer, un modo de libertad.

–Una libertad apacible... ¡Qué bien tan precioso!

Yo me eché a reír, con gusto, creo, y Pietro me siguió en aquel acceso de alegría. Nos reímos como dos niños que, al enterarse de una buena noticia, se felicitan mutuamente, casi sin poder contener las lágrimas ni recobrar el aliento. ¿Cuánto hacía que no me reía así, que no me reía, sin más?

–Tu padre está bien –comentó Pietro–. Gruñendo y pintando, pintando y gruñendo, como siempre. A veces encorva la espalda y parece como si quisiera replegarse completamente en su concha, huir del mundo exterior. Pero luego se despliega de golpe, como un animal salvaje, vivo, dispuesto a atacar. Recorre las calles y los palacios, se para a veces en una taberna, visita a unos y a otros... Infatigable, siempre apresurado, viene y va, aparece y desaparece en un santiamén, con esa increíble capacidad suya tanto para acercarse a lo que le rodea como para huir de ello... En fin, ya le conoces.

–¿Os veis con frecuencia?

–¡No, desde luego que no! Jamás he formado parte de su cuadrilla. Ni de la de nadie, en realidad... De vez en cuando me cruzo con él.

–¡Jamás aceptó el que deseara tenerte por marido, eso es todo! ¡Habría preferido meterme en un convento antes que entregarme a alguien a quien yo hubiera elegido!... ¡Ésa es su particular manera de atenuar los celos!

Pietro soltó un profundo suspiro, agarró una manzana, le dio un mordisco y dijo:

–Hay algo que debes saber: han soltado a Agostino.

Conté mentalmente los meses que habían transcurrido desde mi partida.

–¡Dudo que ya haya cumplido su condena! –exclamé.

–Siento decírtelo de una manera tan brusca, pero no sería tu amigo si no lo hiciera, y, además, no veo otro modo de hacerlo: en cuanto salió de Corte Savella, él y tu padre se reconciliaron.

Acusé el golpe y me quedé pensativa durante unos minutos.

–Como si no hubiera pasado nada... –balbuceé.

–Están igual que antes. A partir un piñón.

¿Por qué me invadía de pronto esa sensación, que de sobra conocía, de estar siendo burlada, negada? ¿Por qué se hundía de nuevo en mi corazón esa daga envenenada cuyo vil nombre era traición? ¿Por qué, después de todo aquel tiempo en apariencia reconfortador, volvía a despertarse en mí el dolor, tan vivo aún que parecía morderme el corazón, despedazar mis entrañas? ¿Por qué, ¡ay!, por qué ese extremo asco?

–Supongo que a estas alturas ya nada debería sorprenderme, pero no puedo dejar de sentir, Pietro. Lo contrario sería como suponer que nada ha pasado y que todo ha sido expiado... Y no es así, desde luego. Por más que me alejase, ¿cómo podría enmascarar mi vida ante mí misma? No, mi vida está grabada aquí y aquí –dije llevándome la mano primero a la frente y luego al corazón–, y sin efectos engañosos, te lo aseguro.

Pietro me miraba con aire triste. Sus grandes ojos oscuros habían adquirido un brillo claro, color verde agua, verde Nilo, más bien, sinónimo de pureza, de fe, que extraía su sueño de la contemplación. Durante varios minutos interminables, hundí los míos en sus dulces aguas y dejé que la tormenta de mis pensamientos se deslizara por sus profundidades limpias y serenas, confiadas y apacibles. ¡Cómo me habría gustado ser contaminada por ellas! ¡Retornar a mis fuentes con ellas! ¡Disolverme en ellas! ¡Oh, ahogarme en ellas! Por la belleza de sus ojos, por la expresión consoladora de su mirada, cuánto deseé besar a aquel hombre, con amor, con dedicación, como una muchacha, abrazarle y sentir sus brazos envolviéndome, sus manos acariciándome. Cuánto deseé sentirle inflamado, y aplacar mi ardor con su contacto. Deseo, sí, eso era lo que sentía, ¡deseo! Un sueño contrariado, insinuado en las heridas de la vida, una imagen borrosa, todavía intacta, en un cuerpo que espera.

¿Había notado él mi turbación? Su voz me hizo volver a la realidad:

–¡Qué valiente eres, mi hermosa Artemisia! –dijo de sopetón.

Nos despedimos calurosamente, prometiendo que seguiríamos en contacto.

–Tardaré un poco en ir a Roma –le dije en el umbral de la puerta.

–Era de esperar –replicó mi hermoso y joven padrino, sonriendo.

Durante los meses siguientes, no quise pensar en nada. En nada, salvo en mi pintura. Una necesidad en la que me sumía con una convicción casi patética.

A Pietro Antonio le asombraba mi frenesí; le dije que tenía que recuperar el tiempo perdido e impedir que el fuego de la inspiración se apagara por falta de atención. Él aprobó mis palabras en silencio. Y se dedicó a viajar con más frecuencia.

Como Prudenza ya había crecido un poco, y a mí me resultaba más difícil contener su joven energía y trabajar al mismo tiempo, acepté dejarla algunos días en manos de las ancianas Stiattesi. A cambio de lo cual, ellas, agradecidas, comenzaron a encargarse de comprar y de cocinar, tanto para ellas como para nosotros.

La casa era un remanso de paz.

Tal y como yo había previsto, padre no tardó en escribirme requiriendo mi ayuda, pero le respondí que por el momento no podía, que ya volveríamos a hablar del asunto más tarde. A vuelta de correo, me contestó que estaba escandalizado por mi negativa, que aquélla era la primera vez que me oponía a su voluntad. ¡Cierto! Pero ¿es que yo no pensaba en mi carrera? ¿Acaso podía permitirme el lujo de rechazar un mercado importante? ¿Era ya tan célebre como para poder relegar unos encargos tan prometedores, a unos señores tan inclinados a protegerme con su benevolencia? ¡Sí! ¡No! Sí, lo había pensado bien; no, no iba a moverme de allí.

Estaba en paz y decidida a beneficiarme de ese privilegio, y de algunos otros que la vida florentina me ofrecía.

Pasaba parte del día dibujando, ejercitándome en el color, en la perspectiva, haciendo estudios de composición. El resto del tiempo lo dedicaba a pintar, sin apresurarme, reflexionando, prestando sumo cuidado al boceto, a la ejecución.

Por el momento, sentía la necesidad de dejar a un lado a los hombres. No tardé demasiado en explicarme el porqué: en realidad, tan sólo quería ocuparme de las mujeres. Así ya no tendría que plantearme un problema a todas luces delicado, el de contratar modelos y pagarles, cosa que si ya de por sí no era fácil, en el caso de los modelos masculinos...

En cambio, modelos mujeres podía encontrar en el barrio, por mediación de las Stiattesi, cosa que, para empezar, me convenía hacer, aparte de que así los precios serían más razonables. El dinero para remunerarlas lo sacaría trabajando en *la tienda de mi* marido.

Las cosas, pues, estaban lo bastante en orden como para que pudiera ponerme manos a la obra.

«*Artemisia, hija de Orazio Lomi o Gentileschi, recibirá como pago por el cuadro arriba mencionado 34 florines, cuya liquidación íntegra anoto hoy, día 20 de agosto de 1616. Según mi libro de deudores y acreedores, me sigue debiendo una suma que asciende a 34 florines...*»

Extracto del libro de cuentas
de Michelangelo Buonarroti.

MALVA

Observando la luz que, literalmente, salpicaba la pared trasera de mi taller, podía saber cuál era la naturaleza del cielo que la enviaba. No era una luz violenta, sino abrupta; sí, no cabía la menor duda: la intensidad de su brillo –anaranjada y brillante, nimbada de un sentimiento de alegría y de nostalgia entremezcladas– significaba el final de una tarde que aún quería aferrarse con todas sus fuerzas a la vida, antes de desaparecer en la oscuridad; y su cielo, de un límpido azul pastel, mostraba dos franjas anchas y regulares, una malva, la otra carmín, y ambas claras debido al fondo y al sol que, aunque ya no se veía, las iluminaba por debajo. La barandilla de la escalera proyectaba la sombra gris de sus largueros de madera sobre la parte de atrás iluminada, como barrotes que quisieran aprisionar aquel oro rosa insolente. Hay luces que invaden el alma, y ésa era una de ellas, demasiado hermosa, con sus destellos extremos pues se extinguían enseguida, y que, como los gritos de un lamento desesperado, me asaltaba en silencio. «Jamás –pensaba entonces– podrá pintar alguien una luz así, y aun en el caso de que yo lograra hacerlo, nadie me creería, nadie se creería el cuadro, pero sí podría pintar el reflejo de esa luz sobre un rostro, sobre una sonrisa, en un mirada: debo guardarla en mi memoria, como si fuera un color de mi paleta.»

En tales momentos, creía comprender la vida, la vida que, inmediata y directa, se fundía conmigo en un halo mágico. Yo me unía a ella con emoción, como si me hubiera sido revelado un secreto, a mí y sólo a mí; me sentía poderosa, aunque también pueril, sin duda, y estaba convencida de haber captado el sentido de la dicha.

Había decidido elaborar una lista exhaustiva de los personajes femeninos de la Historia o de la Biblia que me interesaban especialmente. Ahora que sabía leer, ya podía descifrar las Sagradas Escrituras, estudiarlas a un nivel distinto del de la mera información entresacada de aquí y allá en las horas de misa. Descubrí un mundo apasionante, tan apasionante que a veces me daba por leerle algún pasaje a Prudenza, que me escuchaba con los ojos y la boca abiertos de par en par, como si estuviera asistiendo a la representación de un cuento de hadas; de ese modo, nos beneficiábamos las dos.

Empezando por Judit, claro, pero también estaban Ester, la salvadora, y Bethsabé, humillada pero terca, Susana, la calumniada, y María Magdalena, la arrepentida, Marta y María, o Santa Cecilia, virgen y mártir.

Cleopatra y Lucrecia, víctimas violentas de sus corazones heridos. Venus, y Minerva, y Galatea... Todas eran mis hermanas, tal y como tuve que admitir al hilo de mis pesquisas. Todas dignas heroínas de destinos atormentados, trágicos o frágiles. Predestinadas, quizá, atrapadas, por lo general, es decir sacrificadas, pero resueltamente puras en sus decisiones, *mujeres valerosas como ha habido pocas.*

Me metí a cuerpo limpio en la primera de las muchas *Judit* que iba a pintar durante toda mi vida. ¡Ella iba a ser mi tema predilecto, como ya dije! De ella irradiarían mis otros cuadros, el resto de mi obra. Ella sería su corazón palpitante. Y a ella regresaría sin cesar a lo largo de mi existencia.

Como todavía no me atrevía a representarla de frente, decidí pintarla de medio perfil, con el arma del crimen aún en la mano. En primer plano, su sirvienta, de espaldas, la cara –también de perfil– sumida en la sombra, llevando en la mano la cesta en la que yace la cabeza de Holofernes, con los ojos cerrados. Las dos mujeres están juntas, unidas por la intimidad de su gesto y la fuerza de la acción que acaban de cometer. Una frente a otra, casi entrelazadas, ocultando con sus cuerpos orgullosos, erguidos, la atrocidad de la venganza que liberará a su pueblo. Las dos miran en dirección al tumulto que ya se oye, sin discernir aún si se trata del que las acusa del crimen o del que clama la victoria.

¡Ah, cuánto trabajé sus lugares y sus posturas en la composición general! ¡Cuántas horas pasé pintando los hermosos drapeados de la sirvienta, persiguiendo esos pliegos finos, ese movimiento de cabeza que arrastra consigo el turbante del que se escapan algunos mechones de pelo! Y para lograrlo, ¡cuántos días realizando estudios de telas, desde la más suave hasta la más áspera, antes de atreverme a tocar el lienzo! (Y el bueno de Pietro Antonio que suspiraba al verme llevar al taller aquellos metros de tejidos, siempre distintos y de nuevas calidades, incluyendo todo el abanico de colores, me recomendaba, por el amor del Cielo, que no los manchara, que no los arrugara, que se los devolviera cuanto antes, para poder venderlos a buen precio.) En ese cuadro concreto, la figura que me gustaba era la de la sirvienta, sin cuya ayuda Judit se habría encontrado muy sola a la hora de realizar su tarea. Era ella, con su humildad y su entrega, la que me conmovía, y por eso quería mostrarla en primer lugar. (Se trataba de una hermosa mujer, además: Cesarina, que me sirvió de modelo, una muchacha sana de cuerpo y de mente, con una piel de satén, de carácter dócil en el trabajo y un humor constante.)

Luego inicié una Ester presentándose ante el rey Asuero.

Ester, cuya historia no conocía antes de leerla, me llamó la atención por la gran fuerza de su carácter, de sus actos, y también por la fuerza de su secreto. Huérfana de padre y madre, de origen judío, «la joven era hermosa y de buen parecer». Elegida por el rey Asuero, a quien gustó y cuyos favores se ganó, «Ester no le reveló ni el pueblo ni la familia a la que pertenecía». El Rey la amó, más que a todas sus otras mujeres. «Puso en su cabeza la corona real y la proclamó reina.» Y la reina salva a su rey, advirtiéndole de una conspiración planeada contra él. Después, Asuero, informado acerca de un pueblo que vive disperso por su reino, decide exterminarlo: es entonces cuando Ester, aun a riesgo de perder la vida, decide acudir al soberano para salvar a los suyos.

En mi cuadro, se la ve avanzar vestida con sus ropajes reales y sostenida por sus doncellas, puesto que está a punto de desfallecer. Ester sabe la importancia de su petición, no ignora lo que podría costarle, pues las palabras del Rey también la han condenado a ella, judía, y, lo que es más, le han prohibido el acceso al palacio. ¡Ah, qué largos se le hacen los pasos que la separan de Asuero! ¡Ah, cuán pesados son los ropajes lujosamente bordados y adornados que lleva! Le fallan las fuerzas. Las sirvientas, siempre pegadas a ella, le susurran al oído palabras de aliento. Asuero, repentinamente inquieto, se levanta de su trono.

«¿Qué sucede, reina Ester? ¿Qué deseas pedirme? Incluso la mitad del reino te será dada.»

Ella le invita a un banquete. Y, por tres veces, intervendrá, antes de solicitar al fin:

«Si he hallado gracia a tus ojos, ¡oh Rey!, y si al Rey le place, concédeme la vida –éste es mi deseo– y la vida de mi pueblo –ésta es mi petición.»

Yo quería que mi cuadro de Ester fuera imponente. De unas dimensiones que estuvieran a la altura de la grandeza del personaje representado: seis pies* de largo y unos cuatro pies y medio de ancho.

Sí, iba a poner una parte de mí en esa mujer que avanza, con un nudo en la garganta, ¡aunque jamás pierde su valor! En la suavidad de esos trazos que sólo una mirada sensible percibe, iba a reflejar la humildad de la huérfana Ester, la pureza de la judía injustamente perseguida que, poco antes de acudir al palacio, implora a Dios, se despoja de sus ropajes reales, de todo su boato, y se viste «de angustia y de duelo», antes de cubrirse la cabeza de ceniza, gritando: «¡Líbrame de mi temor!» En la inmensa distancia que la separa de Asuero, veo el umbral que Ester debe cruzar para dirigirse hacia aquel que, como bien sabe ella, puede humillarla. Y tenía intención, pongo a Dios por testigo, de consagrarme a los maravillosos drapeados con los que quería vestir a mi reina, y de poner gran cuidado en la fina ejecución de todo el conjunto, desde la elección de los colores, largamente meditados, a ese aspecto teatral que la inteligencia del personaje, a todas luces, me sugería.

Sin embargo, tuve que dejar el cuadro a medias (tal vez, a causa de lo mucho que lo había deseado y pensado, de repente el pincel no me respondía), y no lo retomé sino diez años después, en Roma.

Fue entonces cuando vino a visitarme mi hermano Francesco.

Al ver mis telas –la *Judit*, una *Santa Catalina* y una *Minerva* en las que estaba trabajando a la vez– y mis bocetos de Ester, se quedó de piedra. Noté que le fal-

---

* Un pie = 33 centímetros.

taban las palabras, pero no sabía si era por buenas o por malas razones.

Tras haberlas observado en silencio, de cerca, de lejos, dijo al fin:

—¡Ésta es la obra de un gran pintor, *sorella*!

Y se inclinó ante mí haciendo una profunda reverencia.

—Si el señor Orazio, tu padre, que es quien me envía, viera estos cuadros, se alegraría doblemente del mensaje que me encargó transmitirte.

—¿Y cuál es ese mensaje? Dímelo ya, te lo ruego.

—A pesar de tu carácter y de los desaires que éste le inflige a su amor paterno y a su orgullo, te envía, por medio de mí, varias cartas de recomendación para algunos señores florentinos que podrán serte de gran utilidad si continúas por la senda del arte, de modo tal que él pueda considerar a sus hijos, y a ti en particular, sus...

—¡Dignos sucesores!

—Hallarás, en el círculo del duque de Toscana, Cosme II, algunos señores que podrán prestarte un gran servicio si sabes tratarlos como se merecen.

Y, dicho esto, me entregó varias cartas, enrolladas juntas y atadas con un cordón trenzado.

—Padre te aconseja que dejes tu vanidad —o lo que podría ser tomado por tal— en las puertas de los palacios, pero que, a cambio, te sirvas de tu inteligencia, cuya agudeza él conoce, con habilidad... Que seas orgullosa, pero sin bravura.

—Para serte sincera, Francesco, por ahora no tengo ninguna gana de complicarme la vida por unos cuantos florines.

—Olvídate del dinero y piensa en tu porvenir. Aunque la senda esté trazada, nadie la tiene asegurada.

—Dicen que aquí los pintores son tan chismosos como en Roma.

—Pues déjales que chismorreen... Tienes la ventaja de que nadie te conoce en esta ciudad... Además, los chismes no son privativos de los artistas; toda la población se alimenta de ellos, así que...

–La idea de volver a caer en medio de los hombres y de sus ansias... ¡Si supieras cuánto desconfío de ellos!

–Pues consigue, al menos, el favor de sus damas.

Nos sentamos a comer el resto de la sopa que quedaba en la olla y nos deleitamos con una tortilla a las finas hierbas muy bien condimentada. Pietro Antonio se unió a nosotros para ayudarnos a acabar una cesta de frutas confitadas y de turrones muy dulces.

Después mi marido volvió a la tienda, y nosotros continuamos charlando en el taller.

–¿Así que no quieres venir a Roma?

–¡No!

–Padre insiste.

–¡Me da igual! Ya le dije que no... ¿Por qué no viene él a Florencia, si tanto me echa de menos?

–Lo haría... si pudiera.

–¿Qué dices?

Francesco se puso a dar vueltas.

–No creo que esté revelando un secreto, puesto que eres mi hermana y debemos estar unidos en todo lo concerniente a nuestro padre.

Se detuvo y fijó sus ojos en mí durante unos segundos; su mirada era tan inquisitiva como la mía.

–Los hechos son éstos: al parecer, el duque de Toscana se ha estado informando acerca de padre, con la intención de hacerle venir a Florencia.

–¡Qué buena noticia!

–¡Ay, no! Por desgracia, las informaciones no han sido favorables.

Francesco se dirigió hacia mi *Ester*, en una parte de la cual se veían aún los trazos del dibujo, y en otras algunos colores; acarició los bordes de la tela con la yema del dedo pulgar.

–Un día –dije– me gustaría pintarla revolcándose en la ceniza, desgreñada, vestida con jirones, la mirada febril, implorante y, sin embargo, altiva... En cuanto a padre: ¿han considerado al pintor o al hombre?

—¡A ambos! El informe dice que «ha realizado algunos cuadrillos cuidados y bonitos»... Algo de por sí no muy amable... Pero —y cito, más o menos, literalmente— que «no tiene mano, que no sabe componer una *storia* ni dibujar una figura aislada correctamente, que sus obras no lograrían complacer ni siquiera a un hombre de inteligencia mediocre»...

Francesco se volvió bruscamente hacia mí.

—Pero ¡eso es una calumnia! ¡Pobre papá! —exclamé.

Presa de la ira, también yo me puse a dar vueltas por el taller, con la cabeza gacha, mordiéndome sin disimulo las articulaciones de las manos.

—También como hombre le han juzgado severamente: «Es una persona muy extraña, lleva una vida, y tiene unas costumbres y un carácter tan marcados que es imposible soportarlo o tratar con él.»

—¿Y padre está al corriente de esto?

—No, que yo sepa.

—Verdaderamente, en Roma uno puede ser el centro de los peores rumores y no enterarse de nada.

Ambos suspiramos a la vez, pero Francesco no pareció advertirlo. De no haber sido por el tono de nuestra conversación, tal vez nos habría hecho gracia aquella coincidencia.

—¿Y qué hace ahora?

—Le han propuesto ir a Génova y a Francia... Pero este segundo proyecto es más remoto, en todos los sentidos... Dime una cosa, Misia... Llevo un buen rato queriendo hacerte una pregunta; no te lo tomes a mal, pero ¿cómo te las arreglas con los modelos masculinos?

—¿Te refieres al Asuero de *Ester*?

—Por ejemplo.

—Es el hermano de Cesarina, una muchacha ad-

mirable que me ha servido de modelo para Judit y para Ester. Les he pagado a los dos. Pero como no tenía demasiado dinero, tuve que ejecutar rápidamente numerosos bocetos mientras posaban, y trabajar sobre todo a partir de ellos.
 –¿Y qué ha dicho tu marido?
 –Aún no ha visto el cuadro, creo. Está muy atareado, y rara vez viene aquí... Puedo leerte el pensamiento. Si estás pensando en mi reputación, no te preocupes, está a salvo: Cesarina y Geronimo vinieron juntos a posar; el chico jamás ha estado a solas conmigo.
 –Ten prudencia, hermana.
 –Ten confianza, hermano.
 –¿Eres feliz?
 –Si el sosiego es un signo de felicidad, entonces sí, lo soy.

Después de pensármelo mucho, hice un viaje a Roma, poco tiempo después.
 Pero mi llegada no produjo el efecto esperado, pues, aunque fuera sólo un poco, antes de partir había imaginado un agradable reencuentro, una calidez familiar y cómplice.
 Durante las semanas que pasé en la ciudad de mi infancia, ayudé a padre en un *San José* que ni él ni Francesco, demasiado ocupados en otras cosas, conseguían acabar. Al igual que en la época en que compartía morada con ellos, los dos pasaban la mayoría del tiempo fuera: bien porque volvían a altas horas de la noche, bien porque dormían en su lugar de trabajo. Y Giulio estaba en Pisa, realizando su período de aprendizaje. Los Stiattesi, con su buen humor de siempre. Tuzia, amabilísima, casi afable. Nada había cambiado. También pinté los fondos paisajísticos de dos grandes lienzos. Así que exigí una buena remuneración por todo aquel trabajo. «Vale, una parte para ti –aceptó padre– y otra para mí.»

Tan sólo en una ocasión pudimos charlar un poco; padre apenas me miraba, salvo de reojo.

–Francesco me ha dicho que trabajas admirablemente.

–Honestamente, al menos: eso es lo que pretendo.

–No dilapides tu talento aspirando a una excesiva modestia. La modestia no te va. Ni a ti ni a ningún Gentileschi...

–Quiero estar segura de mí antes de lanzarme a la palestra. Sería demasiado fácil ofrecerme como presa a las fieras. No voy a dejar que me destrocen antes de tiempo.

–¡Venga ya! Tú eres un hueso duro de roer. Piensa en las ganancias. Pues saber venderse bien conlleva hacerse respetar bien. La cobardía va en contra de la gloria de un artista.

–No me acobardo: me reservo.

–¡Pero no lo hagas demasiado!...

Luego, tras aludir al trabajo que había hecho para él, añadió:

–Has ganado madurez en la ejecución, tu nivel es superior. Volveré a necesitarte, cuando tú quieras.

–Eso es, cuando yo quiera.

–Francesco también me ha dicho que has incluido a una sirvienta en tu *Judit*. Y que serán dos las que sostengan a Ester. ¿Eso es porque no sigues al pie de la letra las Sagradas Escrituras?

–Las leo entre líneas. E interpreto, y pruebo, y me esfuerzo por aclararlas, tal y como me enseñaste a hacerlo.

–Ya, pero desconfía de esa clase de libertad a la hora de un encargo... Desconfía también de la sombra, incluso aunque nadie pueda dudar de que la utilizas con maestría. En eso, precisamente, en tu manera *de utilizar la sombra, es en lo que noto que te has* separado de mí, de mi influencia, si es que la hubo, para volar con las alas de tu propio estilo...

Padre se frotó las uñas de una mano con la palma

de la otra, como si quisiera sacarles brillo, y luego prosiguió, contemplándose los dedos separados delante de él:

–No olvides que él ha muerto, el señor de la sombra y de los barrios bajos, Michelangelo Merisi, Caravaggio. Y que el nuevo siglo querrá olvidarlo con imágenes más facilonas.

–¿Y por eso debemos serlo nosotros?

–En fin, volviendo a la cuestión de la sirvienta: los héroes siempre alcanzan solos la gloria.

–Bueno, digamos que las mujeres son más débiles.

Le vi esbozar una sonrisa, una sonrisa irónica, como diciéndome que no creía una palabra de lo que le había dicho. Pero no me la tomé como un insulto, pues yo misma no sabía si creía en ello.

«*Tenía un espíritu noble y muy elevado, tremendamente propenso a la Filosofía; ese espíritu le hacía amar la vida retirada y la soledad, y ello fue su mayor mal, pues jamás quiso sumarse al cortejo de las antesalas.*»

Antonio Passeri,
a propósito de Pietro Testa (1607-1650).

SEPIA

Una gran marejada se abatió sobre mí, y yo no la vi llegar.

Fue culpa mía: había estado tan inmersa en mi trabajo, aquella pasión me había devorado tanto y con tanta delicia, que me había olvidado de todo mi entorno.

El año 1616, después de haber sido admitida en la Academia Vasari de Dibujo (era la primera mujer que entraba en ella desde su fundación en 1563), contando con la presencia excepcional de padre, que se había dignado a hacer el viaje con tal motivo, había terminado trayéndome algunos encargos de la familia ducal, gracias a la mediación de Su Serenísima el gran duque Cosme II de Médicis en persona, quien, si bien no había aceptado los del padre, sí había requerido, en su inmensa bondad, los servicios de la hija. El año 1617 había comenzado, pues, bajo los mejores auspicios que yo hubiera podido esperar, intensificando esa euforia a la que el alma puede entregarse cuando todo le sale bien.

¿Todo? Pietro Antonio fue el primero en entrar en escena, una noche de verano, tras los bramidos y los colores de una tormenta, cuando aún flotaba en el aire el olor a tierra y a piedras húmedas que ésta había dejado. Justo después llegó su madre, haciéndose eco de sus palabras.

¿Es que acaso tenía intención –me preguntó– de pasarme la vida encerrada en ese taller? ¿Acaso se había casado conmigo para cubrir unos gastos muy superiores a los de cualquier mujer honrada? ¡Cuánto material necesitaba! ¡El triple que él! ¡Menudo derroche! Sí, por supuesto, él había aceptado que siguiera pintando, pero siempre y cuando no sobrepasara los límites razonables, propios de una buena esposa, lógicamente: igual que otras hacen bordados, tapices o ramos de flores secas. Pero yo, en cambio, no quería ver a nadie, ¡y encima olía continuamente, mañana, tarde y noche, a esa asquerosa trementina! Y mis uñas, «míratelas», ¡casi siempre sucias! Y últimamente, para colmo, me las daba de dama. Había decidido por fin aventurarme fuera, salir muy bien vestida y adornada con refinamiento, pero ¿para qué?, para ir a los palacios de Florencia... ¡y sola! Una noche, en la corte de los Médicis, ante un auditorio de artistas y de hidalgos... me habían oído cantar unas melodías compuestas por la respetada, aunque dudosa, señora Francesca Caccini. ¿Y acaso era normal eso de recibir hombres para que posaran, cosa que llevaba tiempo haciendo? ¿Qué iba a pensar la gente? Porque, en fin, ¡ellos no podían estar vigilándome mañana y noche! ¿O es que acaso me creía yo, una mujer, ese *alter deus* que los artistas se enorgullecen de ser y que la gente se complace en honrar?

Desconcertada, como poco, me derrumbé. Achaqué a un supuesto cansancio pasajero la ira de mi marido, y me mostré dispuesta a perdonársela. Había viajado demasiado, cierto. Pero, ¡Dios mío!, ¿era ésa una razón para acusarme? Tal vez mi actividad le había costado demasiado dinero a mi generoso marido, pero yo jamás había actuado mal, al contrario, más bien siempre había mirado por los gastos. Y además, fuera como fuera, sabría resarcirle. Pues estaba empezando a ganar dinero. Éste me debía diez florines, aquél veinte o treinta, el otro cuarenta, y alguno incluso más. Tenía pruebas escritas de ello, ¡no estaba mintiendo! Respecto a los adornos de los que me acusaba, no tenía más que mirar: él mismo me había regalado esas joyas; las nuevas eran obsequios de las damas de la Corte, que me las habían dado como pago por pequeños retratos o vírgenes. Algo de lo que él estaba al tanto, además, pues se las había enseñado nada más recibirlas, salvo en aquellas ocasiones en que él no había estado en casa. Jamás le había ocultado nada, ¡jamás! ¿Cómo habría podido hacerlo, teniendo en cuenta el pasado infame que arrastraba? Tampoco le había ocultado la presencia de ningún hombre: él siempre había sabido quiénes eran. Y, desde luego, no había contratado demasiados modelos masculinos: el único que había venido era Geronimo, y siempre acompañado por su hermana, recomendados ambos por los Stiattesi. Él mismo podía constatarlo: mujeres, había pintado sobre todo mujeres, todas ellas honestas, todas ellas respetables. Cuando Pietro Rinaldi, mi único amigo, había venido a vernos, yo se lo había presentado. A mi hermano lo conocía de sobra; ¿qué habría podido temer Pietro Antonio de un hermano? En cuanto a los hombres de la Corte, podía estar tranquilo: no tenían tiempo para encapricharse de una mujer artista y sí otras muchas cosas en las que pensar; era el talento lo que buscaban en mí, para hacer negocio, y no mi natura femenina, para divertirse. Ah, sí, eso, había cantado. Él lo sabía, yo se lo había contado, pero tal vez Pietro Antonio no me había prestado atención...

Me puse a enumerar todo aquello que quizá había podido herirle. Me arrodillé. Lloré. A mi hija, la amaba tiernamente, a su madre, a su tía, las respetaba, y a él, mi marido, le quería más que a nada. ¡Ah!, yo era sincera, tenía que creerme cuando le decía que jamás había imaginado que el hecho de que yo pintara pudiera perjudicarle. ¿Acaso no le había ayudado en la tienda, sin rechistar, cada vez que me había necesitado? ¿Cómo había podido importunarle hasta ese punto trabajando en silencio en mi taller? ¿No se sentía orgulloso de que yo hubiera entrado en la Academia y en la Corte? ¿No era él pintor, también? ¿Era incapaz de ver que, puesto que vivíamos juntos, él estaba íntimamente vinculado a mi éxito?

Sí, era incapaz de verlo. Por su tono imperturbable, por su aire inflexible, comprendí que era demasiado tarde. Uno de los dos –poco importaba quién– había dado un paso que iba a separarnos sin remedio. Había que hacer algo rápidamente, tal vez aún quedara tiempo. ¿Qué podía prometerle? ¿No volver a pintar? Sí, enseguida; pero luego... ¿Cómo iba a dejar de cumplir mis encargos? Me había costado mucho, pero al fin había llegado mi hora... ¿Por qué no me lo había dicho antes, por qué ahora? Desde luego, yo era su mujer y le debía obediencia... Pero ¿acaso había roto alguna vez ese contrato? ¿Qué quería él, a fin de cuentas? No habíamos sido un matrimonio perfecto, él ausente, yo enclaustrada, pero ¿y el presente? ¿Qué hacer con el presente? ¡Ah, dos fuerzas tiraban de mí, desgarrándome el corazón!

Nada, al parecer él no quería nada. No podía hacer nada. No esperaba nada.

Al cabo de unas semanas, dijo:

–En cuanto te hayas marchado, la niña irá con las monjas por un tiempo. Mi madre está vieja y enferma, la pequeña da mucha guerra...

–¿Y lo decides sin contar conmigo? ¿En nombre de un crimen que no he cometido? ¿No podemos...?

–No.

Por su mirada, noté que estaba cerrado en banda.

–¿No puedo...?

–No.

Vi un brillo perverso en sus ojos. ¡Y pensar que aquella mirada, que yo no reconocía, era la de mi marido! Había compartido mi lecho con él, le había dado mi confianza, había sido su esposa fiel y devota. Entonces, ¿a qué venía ese repudio?

De repente vi que en su mirada había algo más que incomprensión u odio, algo que había visto con frecuencia: envidia e incluso pavor. *¿Cómo no lo había advertido antes?* Pietro Antonio no me perdonaba el hecho de que tuviera talento para algo que estaba más allá de su comprensión, ni me lo perdonaría jamás. Yo no le conmovía, en realidad le inpiraba miedo. Y él no cedería, porque eran sus propias limitaciones lo que no podía soportar, y el dar muestras de liberalidad para conmigo habría sido como infringirlas, es decir, reconocerlas. Lo que hasta entonces yo había tomado por una respetuosa distancia tal vez no era, en el fondo, sino desconfianza; falta de ternura, falta de amor o mero temor. O incluso celos, pues lo cierto era que todo –o casi todo– el mundo ignoraba al Stiattesi pintor.

Su mirada se había paralizado. En la raíz de sus cabellos, alrededor de su frente, ya con entradas, encima de su labio inferior, se habían acumulado algunas gotillas de sudor, también paralizadas, como por la vergüenza. De repente, mi marido me dio asco, y aparté la vista de él. «No era preciso este asco –pensé–, este asco que me hunde a mí también en lo irremediable.»

Con todo, sufrí mucho. Los viejos demonios, que no querían dejarme en paz, resurgieron en mi memoria. Había sido arrojada a los pies de la realidad, pues mi mundo, que hasta entonces había creído a salvo, se había quebrado de pronto, y me costaba mucho volver a levantarme. Estaba hundida hasta el fondo en la confusión del dolor.

También yo, como Ester, habría deseado revolcarme en la ceniza, en una vieja ceniza un tanto grumosa –que se había tornado sepia de tanto haber sido pisoteada–, que tiñera, que coloreara mi piel rosada, mi piel fresca, manchándola, ajándola. ¡Ah!, ella estaba dentro de mí, mi hermana, la hija de Judea, agazapada, debatiéndose al igual que yo, y su grito en aquella hora era también el mío: «¡Líbrame de mi temor!»

Caminé por la orilla del Arno, seguí el río hasta llegar al Ponte Vecchio, atiborrado de gente, y luego me dirigí al palacio del Señorío. A su alrededor, había callejuelas que se apretujaban unas contra otras, dejando apenas colarse en ellas al paseante, pero también varios palacios que, como era bien sabido, albergaban multitud de tesoros artísticos. No lejos de allí fue donde me instalé, en una casa de medianas dimensiones, pero señorial, en el *borgo* dei Santissimi Apostoli... La plaza de la Catedral, el viejo mercado, la plaza del Gran Duque me fueron a partir de entonces familiares.

Prudenza fue llevada al convento del Santo Espíritu, de la congregación de las benedictinas de Vallombrosa, monjas que, como todas las demás, saneaban sus arcas variando sus actividades, no siempre claras, por otra parte. Entre otras cosas, acogían a algunos niños, y conseguí, pagando una buena suma, que trataran bien a la pequeña. Allí pasaría seis meses, el tiempo que tardé en establecerme en mi nueva vida, y podía ir a verla cuando quería. Muy pronto, pues, volvería a estar a mi lado, ya que finalmente mi marido había aceptado concederme su custodia.

Así pues, me entregué a fondo a esa etapa inesperada, ciertamente, pero quizá no tan inoportuna, pensándolo bien, a la edad que yo tenía. En efecto, si hubiera podido elegir, ¿acaso no habría dudado en seguir, alegando como pretexto motivos de compromisos incontestables, el cortejo de las antesalas de los palacios, cuyo recorrido podía conducir, a quien supiera arreglárselas bien, a la celebridad? Por otra parte, yo no ignoraba que, para satisfacer cualquier ambición a la que diera rienda suelta, me vería obligada, por el hecho de ser mujer, a trabajar el doble que los demás.

Poco a poco me fui introduciendo en el cenáculo de esas antiquísimas familias cuyas ramas se extienden por toda Italia, desde Florencia a Pisa, Nápoles, Siracusa, Palermo... Esos aristócratas de alta cuna que tenían un palacio en la ciudad, una villa en Fiésole y tierras en la campiña; que ocupaban un cargo envidiable en la administración, lucían la cruz de caballero de alguna orden honorífica y elegían una esposa de rango y con fortuna.

Durante mi periplo, tuve ocasión de admirar, aquí y allá, cierto lecho de un patricio, adornado con cuatro figuras, pero que, según se decía, no pagó de su bolsillo, varias estatuas gruesas que recibían al visitante en la entrada, cuadros de Allori el libertino, desesperado y arruinado por una amante extranjera, algunas hermosas obras, sinceras y directas, del boloñés Carracci, de Sigismondo Coccapani, que, tras vivir mucho tiempo en Roma, acababa de regresar a su casa de Florencia, donde se le ensalzaba por la rica variedad de su estilo, y de Domenico Fetti, más veneciano que romano, a pesar de su procedencia.

¡Cuántas cosas llegué a oír durante aquellas veladas interminables, acunadas siempre por las melopeas de algún grupito de músicos, entre el murmullo de la seda, y la falsa seguridad de las conveniencias, bajo la fragancia de los perfumes traídos de Oriente o incluso de más lejos! Rumores, chismes cuchicheados tras los abanicos de España... Tantas y tantas palabras vertidas, ahogadas levemente por el sonido de las joyas que las manos finas y enguantadas de las cortesanas acariciaban sin cesar, por los suspiros que punteaban sus confidencias...

¡Ah, la ebriedad de la opulencia, en nombre de la cual, tras haberse repantigado en ella, tantos y tantos perecían! Eran incontables los camarlengos que, a fuerza de trapichear, se enriquecían. Uno para comprarse una villa de cuatro mil escudos, que era incapaz de ganar, y contratar sirvientes y cocheros, que de otro modo no habría podido mantener... Otro para satisfacer a sus excesivamente ávidas amantes, como cierto joven prendado de la mujer de otro más rico que él, tan hermosa y tan desdeñosa que, para ablandar su corazón, abrió a sus propios pies un abismo de deudas que muy pronto le resultó insalvable. Otro para recuperar lo que había perdido en el juego, una afición a la que eran especialmente proclives las mujeres de la alta sociedad, hasta el punto de entregarse a ella en sus propios salones, noche tras noche. Tanto les daba jugar a las cartas como apostar sobre la elección de los soberanos pontífices y el nombramiento de los cardenales: la carrera contra la abulia era frenética.

¡Qué no habrían hecho, y sobre todo robado, para alcanzar el rango de nobleza, esa estrella de mil fulgores, en el que la ostentación, bajo todas sus formas, estaba tan bien vista! Todos soñaban, como poco, con granjearse un reino aparte.

Muchos fueron los escándalos que sacudieron, por ejemplo, la Abundancia, el granero del Estado, del que decenas de miles de sextarios de granos desaparecían cada año como por arte de magia... El Almacén de la sal, el Monopolio del hierro, la Administración de las fortalezas, la Casa de la Moneda, la Aduana, la Corporación de la seda... Las arcas del Estado eran el blanco de muchas miradas codiciosas, que daban pie a desfalcos, malversaciones, gratificaciones varias que iban a parar a cualquier mano, desde el amo al campesino, pasando por el monje. A veces, el culpable acababa ahorcado en la plaza del Gran Duque, ante la multitud pululante, ruidosa, ávida, insaciable... Pero que nadie se lleve a engaño: cosas peores se habían visto, durante los siglos pasados, como cuando algún bribonzuelo, atado a la cola de un asno, era arrastrado por toda Florencia, enterrado luego hasta la cintura, y finalmente quemado vivo por las partes visibles de su cuerpo... Multas, sanciones, confiscaciones eran moneda corriente. También podía suceder que un hombre, por el mero hecho de confesar su delito, fuese perdonado, sin tener por ello que devolver ni reembolsar nada: la justicia era tan codiciosa que bien podía mostrarse amable, demasiado amable. El fuego, al contrario de lo que nos enseñan las Escrituras, no siempre devoraba la tienda del hombre venal... Y la *corruzione*, a pesar de la nebulosa que conllevaba, como oí más de una vez comentar, valía más que una cascada de insatisfacciones que habrían provocado trastornos mucho más graves, poniendo en tela de juicio el poder, los poderes. Los montepíos estaban, pues, abarrotados de riquezas que eran fruto del desfalco y la desesperación, vocaciones ambas tan frecuentes que todo el mundo las miraba con ojos tiernos, casi divertidos: el gusto por la apariencia al que cualquiera podía sucumbir estaba admitido; la alteración del orden público, castigada.

Las veladas en los palacios solían acabar tarde. Y si bien los trajes apenas se habían arrugado, la máscara de las sonrisas apenas desgastado, los efluvios de los perfumes apenas alterado, las palabras, sin embargo, en el corazón de la noche, terminaban por evaporarse con los resoplidos de fatiga, y los nombres que habían pasado de boca en boca, calderones de todas las confidencias, haciendo brillar los ojos, despertando tanta curiosidad seguida de tantas exclamaciones, de falsos lloriqueos, de risas estrepitosas, pronto se volatilizaban en el olvido, tragados ya por algún bostezo reprimido... «¿Cómo dice? Ah sí, Bartolomeo Bellini...» «¿Armanio Cavallo? ¡Quién lo habría creído!» «¿Girolamo Alberti? ¡No me extraña! Ya me lo figuré desde el principio...» Todos protagonistas de exaltaciones crepusculares de las que la memoria, erosionada por la usura de las horas, una cena demasiado opípara y algunas copas de vino de más, por no hablar de la ebriedad misma de las palabras, nada, o muy poco, conservaría.

Para mí, era obvio que la actitud que prevalecía en los florentinos era, con demasiada frecuencia, la de querer pasar, a los ojos de los demás, por lo que no eran; y la de no querer pasar, a sus propios ojos, por lo que eran. Las costumbres en Roma no eran, desde luego, mejores; únicamente, menos sofisticadas. El romano era orgulloso, el florentino, altanero. La inagotable brusquedad del primero tan sólo podía compararse con el sempiterno alarde del segundo. En Roma, incluso los hidalgos se creían gente de a pie; aquí, cualquier don nadie se las daba de cortesano.

Yo me limitaba a observar, a almacenar, a aprender, a trazar mi camino.

«[...] Puedo garantizar a Su Alteza Serenísima que, en dos meses, a lo sumo, realizaré el trabajo por el que he recibido, como adelanto y por orden suya, la suma de cincuenta escudos. Rogando a Dios por la felicidad y la salud de Su Alteza Serenísima, me inclino humildemente ante Vos y me encomiendo de todo corazón a su mansedumbre.
Florencia, 10 de febrero de 1619.
Su humildísima y devotísima servidora,
Artemisia Lomi.»

Carta de Artemisia Gentileschi
al gran duque Cosme II de Médicis.

BERMELLÓN

Pasé dos años más en Florencia. Había llegado en 1613, y me marcharía a principios de 1620.
Saqué gran provecho de aquellos últimos años florentinos. Valiéndome por mí misma, y con la ayuda de las cartas de recomendación de padre y de su hermanastro, mi tío Aurelio Lomi, otro pintor, instalado también en Toscana y cuyo apellido adopté por entonces, logré, bajo la protección del gran duque Cosme II, y gracias a mi matrícula honorífica en la Academia, trabajar en mi arte y gozar del prestigio con el que todo artista soñaba en la capital toscana.
En 1618, Prudenza volvió a vivir conmigo. Contraté a una criada y a un ayudante: Tommasina y Bonifacio. No dejaba de recibir encargos. Y aunque mi vida de esposa se había saldado con un fracaso, el talento que ahora estaba demostrando me aportaba un reconocimiento que era una recompensa y, por ende, un consuelo para mí. La ciudad me resultaba agradable, mi situación, confortable.
En general, se apreciaba más mi arte que a la mujer que había detrás, y en ese trato yo saboreaba una innegable libertad. Mis actos se confundían con mis obras, y lo que la gente discutía y juzgaba era el valor de éstas. ¡En buena hora!

Excepto algunos viajes a Roma, realizados siempre un poco a disgusto, para ayudar a padre, no salí de Florencia.

¡Qué período tan fértil! Pintaba para la Corte, para varios miembros de la familia Barberini, para algunos patricios, los señores Antinori, Tempi, Niccolini... y sus damas. Tenía acceso al palacio Pitti y al de los Tornabuoni. La gente me estimaba, a juzgar por los comentarios que llegaron a mis oídos:

«–Esa señora, Artemisia Lomi... Dicen que tiene un talento que su condición de mujer no desmiente.

»–Su padre fue quien la formó: ¡tuvo tres hijos, pero, mire por dónde, fue a poner toda su confianza en su hija!

»–¡Señal de que es un tipo extravagante!

»–Quizá los varones de la familia no estaban capacitados... Él mismo...

»–Dicen que es hermosa.

»–Muy hermosa...

»–Hermosa, sí. Y también descarada.

»–Para ir de un lado a otro, no hay más camino que el de la inteligencia.

»–Nada mejor, en efecto.

»–Al menos es el más recomendable.

»–No se le conoce ningún hombre.

»–Será que los esconde.

»–¡Hace bien en mantenerlo en secreto!

»–Algunos dicen que su esposo la repudió, otros que es viuda...

»–De todos modos, ¿quién puede negar que la belleza agudiza la imaginación?

»–¡Y qué decir de la soledad de esa belleza!

»–¡Ah, la seducción del misterio!

»–Dicen que es ambiciosa...

»–¡Cualquiera lo sería por menos!

»–... tanto que, en el pasado, su amor propio sufrió una grave afrenta.

»–¿Cuál?

»–No sé... Una traición, quizá... Razón por la cual se exilió a Florencia.

»–Si quiere que le diga mi opinión, eso me huele a intriga amorosa.»

Pietro, Pietro Rinaldi había regresado a Florencia. Sus ojos me quemaban, sus palabras me hacían reír.

–¡Ah, amigo mío! Una vez más eres mi mensajero. ¿Así que eso es lo que se cuenta sobre mí?

–¡Pero eso no es todo!

–A decir verdad, no hay nada hasta ahora que no me resulte halagador.

–«Un lince en los negocios, un cuerpo venusiano... un corazón rojo bermellón.»

–¡Bonito retrato!

–Pero ¿qué saben ellos de ti?

–¡Nada que yo les haya dicho, te lo aseguro!

–El misterio aviva la imaginación: ésa es la explicación.

–Bueno, ¡pues que la avive! He oído cosas peores, y menos amables, no me dirás que no.

Pietro dudó en proseguir. Su mirada parecía querer ora evitarme, ora escrutarme.

–Eh, ¿qué dices, Pietro?

–Nada –suspiró.

–¿Qué piensas?

–Que has perdido los restos de juventud que aún seguían pegados a ti, a tus rasgos, a tus gestos, a tus frases, la última vez que te vi.

–¿Y?

–¡Oh! Nada. Que es sorprendente.

–¿Por?

Pietro frunció el ceño, con aire meditabundo.

–Porque al fin eres una mujer hecha y derecha, en plena madurez de... cómo decirlo... de... su fuerza... de su sensualidad.

Al ver que yo seguía sobrecogida, añadió:

–Cosa que, además, advierto en tu pintura... ahora que te dignas enseñarme tus cuadros.

Pietro y yo pasamos entonces nuestra primera noche de amantes.

En el aire ya fresco del otoño, a la luz de los candelabros que iluminaban aquella habitación que yo había acomodado para él, los dos, sin preludios, sin explicaciones, sin palabras, nos metimos bajo la gruesa manta de la cama. Y, protegidos por los pesados baldaquinos de terciopelo azul, cada hora de la noche fue testigo de nuestras caricias.

Yo me sentí repentinamente sedienta de aquel placer ignorado, oculto durante demasiado tiempo, y conocí, descubriendo el cuerpo de Pietro, el amor en la calidez más táctil, más profunda que habría podido imaginar. Me ofrecí a él y él se entregó a mí; en la avidez con la que nos unimos, hallé la respuesta violenta a la espera excesivamente larga de los años precedentes.

Maravillados, ebrios de dicha, no nos separamos hasta ver los primeros destellos del alba, acompañados de los primeros ruidos aún débiles, y la fatiga nos sumió, casi a nuestro pesar, colmados, tiernamente enlazados, en un sueño agradable, ligero, frágil.

–*Ti voglio bene* –me dijo antes de marcharse.

Puse mi dedo índice sobre sus labios. No quería saber más. Y le hice prometerme que, ni ese día ni ningún otro, me hablaría de ninguna mujer que en ese momento estuviera a su lado.

De esa índole fue el pacto que entonces sellamos.

Por aquella época fue cuando pinté la mayoría de mis *Judit*. Dos veces más retomé el tema de Judit y su sirvienta: la primera, en el momento en que las dos mujeres están a punto de matar a Holofernes; la segunda, justo después de cometer el crimen. Años después, volvería a pintarlas.

Me sentía realmente libre, y libre también en la obra que estaba realizando. Padre había asegurado que me alejaba de los textos, pero yo estaba convencida de lo contrario, de que, gracias a mi manera de interpretarlos, me acercaba a su realidad.

En ese orden de ideas, y por ceñirme a este caso concreto, la presencia de la sirvienta no me era indiferente. Ésta, que desde siempre había sido relegada a un segundo plano, era, para mí, un personaje central en la acción que se iba a cometer, pues, en efecto, ¿qué puede hacer una mujer sola? ¿Cómo habría podido vencer la fuerza física de un general arrastrado a la guerra, por muy borracho, atiborrado y débil que estuviera, a causa del deseo que le corroía?

A mi juicio, era forzoso incluir a la sirvienta al lado de su señora. Las dos eran mujeres hermanadas por una causa, cómplices que unían sus esfuerzos contra la fuerza brutal de un hombre. Me resultaba imposible imaginar de otra manera aquella escena. Judit y su sirvienta debían estar al mismo nivel.

También yo era una mujer, y comprendía bien el deseo de arrebatarles a los hombres el derecho secular y exclusivo de representarnos, de escrutar nuestros sentimientos, nuestros gestos, nuestra feminidad. Pues, en el fondo, ¿qué sabían ellos de nosotras sino lo que creían saber y afirmaban, seguros de su poder, que era la verdad?

Judit y su sirvienta degollando a Holofernes fue la que me dio más trabajo, precisamente a causa de esa libertad que me permitía, y que no era tan sencilla de tomar. Estuve días y noches intentando ver claro en medio de las emociones que aquel asesinato crudo –tal y como deseaba pintarlo– despertaba en mí, y de las que quería extraer la esencia de mi cuadro, su movimiento, su color. Tenía que ordenar dentro de mí aquella maraña de imágenes y de sentimientos, cosa que la pintura exige, si uno quiere llegar a dominar la composición.

Así pues, aquellas mujeres se las arreglaban para exterminar al impío. Y eso era lo que quería que se viese, su esfuerzo común en ese gesto, su determinación, pero quizá también su asco, a la hora de cortarle el pescuezo al enemigo, y ese asco manifiesto no debía, además, ser el del gesto realizado sino más bien el que les inspiraba el ser contra el que lo hacían. Quería que su violencia en el instante del crimen fuese la de su naturaleza, y no imitar en modo alguno la que habría desplegado un hombre. Entonces, sí, la brutalidad estaría presente, pero de una manera incomparable, llevada a cabo por la mano, el brazo, la garganta, el rostro, la piel, el cuerpo entero de una mujer, de dos mujeres.

Tal y como yo lo veía, no se trataba de ilustrar gentil, linda y púdicamente, o sea a medias tintas, una escena de la Biblia, de realizar adecuadamente una imagen piadosa. No, yo quería hundir, con toda mi carne y mi sangre, la espada que iba a degollar a ese Holofernes que se apoyaba en un postrero esfuerzo antes de ser vencido. Una larga espada de hoja acerada, empuñada verticalmente por aquellas dos mujeres sin aliento, justo en medio del cuadro, para que nadie tuviera dudas acerca de la intención, horadando el cuerpo del asirio que intenta defenderse.

¡Que se viera la crueldad del crimen! ¡Que no hubiera ni un temblor de vacilación en esas manos que llevan a cabo lo irremediable! ¡Que se notara incluso el olor de los cabellos enmarañados y sudorosos que aferran los dedos, pues la cabeza del monstruo todavía grita no, luchando contra lo ineluctable! ¡Que se oyera bien el rumor de la sangre caliente manando de golpe sobre ese lecho demasiado blanco, sobre esa cama deshecha como en una noche de bodas! ¡Que *nadie pudiera apartar la vista de ese horror*, horror de la ofensa al cuerpo ajeno, a su integridad, horror del crimen cometido a la fuerza, de la violencia hecha, de la violencia padecida!

Era mi corazón ensangrentado lo que yo quería ver latir en la tela, era mi fiebre lo que quería ver arder allí, era la daga que la vida había clavado demasiado a menudo en mi propia carne la que quería extraer al fin de esa inmensa herida y hundirla en otra.

En el contraste de la sombra y de la luz de esa escena reducida a su carácter de intimidad, a un secreto de alcoba, podría decirse, debido a la economía misma de los colores utilizados, sobrios, puros; en los ojos en blanco de ese hombre que expira, y los de las dos judías, fijos pero no resignados; en esa sangre derramada sin pudor y sus largos hilos que se vierten hasta el suelo; en la piel de esa Judit henchida de fe en Dios, que abandonó el reducto que se había construido en su terraza, se despojó de su ropa de viuda y regresó a la vida para vengarse, afanosa, y dar muerte; en el terror que yo quería transmitir armada de mis pinceles, deseaba, en cierto modo, hallar sosiego.

¡Qué crimen –pensaba al acabar el cuadro, exhausta y sin embargo regenerada–, qué crimen a sangre fría había realizado, pincelada a pincelada, meticulosa, delicada y magistralmente!

Y yo, una mujer, era el diabólico hacedor, cumplidamente satisfecho, de aquella atrocidad.

«En el silencio de la noche, recordad las ideas de las cosas que habéis estudiado. Dibujad en vuestra mente los contornos de las figuras que habéis visto durante el día; aquel en quien la inteligencia no colabora con la mano, no puede ser artista.»

Leonardo da Vinci (1452-1519).

AZUL ULTRAMAR

–*Mamma, mamma!*
–¡Tesoro!
Abrí los brazos, Prudenza cogió carrerilla, la agarré al vuelo y la estreché contra mí. Sus bracitos se aferraban a mi cuello, sus piernas rodeaban mi cintura.

–Mi querida hijita, te he tenido un poco abandonada últimamente.

Ella no dijo nada, pero sentí cómo sus gruesas lágrimas corrían por mi cuello, en el que había hundido la cabeza. Le acaricié el pelo, le sostuve la carita con las manos y le sequé las mejillas.

Ahora sonreía. Tenía la sonrisa dulce de su padre, pero en la expresión global de su rostro había huellas de una cierta rudeza, heredada de los Gentileschi.

Prudenza jamás se quejaba al verme tan atareada con mi trabajo; pero, de pronto, echaba a correr, yo reconocía sus pasos atravesando la casa, y entraba en mi taller sin llamar, sin dar explicaciones, como movida por una urgencia. Poco le importaba, en tales momentos, hallarme en compañía de alguna visita o de algún modelo. Sus llegadas eran siempre intempestivas, imperativas. Venía directa a mí; tan sólo tras haberse asegurado de mi presencia, echaba, con aire de latifundista, un vistazo circular alrededor de ella, satisfecha. A veces le bastaba con eso, no pedía nada y volvía a irse tal y como había venido. Otras, torcía el morrito, pero aun así decidía quedarse: tenía su propio rincón, justo detrás del caballete, pequeño cafarnaúm de cachivaches que a mí no me interesaban y de los que ella se había apropiado, igual que había hecho yo durante mi infancia.

Yo ya le había explicado en varias ocasiones cuál era mi oficio, a fin de que no condenara, por ignorancia, un modo de vida que podría haberle parecido, con razón, diferente al de la mayoría de las mujeres. Y, aunque estaba segura de que ella observaba cada uno de mis actos y de mis gestos, no me sentía juzgada.

Cada vez que había oportunidad, la ponía a dibujar. Prudenza no parecía tener, como yo a su edad, unos dones sorprendentes, pero se lo tomaba con calma y ponía un gran empeño en cada trazo, en cada pincelada que daba; su pequeño ser se concentraba por entero en lo que estaba haciendo, y el resultado siempre era bueno.

Era una niña fácil de llevar. Por eso cuando tuve que marcharme a Roma, reclamada por padre, y sin saber cuánto tiempo iba a estar fuera, la llevé conmigo. Tommasina nos acompañó.

Ahora, cada vez que regresaba a Roma me sentía una extraña allí; la distancia que me separaba de aquel ambiente me hacía creer que lo dominaba. Ese insólito sentimiento me libraba de toda emoción fácil, me alejaba de todo cuanto no me concernía directamente. Vivía libre de cualquier tipo de trabas, y dedicaba toda mi energía a mi única tarea, y todo mi amor a mi hija.

Al enterarme de que el *smargiasso*, el «fanfarrón», como llamaban a Agostino Tassi, había vuelto a ser procesado, por motivos estúpidos y complicados que, de todos modos, no me interesaba conocer, no pude sino sonreír. Los hombres como él no merecían otra suerte que la que yo les reservaba en mis cuadros –las escasas veces en que me dignaba a dejarles un huequecillo en ellos– , o sea, la decapitación pura y simple. Los hombres, en general, no me inspiraban nada positivo, luego ¿para qué hablar de una especie que, en efecto, no comprendía?

En Roma, los gustos pictóricos se habían modificado sensiblemente durante la última década. La marcada influencia de Caravaggio se iba diluyendo poco a poco para dar paso a un estilo, en mi opinión, más conformista, más soso, a fuerza de querer ser demasiado decorativo, y no siempre lo suficientemente pictórico. El trabajo sobre los colores había variado; resultaba, debido a su grandilocuencia, cuando no más facilón, mucho más dado al artificio. La composición, hermosa y agradablemente coloreada, enfatizaba el espacio en los lienzos, relegando todo afán de intimidad, el de un rigor más realista que pudiera crear el juego, más importante sin duda, de sombra y de luz, y por el que yo sentía predilección. A mí me gustaba la pincelada intensa y vibrante, y que hallaba, ay, cada vez menos, en los cuadros de mis colegas.

Pude constatar que algunos pintores como Matteo Rosselli, el favorito de los florentinos, también habían tenido en Roma la mejor de las acogidas. Lodovico Cigoli había regresado, tras haber pasado varios años en Florencia. El virtuoso Domenico Fetti, en cambio, se había marchado, al igual que Bambocco,* que había vuelto a su Holanda natal tras muchos sinsabores, y sin haber logrado amasar la menor fortuna en Italia. Poussin acababa de instalarse aquí por

---

* Pieter van Laer (1592-1642?), apodado por los italianos *Bamboccio*, pintor de escenas populares (bambochadas). *(N. del T.)*

tercera vez... En definitiva, Roma seguía siendo, fueran cuales fueran sus aspiraciones artísticas, un lugar en perpetuo movimiento. Todos volvían a pasar por Roma, si no para hacerse ricos, sí al menos para degustar los aires que corrían.

Yo apenas conseguí trabajar a mi gusto, pero ayudé a padre –sin poner demasiado empeño, debo confesarlo– en varios trabajos, por ejemplo un *David* al que, como una buena alumna y con gran placer, apliqué algunos resaltos de luz aquí y allá, que me satisficieron plenamente. También le ayudé, pero poco, en una *Crucifixión* que le habían encargado, y a causa de la cual estaba muy nervioso, pues disponía de poco tiempo, como quedó patente en el resultado.

–Tengo que ir a Génova –me anunció.

–¿Cuándo?

–Inmediatamente.

–Entonces, ¿por qué me has hecho venir a Roma, si me ibas a tener aquí tan poco tiempo? –le repliqué, asombrada.

–Precisamente por eso, porque tenía intención de llevarte conmigo a Génova.

–¡A Génova! ¿Y qué vas a hacer allí?

–¿Tú que crees? ¡Pues trabajar, por Dios bendito! –respondió, irritado–. Tengo, por lo menos, dos encargos, una *Anunciación*, y varios santos, *San Valeriano*, *San Tiburcio* y *Santa Cecilia*.

–La *Anunciación*, pase, pero trabajar en unos santos, ¡menudo latazo!

–No te he pedido tu opinión.

–¡Ya, pero te la doy!

–Tienes que venir conmigo, tan sólo te tengo a ti para ayudarme a hacerlo.

–Pídeselo a Francesco, a alguno de tus amigos...

–¿A quién?... Además, Francesco está planeando irse a Francia.

–No pienso separarme de mi hija.

–Bueno, pues tráetela, estaremos bien alojados.

—Necesito a Tommasina.
—Vale, también Tommasina.
—¿Y el trabajo que tengo parado en Florencia?
—Escucha, harás como hacen todos los pintores: estarás aquí y allí a la vez. Y saldrás ganando, puesto que te lloverán los encargos, ya lo verás.
—¡Génova! Pero allí hay demasiados bandidos, como en todos los puertos. Para una mujer y una chiquilla...
—¿Y yo qué soy, eh?
—Un hombre, ya lo sé.
—Y además, tu padre.
—Déjame pensarlo, ¿quieres?
—Una noche, nada más.

Una noche como tantas otras, repleta de imágenes centelleantes en el azul ultramarino de la falta de sueño. Preguntándome adónde debía ir. Trazando en mi cabeza itinerarios desconocidos y pintando nuevos cuadros. Imaginándome ora reconocida, ora olvidada. Aquí, boato, copas de Murano y brocados, allí, miseria, melancolía y grisalla. Riesgos, tentativas, tentaciones...

Por supuesto que iría. Por supuesto, convencería a Tommasina, que, como siempre, respondería sin mover ni una sola de sus curtidas arrugas: «Como usted quiera, señora, estoy a su servicio, viuda y sin hijos, *senza famiglia*... ¡Ah, *Signora*, qué maldición!», antes de persignarse. Por supuesto, Prudenza se alegraría más que nadie, ya la veía corriendo hasta el umbral de la puerta, gritando: «¿Cuándo nos vamos? ¿Enseguida? ¡Estoy lista!» Sí, seguiría a padre, tan mayor ya, a sus casi sesenta años, y de quien tanto había aprendido. Era lo mínimo que podía hacer para agradecérselo.

Pero, cada vez que tenía que tomar una decisión, la duda se infiltraba en mí para embrollar las pistas, dificultando mi elección. Cómo podía, en efecto, dejar Florencia sin lamentarlo, cuando allí me había granjeado la protección absoluta de Michelangelo Buonarroti, sobrino nieto del gran artista homónimo,* que me pagaba treinta y cuatro florines por un cuadro, después de darme un adelanto y de proveerme de material, mientras que los demás jóvenes pintores no recibían más que diez florines, y los mayores no más de treinta y cinco, por no hablar de las innumerables puertas que me había abierto, incluso las del palacio Pitti, en el Borbole, el eje de la sociedad florentina. Aún le debía un *José y la mujer de Putifar*, y un *Hércules*. Y no olvidaba que la *Diana bañándose delante de una gruta*, que él me había comprado unos años antes, incluía varios desnudos femeninos, y que por cada uno de ellos me había pagado, sin hacerse de rogar, su justo precio; además, me había dejado participar, sin reserva alguna, junto a tantos hombres pintores, en la decoración de su casa de la via Ghibellina.

Siempre que uno se dispone a abandonar una ciudad, sean cuales sean los recuerdos que le unan a ella, la nostalgia viene a acunar sus pensamientos, y las imágenes afloran a raudales.

En la «Floreciente», marcada por el genial Filippo Brunelleschi y sus dignos sucesores, había encontrado mi sitio y me sentía halagada por ello. Me encantaba regresar a casa caminando por entre los palacios de la via dei Tornabuoni, a cual más elegante; llegué a apreciar incluso el tan denostado palacio Bartolini, en la plaza de la Santa Trinità, tan sólo por la inscripción que su arquitecto, ofendido, había puesto en él: *Carpere promptius quam imitari*. Criticar es más fácil que imitar. ¡Desde luego! Aún sonrío al recordarla.

Con todo lo antiguo que era el *borgo* dei Santissimi Apostoli –con sus rasgos aún medievales–, donde estaba situada mi casa, me sentía bien acompañada.

---

* Miguel Ángel.

La belleza de la que Florencia se valía, los tesoros artísticos que encerraba en cada rincón, su *fiorentinità*, en suma, habían conseguido que también yo me enorgulleciera de ellos. Sentía que también me pertenecían a mí: los soportes de antorchas esculpidos del palacio Médici-Riccardi eran míos, las incrustaciones de mármol verde del Prato del Battistero, e incluso sus pesados pórticos de bronce. Eran míos, los cipreses y los laureles que bordeaban el *viottolone* que conducía a las verjas de los jardines de Boboli, al igual que el aire fresco y perfumado de sus alturas y los estuches de cristal tallado de sus princesas. Mías, las obras grandiosas de Miguel Ángel o de Cellini, míos los frescos de Ghirlandaio. Míos, Dante Alighieri y sus versos escritos en pura lengua italiana.

¿Acaso existía en el mundo otra ciudad en la que alguien se hubiera peleado por una obra de arte? ¿En la que cada una de ellas pudiera provocar tantas discusiones encendidas hasta el punto de formar nuevos clanes, motivar un duelo, hundir la espada en el corazón?

En la Floreciente, además, yo era libre, puesto que había logrado coger de nuevo las riendas de mi vida, puesto que había comenzado a ser tomada en serio y, en parte, pues, respetada.

Pero allí estaba sola. Y padre, por su parte, también estaba solo. ¿Acaso no había sido yo su mejor discípula? ¿No le debía, precisamente a él, mi talento?

¿Debía, pues, limitar mi ambición a Florencia, donde los pintores de mi cuerda, que tradicionalmente no gozaban de la más alta estima, escaseaban? ¿Podía un pintor llegar a alcanzar renombre sin cruzar ninguna frontera?

Seguro que, fuera, recibiría hermosos regalos: cajas hechas de ámbar o de marfil, copas cinceladas de plata de la mejor calidad, piezas de orfebrería de la más hermosa tradición. También me sentaría en muebles de excelente factura, y sin duda tendría ocasión de comer en alguna vajilla finamente decorada. Y las sedas, que ya poseía en tan gran número que incluso vestía con ellas a mis modelos y, por tanto, a las grandes figuras de mis cuadros, me seguirían en mis próximas peregrinaciones. Francesco, mi hermano Francesco, siempre generoso, se encargaría de enviar de vuelta a Florencia la mayoría de mis cosas y, de paso, los encargos que aún tenía pendientes.

Al enterarme, el día 1 o 2 de marzo del año de gracia de 1621, de que el gran duque de Toscana, Cosme II, el hombre que, en su inmensa bondad, y sin la menor vacilación, había comprado las más hermosas –y, entre ellas, la más terrible– de mis *Judit*, se había extinguido el 28 de febrero, perdí una razón más para volver a Florencia. Lo quisiera o no, había pasado una página más de mi vida.

Allora, sí, a Génova. La conquistadora de Cristobal Colón. Después de la «Floreciente», la «Soberbia».

«[...] *un cuadro con una figura intiegra di* David, *che tiene la testa del Gigante Golia, dipinto in tela, alta palmi 9 lar. 6° –in circa di mano di Artemisia Gentileschi con cornice.*»

Encargo realizado por el banquero genovés
Vincenzo Giustiniani
de un *David llevando la cabeza de Goliath*,
enmarcado, a Artemisia Gentileschi.

CINABRIO

Sin perder tiempo, nos instalamos juntos, padre, Tommasina, Prudenza y yo –descontando a Francesco, que iba y venía– con todos nuestros bártulos, en casa de una viuda que tenía dos plantas desocupadas (en Génova, eran frecuentes las casas de varias plantas), además de una caseta situada al fondo del patio, con una sola estancia, pero amplia, que destinamos a taller.

Y enseguida nos pusimos manos a la obra. ¡Cuánto trabajo! Pero, en el fondo, ¿quién se habría atrevido a quejarse?

La serie de obras que el noble Giovan Antonio Sauli, de paso por Roma con motivo de la elección del papa Gregorio XV, había encargado a padre, invitándole, al mismo tiempo, a trasladarse a Génova, se inició con un *San Valeriano*, un *San Tiburcio* y una *Santa Cecilia*. Yo le ayudé con los drapeados, cuya elegancia provocó elogios, y a él le felicitaron por la poesía de los colores de su paleta. Para Pietro Maria di Cesare Gentile, ante quien me presenté, recomendada por sus iguales florentinos, pinté una *Lucrecia* y una *Cleopatra*, en las que puse gran empeño, y padre un *Abraham e Isaac* y una *Judit y su sirvienta*. Pietro Gentile nos acogió con generosidad en su palacio de la piazza dei Banchi, y Carlo Cambiaso, del palacio Brignole, compró a padre una bellísima *Mujer con violín*, así como un *Sebastián*, un *David y Goliat* y una *Judit*. Domenico Sauli, por su parte, adquirió una *María Magdalena*, una *Danae* y un *Lot y sus hijas* obras de padre. Vincenzo Giustiniani, el banquero, cuyo lujoso palacio colindaba con la Iglesia de San Luigi dei Francesi, seguía defendiendo, a pesar del nuevo gusto artístico que imperaba en Roma, a los descendientes de Caravaggio, cuya única representante mujer, según afirmaba él con orgullo, era yo. Para él pinté un *David* en pie y sosteniendo la cabeza de Goliat... En fin, que no paramos.

Como era de esperar, ayudé a padre, ¡y no a moler los colores, precisamente! Al contrario de lo que podía creerse, los conocedores y los compradores diferenciaban, sin vacilar, su pintura y la mía. Aunque formalmente pudieran ser muy semejantes, la gente veía en el trabajo de padre una cierta cualidad poética, y en el mío una mayor fuerza expresiva. Con todo, hice algunas copias de sus cuadros por dinero, y poco afortunadas, para mi gusto: es imposible confundir los estilos; una pincelada es una pincelada. Nos influimos mutuamente en los temas, y, en efecto, en la composición. Pero para mí las figuras masculinas siempre fueron un problema. Éstas, Dios sabe por qué, no tenían la soltura de mis mujeres, su movimiento carnal, su suave sensualidad; muy al contrario, a menudo estaban marcadas por una rigidez en el andar, en el gesto, por un envaramiento que yo, sin embargo, intentaba combatir... en vano. Algo retenía mi pincel, obstaculizaba mi libertad en cuanto tenía que trabajar sobre un hombre. Debo decir que mis clientes siempre esperaban que yo representara, preferentemente, mujeres, y con una insistencia que daba que pensar, como si de esa manera, puesto que yo también era mujer, fueran a obtener ciertas revelaciones acerca de nuestra natura íntima, a desvelar secretos insospechados.

De un modo u otro, los Gentileschi, padre e hija, estaban, pues, bien representados en las colecciones genovesas y, sobre todo, en buena compañía, al lado de los cuadros de Van Dyck, Sebastiano del Piombo, Guido Reni, Rubens, Correggio y... Tiziano.

Mientras trabajaba en mi *Lucrecia* y proyectaba *Cleopatra*, padre me hizo una observación:

–Dos mujeres dándose muerte... No está bien que las mujeres hagan tal cosa.

–Fueron traicionadas y deshonradas de tal modo que no me extraña que sus heridas hayan podido quitarles las ganas de vivir.

–Las mujeres deben dar la vida. Una mujer criminal es un monstruo. Y lo mismo una mujer que se mata: ¡es algo contra natura!

–Los hombres sí que van contra natura, me parece a mí, porque pueden empujar a las mujeres a la desesperación.

–La desesperación es una pena. Pero sigue siendo la vida.

–No, la desesperación puede rozar la muerte, padre. Lo sé muy bien.

–¡Tú que vas a saber! Si tú eres una fuerza de la naturaleza... ¿Mi hija pensando en poner fin a sus días? ¡Eso es algo impensable!

–Nunca se me pasó por la cabeza, en efecto. Pero sufrí mucho.

Jamás habíamos evocado aquello. Y yo no esperaba que él le fuera a dar ahora a la lengua. Pero una repentina oleada de tristeza y de violencia, una fuerza, quizá, me empujó a hablar:

–Tengo que decírtelo, padre, tengo que decírtelo a la cara: fuiste muy cruel conmigo.

Él reaccionó de inmediato:

–¡Defendí nuestro honor! Y tú ¿por qué te dedicaste a retozar, eh?

–¡A retozar!

–¿Qué creías, pues? Toda Roma lo sabía.

–Entre ellos tú.
–Entre ellos yo.
Guardé silencio. Poco me importaba lo que él supiera. Habría podido replicarle que entre lo que sabía Roma y su imaginación había un hilo muy fino. Pero era otro aspecto de la cuestión el que me preocupaba:
–¿Cómo pudiste declarar, sabiendo que había sido deshonrada por uno de tus amigos, que aquello era como *condenarte a ti mismo a muerte*?
En la inquietud de sus ojos y el nerviosismo de sus manos, advertí su desazón, pero él respondió:
–No existe mayor deshonor que el daño que uno puede causar a su progenitor. Y no hay peor ofensa para un padre que la ofensa hecha a su hija...
Padre se detuvo un instante y luego exclamó de repente, gritando:
–¡Y el cuadro, qué! Una *Judit*. Un cuadro de gran formato. ¡Una hermosa *Judit*!
–Tú te pasabas el día encerrado con tus colegas... Yo no contaba para nada.
–Poco importa eso ahora. El caso es que el cuadro desapareció. ¡Menuda ofensa al amor propio de un pintor! ¡Y, encima, cometida por el amante de su hija!...
Padre bajó la voz y continuó:
–¡Una hermosa *Judit*, obra de mi carne, hija de mi sangre!
–¡Te pido perdón! También yo había trabajado en ese cuadro... Pero dejémoslo. En definitiva, que tan sólo pensaste en ti.
–Por supuesto.
–Únicamente en ti.
–En mí, sí. En mí y en los míos.
–Pero no en mí.
Padre reflexionó durante un instante.
–No logro entenderte, Misia.
–Eso mismo creo yo –dije, con una sonrisa un tanto amarga.

«Orazio Gentileschi el gruñón.» «El gruñón»; ¿quién le había puesto ese mote? ¿Baglione el enemigo? ¿Quién?

–De todas maneras –proseguí–, ese proceso me causó un daño enorme, y tú aireaste mis heridas, hiciste pública mi humillación. Así no se consigue limpiar una afrenta, puesto que ya no puede ser borrada.

Él no respondió. Pero quizá al menos me había comprendido.

Ese mismo día, horas después, me habló de una *María Magdalena* que yo había pintado en Florencia, un encargo del gran duque Cosme II en honor de su mujer, la gran duquesa, que también se llamaba así, María Magdalena. Jamás había demostrado tanta admiración por un cuadro mío, con lo poco dado que era a los cumplidos. Es curioso que sintiera debilidad precisamente por ese cuadro, el cual representa a una mujer que redime su vida de vanidad y de pecado poniéndose humildemente al servicio de Cristo...

Sin duda, él no había reflexionado sobre ese aspecto, y tan sólo abordaba el tema bajo un ángulo pictórico. Y, desde ese punto de vista, yo sentía que, al fin, éramos iguales. Y que estábamos de acuerdo. Pues también yo sentía un cariño especial por aquella *María Magdalena* vestida de amarillo oro brillante, con la mano posada sobre un corazón que alberga lo indecible. Hermosas manos. Un bello rostro aún no del todo apaciguado, enmarcado por la melena suelta que le cae sobre el hombro descubierto. Y, en ese fondo sombrío, sobre la oscuridad de su pasado aún presente que ella se dispone a rechazar, un cráneo y una inscripción encima de un espejo, que llama la atención del ojo observador: *Optimam partem elegit*, «Eligió la mejor parte».

La pintura me unía a Orazio, mi padre, allí donde dos mundos nos separaban. El mío, aquel en el que el sufrimiento y el sentimiento de ser diferente abocan a una mujer a la soledad. El suyo, el de un hombre entre hombres para quienes la mujer no es más que una dócil subordinada o una escandalosa cómplice. Yo era una excepción, pero sólo porque era su hija y porque era pintora.

Aun así, nos fuimos a Génova, como dos buenos camaradas. Incluso se dio el caso de que tuviéramos que pintar, simultáneamente, dos cuadros de tema común. Durante largas horas, discutíamos acerca del método y de la teoría de los colores, nos criticábamos intensamente, aunque siempre con ternura, nos dábamos valiosos consejos. Intercambiábamos sugerencias, inquietudes y modelos (lo cual me permitió, por una vez, trabajar sin problema con modelos del otro sexo), desazones y decepciones.

Durante esos dos años trabajé bien; tenía la impresión de estar progresando en mi oficio. Aunque jamás conseguí, a pesar de la excelente acogida que tuvimos allí, familiarizarme con la ciudad, mucho más grande que las que había conocido hasta entonces, más extensa, más poblada, y, debido a su carácter portuario, más hostil para mí. Pues, en efecto, muchos hombres, y hombres solos, extranjeros de costumbres diferentes (pero de hermosas trazas, magníficos rostros, ropajes siniguales y voces de mágicas entonaciones), llegados de las regiones más lejanas en navíos cargados de especias, de sedas, de objetos de porcelana, de oro, recorrían las calles. Aquellos viajeros, desde el más rico al más pobre, solían buscar mujer, aunque ésta fuera una bribona, puesto que las mujeres italianas tenían fama de ser hermosas, con razón, y por ello deseaban encontrar la suya. De ahí que padre, sobra decirlo, no me quitara ojo.

En cuanto a los genoveses de pura cepa, nada dados a las diversiones y a las chácharas florentinas, eran trabajadores y serios en los negocios. En Génova jamás tuvimos que vérnoslas con un mal pagador. Es más, pagar a toca teja era para ellos una cuestión de honor, además de los pequeños obsequios con los que manifestaban al artista su gratitud, y ponían especial cuidado en enmarcar las obras que habían adquirido. Así pude ver dos cuadros de Rubens, un *San Ignacio* y una *Circuncisión*, ceñidos por unos marcos cubiertos totalmente de oro que valían tres veces el precio de las obras, a pesar de que éstas ya eran bastante caras, pero que, sobre todo... casi llegaban a taparlas.

Las corrientes artísticas que imperaban en Génova se mezclaban con entera libertad y sin hacerse, una a otra, sombra. Allí, más que en cualquier otro lugar, pude admirar las obras de los maestros flamencos, ya que éstas llegaban, en gran número, como las demás, por vía marítima; de igual manera, nosotros, los pintores italianos, éramos conocidos en esos países del Norte, gracias a personas como los hermanos Cornelis y Lucas de Wael, cuyo oficio era el de marchantes de arte, aunque no eran los únicos. Las obras de unos y otros iban, venían... y terminaban encontrándose en un mismo lienzo, en cualquier orilla de los mares que, supuestamente, nos separaban.

Nosotros nos veíamos con pintores venidos de los más diversos horizontes, como Simon Vouet o Antonie van Dyck, por no citar más que dos nombres, que frecuentaban nuestra vivienda genovesa. Y debo confesar que, concretamente con Vouet, se dio una atracción recíproca en nuestras obras, a modo de influencia, sin saber quién había marcado a quién.

Fue él quien me habló de la anciana Sofonisba Anguissola, que era íntima amiga suya, la otra única pintora de renombre, que residía en Génova desde hacía tiempo. Su reputación, al igual que la de la tertulia de su casa, era tal que muchos venían desde lejos a visitarla. Aun así, jamás llegué a conocerla, no porque yo lo decidiera deliberadamente sino por una serie de circunstancias que nos impidieron coincidir en un mismo lugar. No niego que tuviese curiosidad por conocer a aquella honorable esposa de un capitán de navío, pero también es cierto que las escasas pintoras de mi época mantenían la distancia entre ellas, tanto Giovanna Garzoni como Anna di Rosa, apodada Annella di Massimo, u otras, quizá para sentirse seres aún más excepcionales, a pesar del desdén de los alter ego masculinos de la profesión, y también de los académicos, claro, y de las guildas.*

El mar, en calma y brillante, era una incesante invitación al viaje. Y los cielos que se reflejaban en él, algunas mañanas pálidas como si el puerto fuera a desvanecerse, algunas noches de sombras cortadas con cuchillo, algunos crepúsculos salpimentados de cinabrio, una violenta invitación al ensueño.

Génova provocaba en cada uno de sus habitantes la sensación de que éste estaba de paso, que tarde o temprano volvería a marcharse, preferentemente con los bolsillos cargados de dinero y la cabeza llena de proyectos.

La llamada del mar me impulsó a pasar una breve temporada –tan breve como lo seré yo contando este episodio–, en Venecia, donde tuve la acogida más desagradable que pudiera esperarse. En esa encantadora ciudad, advertí que mi reputación, doblemente falsa, me había precedido: como retratista, primero, y como mujer de costumbres fáciles, después, por lo cual una marquesa me invitó a un baile de disfraces en su casa, donde todo el mundo estaba... desnudo. ¿Qué impacto podía producir semejante muestrario de carne en una pintora tan acostumbrada a la anatomía humana? Aun así, fue divertido constatar que la gente tan sólo podía imaginarse a una pintora haciendo retratos, sin sospechar, en ningún momento,

* *Guilda* (del holandés antiguo *gilde*): en la Edad Media, gremio de mercaderes, de obreros o de artistas vinculados entre sí por un juramento de defensa y de ayuda mutua (siglos XI-XIV). *(N. del T.)*

el privilegio que, por una vez, me otorgaba mi sexo –y que ni siquiera las academias concedían a los hombres–, a saber, el de poder estudiar a los seres de mi especie, y, me atrevo a decir, con conocimiento de causa, toda clase de desnudos.

Sin embargo, con una *Lucrecia* y una *Susana* bajo el brazo, puesto que había ido a allí con unos fines concretos, intenté, ganarme los favores de Giovanni de Médicis, el hijo de Cosme II. Pero en vano, ¡ay!, aunque quizá fuera mejor así, ya que ello me evitaría tener que volver a la Serenísima, aunque la ciudad conservaría el recuerdo de mi paso por ella gracias a unos versos satíricos compuestos pensando en mí, y sobre todo, en mis cuadros, en este caso el de *Lucrecia*:

> Dime quién te ha deshonrado más,
> mujer desdichada y virtuosa:
> ¿el esposo, el amante o el pintor?

Y otros poemas de la misma vena, que pretendían ser igual de chistosos o más vulgares aún, y que yo preferí olvidar.

«*La ciencia de un gran hombre se suele juzgar por su temor a no realizar una cosa tal y como la concibe; y la ignorancia de la mayoría por la audacia temeraria con la que llenan sus cuadros con todo lo que ignoran.*»

Francisco de HOLANDA,
Sobre la pintura: diálogos con Miguel Ángel (1553).

AZAFRÁN

El tema de *Lucrecia*, sobre el que realicé varios cuadros, fue una fuente de reflexiones que la breve discusión con padre acerca de mi doloroso pasado vino a alimentar.

¿Quién era esa Lucrecia? ¿Qué representaba, en el fondo?

Ah, ¡qué semejante a mí me parecía aquella romana entre todas las romanas! La virtuosa mujer de Tarquinio Colatino, cuya castidad, en una ciudad de costumbres disolutas, era el orgullo de su esposo, de pronto es víctima de una violación. Ella se debate, se opone. La amenazan: si te niegas, os mataremos, a ti y a un sirviente, y pondremos los dos cuerpos juntos, uno al lado del otro, para que toda Roma crea que eras una mujer adúltera, y la reputación de tu familia quedará mancillada para siempre. En su aflicción, Lucrecia cede. Al día siguiente, confiesa aquel acto vergonzoso a su padre, a su esposo, a toda la familia. Ellos la conocen bien: la creen, la perdonan; saben que tan sólo su cuerpo, no su alma, se sometió al ultraje. Pero ella, Lucrecia, no puede, realmente no puede vivir con semejante deshonra. Por eso se clava un puñal en el pecho.

Padre estaba equivocado. Equivocado respecto a

Lucrecia como respecto a Cleopatra, y yo debería habérselo dicho. Pues en la antigua Roma, desde el momento en que la muerte era consecuencia de una elección consciente y conforme a una noble vida, el suicidio no era, de ninguna manera, un hecho condenable. Es más, en realidad respondía a la concepción típicamente romana de la virtud: *Praestat emori, quam per dedecus vivere*. Más vale morir que vivir en la ignominia. Ya se tratara de un hombre o de una mujer. Padre lo había olvidado, o ignorado.

Hablar de Lucrecia es hablar de Roma. Y eso me interesaba por dos razones, al menos. Pues Lucrecia era también el símbolo mismo de su ciudad, asediada y saqueada. Es una mujer que intenta salvar su honor con un sacrificio heroico, como Bruto incitando a los romanos a preferir una muerte libre antes que una vida bajo el yugo de la tiranía...

Pero ¿por qué —me preguntaba— los pintores llevan siglos representándola siempre desnuda y sensual, entregándose al suicidio como por placer, y no por voluntad? ¿Y por qué —me decía una y otra vez— hay tantas *Lucrecia* por el mundo, por qué esa fascinación que había impulsado a Lucas Cranach, por ejemplo, a realizar treinta y cinco versiones del tema un siglo antes? ¿No sería acaso consecuencia de una confusión muy masculina, fruto, sencillamente, de la mirada del hombre para quien una mujer que se da muerte, como decía padre, es una criminal, pero, por lo tanto, también a la fuerza una impura, con todo lo que ello conlleva de atracción y de repulsión?

Sin embargo, la historia no la había desnudado, no la había entregado a solas a ese puñal, no la había rechazado.

Yo, por supuesto, seguiría las normas de mi época. Representaría a Lucrecia semidesnuda y sola, tal y como me encargaban, y yo, por dinero, estaba obligada a hacerlo. Pero Lucrecia jamás sería para mí una cortesana, no. Sería una mujer de carne y hueso, una matrona romana violada, luchando contra un dolor más grande, quizá, que el puñal que va a atravesar su carne. El destino pende de un hilo. Y era en ese momento, en el momento en que ella toma conciencia de su destino y debe afrontarlo, cuando yo quería verla aparecer en el lienzo.

Lucrecia es gruesa, es madre, ya no es una mujer joven. Lejos de mí la idea de imprimir en su rostro ese éxtasis ante la muerte que otros vieron en sus rasgos. En el rostro de mis *Lucrecia* se inscribirían para siempre la inquietud, el horror ante lo sucedido, ante lo que ellas van a cometer. Mi Lucrecia es una mujer desgarrada, un ser humano acosado por mil pensamientos, pensamientos graves y urgentes de toda una vida, una madre que ofrece su pecho de madre a un puñal, al igual que Roma ofreció las arterias de la ciudad a la crueldad de las guerras fratricidas.

Y si el destino de esos cuadros míos, tanto los de *Lucrecia* como los de *Cleopatra*, era impactar, de acuerdo, bien estaba que impactaran. Por algo era yo una mujer, y tenía intención de reafirmarlo. Esas heroínas que iban a cometer lo irremediable en la más devastadora soledad, la que precede a la hora de la muerte, no serían, no podían ser hijas de Eros. Ellas eran, como Judit o Ester, María Magdalena o Susana, mis hermanas. Lástima que padre no lo hubiera comprendido.

Fue entonces, durante una breve estancia en Roma, donde pasaba la mayoría del tiempo con Pietro en su modesto taller, cuando mi hermano Francesco me comunicó, atropelladamente, la noticia de que Agostino había sido procesado de nuevo, esta vez por haber calumniado a una prostituta, y de que nosotros, los pintores Gentileschi, debíamos partir a Francia, donde María de Médicis requería el talento de padre.

–¿Agostino? ¡No será éste su último juicio! –afirmé.

—¡Bah! Acabará muriendo del *mal di gocciola*, y sin saber en qué brazos.

—¿Eso crees? La apoplejía sería un mal demasiado dulce para él. Morirá desdentado y arruinado, y lentamente. Dios le castigará...

—Stiattesi me ha contado que durante el juicio al que le llevó padre, Agostino le había enseñado un dibujo, que luego fue incluido en el sumario de la Curia... ¿Sabes lo que había escrito en él?

—No.

—«*Io del mio mal ministro fui.*»

—¿Que él mismo fue la causa de su desgracia? ¡Ya lo sabíamos!... Pero, dime, por hablar de un tema más reciente: lo de Francia, ¿es algo interesante? ¿Qué tengo que hacer allí?

—*Sorella*, un pintor debe siempre ampliar su horizonte. Jamás reducirlo. Expande tu talento tan lejos como la tierra te lo permita. Ése es el destino del artista: brillar.

¡Qué lejana me pareció de repente Florencia! ¡Y qué pequeña Roma, comparada con Génova! Un sentimiento, heredado quizá de la ciudad Soberbia, latió en mis venas, mezcla de la atracción por lo lejano y de su, casi lógico, par: el espíritu de conquista.

Al volver a Génova, para gran asombro de padre, que esta vez no tuvo que insistir para convencerme, la decisión estaba tomaba, y ya lo tenía todo organizado para marcharme de Italia.

Prudenza se quedaría en Roma con Tommasina y Bonifacio, en casa de padre. El dinero que iba a recibir, al concluir la *Cleopatra* que me había encargado Sauli, iría a parar a Tommasina, para cubrir gastos, los de Bonifacio y los de mi hija. Además, la ausencia no duraría mucho. En cuanto llegara a Francia, tenía la firme intención de reclamar allí a mi pequeño círculo familiar.

Viajamos de Génova a Roma para instalar a los que iban a quedarse y hacer los preparativos de los que iban a partir. Padre estaba contento, casi feliz. ¡Hacía muchísimo tiempo que no veía dibujarse una sonrisa en su rostro! La idea de partir le iluminaba, le rejuvenecía, en verdad.

Pero, ¡ay!, mis planes fracasaron. El episodio francés se iba a ver, en efecto, seriamente acortado por el mero hecho de que París me pareció una ciudad gris, no sé si a causa de la suciedad o de la tristeza. La arrogancia de los franceses me resultó, desde el primer día, insoportable, y, además, no entendía una palabra de su lengua.

Vistas de cerca, las promesas que le habían hecho a padre me parecieron menos brillantes. Él no quería admitirlo, y de nada habría valido que yo insistiera sobre algo evidente; todos mostrábamos nuestro pudor con reserva. Enseguida advertí que tenía poco que hacer allí, como no fuera ayudar a mi progenitor. Y el mundillo de los pintores franceses, que me habría gustado conocer para ver sus trabajos, era de lo más restringido, puesto que la mayoría de ellos seguían residiendo... en Roma: Louis Le Nain, tan afincado allí que le apodaban el Romano; Claude Gellée, llamado el Lorenés, que había sido el discípulo de... Agostino Tassi; también, por supuesto, Nicolas Poussin, hombre de indudable talento; el escultor François Duquesnoy; el intrigante Georges de La Tour, tan distinto a todos..., y tantos otros.

¿Qué podía esperar yo de París? Nada. Allí, una mujer pintora era tenida aún menos en cuenta que en nuestro país; tan sólo se fijaban en las mujeres de letras y las mujeres de la Corte. Las coquetas prosperaban y los hombres seducían: estaban hechas las unas para los otros, y a la fuerza tenían que entenderse.

Francesco recibió varias propuestas para trabajar en Angers, y allí se fue, seguido muy pronto por padre. En mi interior, oía a mi hija llamándome, y suspiraba por Roma. Allí al menos, y a pesar de todo, estaba en casa.

Así que decidí volver.

Y, de nuevo, Roma. ¡Ah! De repente, me sentí un tanto harta de ir de un lado para otro.

Encontré una casa en el Corso, de apariencia modesta pero confortable. Estaba decidida a quedarme en la ciudad todo el tiempo que pudiera. No era fácil: la influencia del papa Gregorio XV que, como era de Boloña, había consolidado, durante su papado, el dominio de los pintores boloñeses en los proyectos artísticos romanos, se había acabado ya. Ahora la cuestión era saber qué podía reservarme el futuro y, aunque tenía claro –dado que lo sabía por experiencia– que, al suceder un papa a otro, otra corriente artística sustituiría a la anterior, debía conocer cuáles serían los valores de esa nueva era. Pero aún era un poco pronto para saberlo, ya que Urbano VIII acababa de tomar el relevo religioso.

Para mí, el gran acontecimiento del año 1624 fue el nacimiento de mi segunda hija, llamada Porzia, como la mujer de César. Un suceso algo inesperado, pero bien recibido. Prudenza acababa de cumplir diez años.

Era evidente que Pietro no podría ocuparse de ella directamente, cosa que a mí, por otro lado, me daba igual. La casa era bastante grande, y mi pequeña familia bastante acogedora. Tommasina era una mujer valiente y entregada, Prudenza ya era lo bastante mayor para ocuparse de su joven hermana sin que los celos se inmiscuyeran entre ellas. Y las dos estaban en igualdad de condiciones, por decirlo así, ya que ninguna de las dos veía a sus padres: el primero, porque no había dado señales de vida desde que yo me había marchado de Florencia –e incluso desde antes–, y el segundo por razones fáciles de comprender y que revelaban la naturaleza misma de nuestras relaciones. Dado que yo llevaba sin estar en Roma –excepto durante breves estancias– el tiempo suficiente como para que se hubiera perdido el rastro de mi vida, y me había mudado, con motivo del nacimiento de Porzia, a esa nueva casa del Corso, nadie podía sospechar qué era lo que yo había hecho durante los años anteriores, ni dónde ni por qué, cuándo y qué marido, qué padre de qué hija había aparecido y desaparecido. Yo, además, mantenía la discreción, con cortesía, sí, pero también con firmeza. Era lo mejor.

Mis días transcurrían bajo el sol color azafrán de la ciudad que yo amaba –a pesar de sus marcas indelebles– por encima de todas. Me había marchado de ella, siendo una pintora con talento pero principiante, casi a la fuerza, oculta por la sombra de sus muros y con la cabeza gacha. Ahora volvía con la cabeza bien alta, como una mujer respetada y una artista afianzada: una revancha justa. Aunque, por supuesto, no me hacía ilusiones: a pesar de mi reputación, la gente me consideraría siempre una persona excéntrica, un fenómeno raro, en suma, pero no un genio, cualidad ésta que, en mi época, se requería para hacerse valer como artista... Así pues, era consciente de que aún tenía que luchar mucho. Afrontar y demostrar muchas cosas. Pero el hecho de ser mujer, en aquel contexto, también tenía sus ventajas, si una se tomaba la molestia de pararse a pensar dos minutos: fuera de los caminos trillados de los valores establecidos que, sin excepción alguna, eran masculinos, estaba libre de toda presión y, por tanto, podía desarrollar mi propia originalidad. Y ¿qué significaba ser pintor, sino precisamente eso: dar muestras de una gran originalidad?

«[...] Al artista le horrorizan los modelos, puesto que es a él a quien se debe seguir, él es el modelo, y lo sabe. El artista es un profeta. El artista no dialoga. ¿Quién podría dialogar con un portador de la chispa de Dios? El artista enseña. Eso es todo.»

Leonardo da Vinci (1452-1519)

ROSA

Sentí que había llegado el momento de pintar mi *Ester*, el cuadro que, unos diez años antes, en Florencia, había abandonado a causa de mi desmesurada ambición. Un lienzo de gran tamaño.

A veces uno lleva un cuadro en su interior durante mucho tiempo, mucho más del que se lleva a un niño, pero con la misma ternura. El niño crece a nuestro lado, el lienzo crece, madura y se hace adulto dentro de nuestro cuerpo... antes de nacer.

Aquella *Ester* me estaba abrasando el cerebro, y yo tenía que sacarla de ahí.

Nada más ponerme a trabajar sobre su actitud general, su rostro, su expresión, comprendí cuánto había cambiado yo misma, en apenas un decenio. Ahora me la imaginaba menos vengativa, mucho más henchida de una fuerza enteramente femenina, de una capacidad de persuasión armoniosa que termina cambiando la decisión de Asuero.

Y es que así me sentía yo también interiormente. Lejos ya de mis arrebatos de juventud, había aprendido a dominar las situaciones de mi destino, a menudo no sin emoción pero con más rigor y menos sentimiento. Y osaba creer que mi pintura era la que más se beneficiaba de esa madurez. Confiaba en no alterar mi fuerza expresiva enraizando a mis personajes en la vida, de un modo más determinado y más distante a la vez.

De pronto recordé una de las *Ester* que padre había pintado en su juventud, un hermoso fresco en Farfa, completamente entregada, hermosa y graciosa, corriendo a arrojarse a los pies de Asuero. La mía, por el contrario, no podía decirse que fuera hermosa ni graciosa, sino más bien maciza, imponente. Pero yo quería que su sola presencia justificara el cuadro, que fuera su reserva, y no su encanto, lo que intrigara al Rey y captara su atención.

Lo que yo intentaba, una vez más, era hablar de la naturaleza femenina, específica y profundamente vista por el ojo, el pincel de una mujer.

Tras haber concluido el cuadro de *Ester y Asuero*, consciente del interés que podía hallar en el estudio de la dualidad del hombre y de la mujer (como ya había ocurrido con *Judit y Holofernes*, *Susana y los viejos*...), me permití abordar, guiada por el mismo impulso, otro episodio famoso que reunía a un hombre y a una mujer, el de José con la mujer de Putifar, que, mirándolo bien, no era sino la historia de Susana pero al revés.

También en ese caso hice, o creí hacer, una innovación: aparte de ser una tentadora, la mujer de Putifar sería no ya una seductora evanescente sino una mujer de carne, de carne y de deseo, con grandes pechos, muy terrena, y no uno de esos personajes alegóricos que con tanta facilidad invadían los cuadros de mi época. Una mujer que se expresa con el cuerpo. Un ser que no teme ir al encuentro del otro y que con cada poro de su piel manifiesta el movimiento de ese impulso. A José, por el contrario, me lo imaginaba pálido y casi borroso, tímido y, ni que decir tiene, dominado.

Me costó lo suyo imponerle el tema a Pietro Gentile, que prefería los episodios históricos o mitológicos, y en especial los protagonizados por heroínas femeninas, a los bíblicos, pero acabé convenciéndole, a cambio de lo cual le prometí pintar su retrato, cosa que siempre adulaba a cualquier posible cliente. De hecho pensé que sería bueno pintar retratos de vez en cuando; así descansaría y conseguiría encargos.

Así, después de *José y la mujer de Putifar* pinté el retrato, de cuerpo entero, de Gentile, cuya realización me dio grandes satisfacciones, pues me permitió extremar el *chiaroscuro* de Caravaggio, con algunas zonas de colores intensos sobre los elementos decorativos, prestando especial cuidado a la inmaculada gorguera.

Un hermoso trabajo, en verdad, sobrio y clásico como su propio tema, y muy apropiado para mí, pues me obligaba a contener mi temperamento y a concentrarme más en la técnica.

Ah, qué bueno era ser esa mujer madura, sola en su taller con la música de su paleta para expresar en un cuadro el silencio o el ruido, el sosiego o el furor. Me habría gustado conseguir que se oyeran los suspiros de la mujer de Putifar, que se sintiera el sudor que perlaba su piel; que la gente pasara de puntillas ante el retrato del *Gonfaloniere* Gentile, mi protector genovés, en señal de respeto, para no molestarle.

Yo tenía treinta años, una hermosa edad. Estaba en paz conmigo misma, con los míos, con mi vida. El taller era limpio, claro, un tanto desnudo; cada cosa estaba en su sitio. Aquel lugar, con sus paredes bañadas por una suave luz, era mi refugio, mi fuente, mi protección. Me sentía feliz; más que de mi existencia, del camino que había recorrido hasta entonces. Habría sido terrible regresar a Roma con todas mis ambiciones hechas añicos; pero no, había vuelto tranquila, orgullosa del trabajo realizado, convertida en jefe de familia delante de las autoridades, y libre: era otra mujer. Aún recuerdo cuán sorprendente era la sensación de caminar por aquella ciudad tan familiar para mí y, por eso mismo, inmutable a mis ojos, como si hubiera cambiado de piel: cada paso era un terreno reconquistado, ganado de antemano. Roma, ciudad eterna, madre nutricia: entre sus brazos me deslizaba, renacía.

Justo al lado de mi antro de bruja, de mi gruta de maga, cerca de allí, las risas de las niñas, los olores de la casa, los gritos de la calle, igualmente salvadores.

Tommasina, tan afectuosa y excelente cocinera, agasajándonos con cualquier fruslería; guardiana meritoria del hogar puesto que era la encargada, siempre dispuesta, de una labor realmente delicada, la de echar a los patanes y a los inoportunos, a los jetas y a los impostores, que eran más de uno, y venían de todas partes y de no se sabía dónde a una casa tan femenina como la nuestra; y era como una segunda madre para las niñas, que la correspondían bien, e incluso para mí. Tommasina, una mujer del pueblo, con una perspicacia sinigual, una persona recta y sincera, de las que se le sale el corazón del pecho. Un pilar bajo nuestro techo. Sin olvidar a Bonifacio, el hombre del chirlo, con un pasado oscuro, ¡pero qué importaba!; amigo de beber *chianti*, empleado devoto como ninguno, algo basto pero bravo, y tierno hasta el candor.

¡Y mis hijas! Vivaces y sonrientes: Prudenza, de un carácter más entero, pero tan leal que, cumpliendo mis deseos, iba a la escuela parroquial por la mañana, y se la tomaba muy en serio; y Porzia, que desde sus primeros días había demostrado poseer, de entrada, un temperamento más conciliador, quizá, que el que tenía su hermana a la misma edad, puesto que era más contemplativa. Dos criaturas deliciosas. ¡Cuánto las quería!

Y Pietro, Pietro ¿mi amigo, mi amante? También él estaba ahí, presente, pero ni demasiado cerca ni demasiado lejos: a una distancia de la que yo me alegraba todos los días. Con la edad, había tomado conciencia de que quizá le dábamos una excesiva importancia a los tormentos del amor, y que más valía despedirnos de él en el umbral de la puerta. Yo tenía demasiadas responsabilidades para poder dejarme llevar por tergiversaciones sentimentales que, en mi situación, me habrían conducido a un callejón sin salida. Pero mi corazón no se había secado, todo lo contrario, había crecido, lo suficiente para abrazar otras perspectivas. Mi alma se había fortalecido, y con frecuencia la inflamaba la pasión, pero sin trastornarme la cabeza. De ella, de la pasión, recibía mi energía, una intensa energía, algo que tanto yo como mis cuadros sabíamos.

Pronto conseguí ganarme el favor del gran mecenas Cassiano del Pozzo, un hombre cercano al nuevo papa, que me abrió las puertas del palacio Barberini, en el Quirinal, un auténtico tesoro artístico que cada año se enriquecía con nuevas obras. Tímidamente, di mis primeros pasos con una *Venus* bajo el brazo, una suave, suave y luminosa Venus de lisa encarnación, de un rosa transparente, tranquila como pueden serlo el sosiego y la levedad de la vida –o como, en todo caso, lo eran en ese momento de mi existencia–, y tan reservada como yo, pero, me atrevo a decir, más finamente realizada.

Los franceses seguían en Roma, y a fuerza de estar en ella ya no se diferenciaban de los italianos de pura cepa, desde Mellan a Poussin, ¡de quien tan sólo Cassiano del Pozzo poseía cincuenta obras! Simon Vouet, que había regresado de Génova, se casó allí en la primavera de 1626 con la italiana Virginia da Vezzi, pintora de naturalezas muertas, encantadora y talentosa como él. Formaban una pareja adorable, algo singular en nuestro mundillo, y eran el núcleo de los amigos del Corso, hasta el punto de que se les trataba más como a padres que como a camaradas. ¡Cuántas veladas de diez, quince o más personas no habremos pasado juntos, veladas improvisadas, informales y alegres, en casa de unos y otros, liberándonos de nuestras jornadas en solitario intentando recrear en un lienzo la belleza del mundo! ¡Cuántas horas charlando y riendo, compartiendo nuestras alegrías y nuestras penas, nuestras recetas pictóricas, nuestras búsquedas personales y nuestras esperanzas artísticas!

El cardenal Francesco Barberini, sobrino del Papa, hombre avezado en cuestiones de arte, vino a verme cuando estaba a punto de partir en misión cultural a Francia, a fin de enriquecer las colecciones italianas de la familia real francesa. Yo no quería entregarle nada, pero al final cedí, y se llevó una nueva *María Magdalena*, dormida en una silla baja, con la cabeza reclinada, casi cándida, un *Autorretrato* y una nueva *Venus*.

De esa manera, las corrientes pictóricas y los cuadros que las ilustraban seguían viajando, cosa que me complacía. Así fue como un día nos enteramos, gracias a Joachim von Sandrart, de la existencia de un joven pintor flamenco, con un nombre impronunciable, Rembrandt Harmenszoon van Rijn, cuyo trabajo nos impactó, además de por su intensidad, por sus influencias caravaggiescas: ¡quién lo habría creído, en un país de nieve, tan alejado de nosotros! Y el tal Rembrandt, por su parte, estaba perfectamente al tanto de los gustos italianos. Y otro día nos llegó un aroma del Sur prendido en las obras de los españoles, desde Ribera a Velázquez, igual de sorprendentes. Sin embargo, en Roma, era un italiano quien señoreaba, un italiano que había heredado los más envidiables encargos, y cuyo nombre me complace *decir: Bernini.*

¿Por qué todo tiene un final? El fin de aquel decenio llegó con la partida de los franceses y anunció, puntualmente primero, antes de convertirse enseguida en una marejada de terror infernal, las grandes epidemias de peste bubónica que desde hacía años venían invadiendo Europa en oleadas. Hasta entonces, la Gracia divina nos había salvado, pero Génova estaba viviendo ya las angustias de ese mal absoluto; pronto le llegaría el turno a Florencia...

El duque de Alcalá, establecido en Nápoles, último bastión de los pintores de mi género, me requería. Pero ¿cómo podía irme a Nápoles, cuando ya Génova me había parecido demasiado grande, a Nápoles, la mayor de las ciudades italianas, la segunda de Europa, después de París? Si bien no era menos cierto que en Roma, muy pronto, terminaría siendo una pintora olvidada, o al menos relegada a la etiqueta de rareza, ¿cómo podía, no obstante, volver a marcharme, volver a empezar, volver a hacer?

«[...] mi principal preocupación será servir a Su Señoría, a quien le estoy agradecida. Debo suplicarle que, si usted desea que yo le sirva, me envíe con la posta seis pares de guantes, de los más bellos que encuentre, pues debo obsequiar a ciertas damas. [...]
Nápoles, 24 de agosto de 1630.»

Carta de Artemisia Gentileschi
al comendador Cassiano del Pozzo.

VERDE BRONCE

Mi hermano Francesco, que había estado varios años al servicio de María de Médicis, hasta el punto de que se había establecido durante una larga temporada en la ciudad francesa de Angers, había acabado por volver a asociarse con padre, quien desde 1626 estaba trabajando en la corte de Carlos I. Además de ayudar a padre *in situ*, Francesco, comisionado por la Corte de Inglaterra, se encargaba de buscar y llevar a Londres artistas y obras italianas.

Él me ayudó de buena gana a transportar a mi pequeña familia y mis enseres a Nápoles.

–Te has vuelto un ave migratoria, Misia.
–Tu capacidad de persuasión ha dado resultado. Debes estar contento.
–Dicen que en Nápoles ya eres reconocida. Te has convertido en la *famosissima pittrice* romana a la que reciben con palmas... Incluso en Londres te conocen: ¿sabes que en las colecciones reales, repletas de tesoros, como te puedes imaginar, puesto que en ellas se hallan apiladas obras de Ticiano y de Mantegna, de Correggio y Caravaggio, por no hablar de las esculturas, hay... un retratito tuyo grabado por Jérôme David con estas palabras: *En picturae miraculum invi-*

dendum facilus quam imitandum... «En el milagro de la pintura es más fácil criticar que imitar.» ¡No me dirás que no son elogiosas!...

–¡Ah!, pero regresaré a Roma en cuanto tenga ocasión, créeme, *famosissima* o no. Y no será la primera vez. Pues los últimos años que he pasado allí han sido todos dichosos: en mi fuero interno, Francesco, he reconquistado mi ciudad, y en ella me siento en casa.

–Sin duda. En Roma, los pintores van y vienen, los gustos cambian y las novedades brotan como las setas. Lo cual resulta aún más impresionante a los que se han mantenido al margen, como yo. Sí, tú regresarás en cuanto cambie el viento...

–Si he venido a Nápoles es porque me han llamado y porque no puedo traicionar mi oficio rechazando algo que podría honrarlo. Soy la humilde servidora de un don al que juré fidelidad...

Francesco se rió de mi seriedad y afirmó en un tono solemne:

–Tu oficio es el esposo que no tienes.

–Y que lo digas. Bueno, no sé si esposo, hermanito, pero sin duda mi oficio es mi mejor amante.

Francesco se echó a reír de nuevo.

–Háblame de padre. ¿Piensa venir a la exposición de Nuestra Señora de Constantinopla? Como sabrás, le han invitado a participar en ella.

–Padre...

Francesco suspiró antes de continuar, con la mirada triste:

–Padre ha cambiado. La vejez le ensombrece, hermana. Ahora está en Inglaterra, donde la Corte le ha acogido como a un gran señor, pero duda...

–¿Cómo que duda?

–*No sé, está inquieto.* Allí la gente sólo tiene ojos para Rubens, y la gloria de padre comienza a empañarse.

–¡Pues que se vuelva! ¿A qué espera para regresar?

–Todavía tiene trabajo allí... Tanto que continuamente debe demostrar que hicieron bien en elegirle a él...

–Pero trabajo puede hallar en cualquier parte, ¡con el buen oficio que tiene! Puede vivir incluso aquí.

–No creo que quiera... ¿Cómo explicártelo? Padre tiene que demostrar a los demás, y quiere demostrarse a sí mismo, su valía. Ya sabes lo testarudo que es... Y además, da igual aquí o allá, lo importante es pintar, ¿no?

Yo asentí, y él continuó diciendo:

–Desde luego, no cesa de decir que le gustaría volver a casa. Pero su corazón no está aquí. Su corazón va a la deriva, la mitad rumbo a Inglaterra y la otra mitad rumbo a las costas francesas... Es algo difícil de explicar...

–Ese ir a la deriva del que hablas... Debe de ser el peso de los años, también. Tal vez un reflejo de su incapacidad para considerar el futuro... Supongo que al menos le tratan bien...

–Muy bien, sí. Aunque a veces le cuesta entenderse con algunos individuos, claro...

–Eso siempre le ha pasado, en todas partes.

–Deberías ir allí.

–Por él... Sí. Lo haré en cuanto pueda.

Permanecimos callados un rato, sintiendo que padre estaba entre nosotros, con nosotros, y era en él en quien pensábamos.

–De todas formas, es una pena que no venga a la exposición de Nuestra Señora de Constantinopla –proseguí yo–. Rara vez se celebra, y sus obras figurarían en buen lugar. No todo el mundo ha sido invitado. ¡Dile que envíe al menos un cuadro!

–No enviará nada.

Nada más deshacer los bártulos, me puse manos a la obra.

Me metí de lleno en la vida artística napolitana. La gente se apresuró a acogerme, sin palmas, pero con varios encargos firmes. Mi hija Prudenza, bastante mayor ya, comenzaba a ayudarme. Ella era extremadamente concienzuda, y yo estaba segura de la seriedad de su trabajo. Lo cual reforzaba nuestro vínculo ya que, además de ser mi hija bienamada, poco a poco se iba convirtiendo, pincel en mano, en mi cómplice, mi colega.*

En esa época, los virreyes españoles reinaban en una ciudad en la que a nosotros, descendientes directos del gran Caravaggio, aún nos aguardaba un hermoso porvenir. Así, recibí sin tardanza varios encargos procedentes de los príncipes íberos. Enseguida tuve que realizar un *Autorretrato*, un *David* para Fernando Afam de Ribera, duque de Alcalá y virrey de Nápoles, el hombre que me había invitado a ir a trabajar a esa ciudad del Sur, a los que pronto siguió un *Nacimiento de San Juan Bautista* para el rey Felipe IV de España.

Me resultaría difícil citar aquí todos los cuadros que pinté desde principios de los años treinta, pues fueron numerosos. Basta con saber que trabajaba sin descanso, pues, gracias a los contactos que tenía en Génova, nada más llegar me propusieron para realizar el cuadro de un altar, una *Anunciación*, para ser exacta, destinada a San Giorgio dei Genovesi, la iglesia genovesa de Nápoles; y que, con todo, aún no había terminado los encargos romanos que me habían hecho los cardenales Barberini, por mediación de mi queridísimo y siempre fiel mecenas Cassiano del Pozzo.

Del mismo modo en que éste, con su gran bondad, me había abierto las puertas del palacio Barberini, *gracias a su recomendación y a la del benévolo duque*

---

* En realidad, *consœur* significaría «cohermana», en el sentido antiguo. *(N. del T.)*

de Alcalá, fui presentada a María, la hermana del soberano español, que se hallaba en Nápoles a finales del año 1630, camino de Trieste, donde iba a casarse con Fernando de Austria. Visiblemente contenta de tratar con una mujer, la futura emperatriz me encargó varios cuadros que retrasaron mis compromisos con Cassiano. Por eso envié a Su Señoría una carta tras otra, a fin de que me perdonase ese contratiempo, y Ella se mostró comprensiva a más no poder, a juzgar por la amabilidad de Sus respuestas y por la paciencia que demostró.

¡Qué locura! Jamás salía del taller, salvo para acudir a algunas entrevistas de trabajo o recepciones obligadas. Nápoles era la ciudad artística más importante de su época y, aunque los pintores no escaseaban, yo era vista como una curiosidad. Francesco tenía razón: allí me aguardaban con impaciencia.

Aun así, a pesar del exceso de trabajo y de los honores que éste conllevaba –algo de lo que ningún pintor habría renegado, para su gloria–, allí la vida no era tan cómoda como en Roma. Existía una gran rivalidad; Nápoles estaba ávida de ganancias, mis nobles clientes exigían más trabajo por menos dinero, por no hablar de sus imperativas exigencias respecto a unos gustos que no coincidían obligatoriamente con el mío y que me despojaban de esa libertad de ejecución que antes había conocido, obligándome, sobre todo, a hallar una manera de pintar que satisfaciera al pagador sin traicionar, empero, los rasgos que yo consideraba propios de mi talento. El arte, pues, consistía también en negociar hasta el menor detalle para llegar a un acuerdo.

Pero, ¡ah, Nápoles! Un tumultuoso hervidero, incluso en las recepciones de los *onorevoli*, tan concurridas, y no por los debates intelectuales que tanto gustaban en Florencia, ni tampoco por la corriente de familiar amistad que uno esperaba hallar en Roma, sino por la excelente comida. Allí uno podía darse unos banquetes como yo no había visto ni siquiera en Toscana, inspirados en gran medida en las tradiciones españolas, y cuyo momento más esperado era el de los dulces, manjar en el que los napolitanos sobresalían, con sus pasteles multicolores y cremosos a pedir de boca, decorados con perlas de azúcar plateadas y virutas de cacao o láminas de frutas raras. La algarabía de los invitados disminuía siempre al final de la comida, dando paso al silencio casi religioso que se producía a la vista de las obras de los pasteleros con las que iban a deleitarse.

Jamás comprendí cómo una población que profesaba tal culto al azúcar podía ser tan camorrista. Tanto, que incluso llegué a temer por nuestra seguridad, y, tras haberle formulado una demanda expresa a Cassiano del Pozzo, obtuve de él un permiso de tenencia de armas para un clérigo, Diego Campanile, que acababa de entrar a mi servicio.

Él era el encargado de instruir a mis hijas, sobre todo a la pequeña Porzia, pues la escuela parroquial napolitana no me inspiraba ninguna confianza; también me ayudaba con la correspondencia, que, debido a los encargos, había aumentado tanto que yo ya no tenía tiempo para llevarla; y, por último, nos protegía, puesto que era el único que podía llevar armas, cuando viajábamos en coche o en carroza a la bahía, ya que yo deseaba, a pesar de los peligros del puerto y de la miseria, hacer excursiones al campo, por los alrededores de la ciudad sepultada de Pompeya, o descubrir las vistas al Pausílipo.

Nápoles era una ciudad de contrastes, en la que se daban, por un lado, la cordialidad y la cortesía, el refinamiento extremo y la riqueza ostentosa, y, por otro, la pobreza desnuda, la violencia y el exceso, los crímenes pasionales e insensatos y los paroxismos místicos, con todas esas iglesias llenas de reliquias y de sangres licuadas, como la de San Javier o la de San Juan Bautista, sin olvidar la de la leche de la Virgen, ante la cual la muchedumbre se extasiaba desmesuradamente. La ciudad daba la impresión de estar en perpetuo movimiento, de perseguir una identidad que las mezclas de gentes aún no habían conseguido retener, afirmar. Nápoles era también una ciudad inquieta, debido a la diabólica presencia del Vesubio; a menudo me preguntaba si no sería él el causante de aquel estado de alerta que caracterizaba al napolitano. Él y los cielos de tormenta impresionantes, magníficos y abrumadores que volaban hacia el firmamento en un torrente de colores. ¿Cómo vivir en paz teniendo al lado un cráter y, por encima de tu cabeza, a ciertas horas, un desfile de nubes verde bronce, encendidas y avivadas por los vientos africanos, por la voluntad de la cólera divina?

Capté muchos de aquellos colores napolitanos, repentinos y poco conciliadores, y creí comprender por qué los españoles, gentes tenebrosas y trágicas, se habían prendado de una ciudad en la que imperaba la pasión. Incluso las estrellas, en las noches de verano, semejaban por momentos hojas de cuchillos brillando en la oscuridad.

Cuando acababa mis agotadoras jornadas de trabajo, o cuando, algunas veces, ya no podía seguir debatiéndome con los pinceles y me ponía a dar vueltas como un león enjaulado, al atardecer, le decía a Diego:

–Vamos, Diego, lléveme a la bahía.
–Tiene usted razón, *signora*, ésta es la mejor hora para pasear.

Me cubría la cabeza con una mantilla de encajes sevillana y me subía al coche, y luego, al llegar a nuestro destino, caminábamos en silencio antes de pararnos en cualquier parte, de pie o sentados sobre un murete, a contemplar el espectáculo.

No hay nada como la orilla del mar para despertar la nostalgia y, al mismo tiempo, liberarse de los tormentos. Allí, delante del mar centelleante, en el que se balanceaban algunas barquichuelas de pescadores que muy pronto se abismarían en la noche, volvía a enraizarme en mí, me apaciguaba y, también, rememoraba las imágenes de mis cuadros, confundidas con los reflejos, con las estrías de color que el tiempo daba al agua, desde el verde intenso al violeta recamado de oro, desde el azul verdoso al azul casi negro moteado de azur.

–No acaba de gustarme Nápoles, Diego, pero sus colores me fascinan.

–Lo comprendo, *signora*.

–Me intrigan y me atraen. Por ellos, cualquiera se volvería napolitano: desesperado, desordenado y soñador.

–En una palabra, si me lo permite: utópico.

–Eso es.

Diego era mi secretario, pero también mi confidente. No era el único hombre que había en la casa, pues también estaba Bonifacio, sin contar a los modelos que contrataba para mis cuadros o a los pintores napolitanos que me habían pedido que les enseñara mi oficio, pero era el único que me protegía desde que Francesco había vuelto a marcharse. Ya no recuerdo qué le había llevado a ser clérigo en la vida, pero no pasaba un día sin que, al mirarle, o tan sólo al sentir su presencia en una habitación en la que estuviéramos juntos, me turbase. Diego lo sabía todo acerca de mí, ya que a veces se había visto obligado a defender mis intereses, o a defenderme a mí, sencillamente, lo que venía a ser lo mismo: él compartía mis esperanzas y mis inquietudes, mis arrebatos, mis decisiones. Yo le dictaba cartas cuando estaba demasiado ocupada en el taller, y él me leía pasajes cuando necesitaba indagar acerca de algún tema. Fue él quien, a petición mía, posó para el ángel de la *Anunciación* que había pintado poco después de llegar a Nápoles, cuadro que, precisamente, fue criticado porque el ángel parecía, como todo el mundo advirtió, más importante en la escena que la propia Virgen. Lo cual equivalía a decir que Diego y yo pasábamos mucho tiempo juntos.

Yo era apenas un poco mayor que él, pero eso no me molestaba. Lo que me preocupaba era saber cómo evitar, en una intimidad tan grande, en una proximidad tan armoniosa, la tentación de la carne.

Los paseos que dábamos, lejos de la promiscuidad de una casa que albergaba a tanta gente, nos permitían acercarnos, rozarnos, vibrar tímidamente pero en libertad, ante el viento que llegaba del mar.

Y una tarde, una tarde como otra cualquiera pero en la que nos habíamos demorado un poco para aprovechar al máximo el momento de escapar de la tormenta que se estaba formando, lanzando sus señales incandescentes en el cielo, unas gruesas gotas de lluvia tibia comenzaron a mojarnos.

–*Partiamo, signora* –me dijo Diego–, debemos apresurarnos.

–¡Oh! Sólo un minuto, un minuto más –le supliqué–, quiero ver cómo el furor de este cielo se abate sobre las olas. Mire, Diego, ¡qué hermosura!

Aquellos pesados torbellinos de nubes parecían llevarse los últimos rayos del día, una luz púrpura, en la que se entrecruzaban destellos y sombras, nos envolvía, mientras la lluvia, lentamente aún, comenzaba a despertar los olores de la tierra.

–Estamos muy lejos, *signora*, convendría no retrasarse.

Miré sus hermosos ojos de jade y le dije riendo:

–Querido, no hay por qué temer. Lo único que puede pasar es que nos mojemos un poco.

Diego sonrió, y yo dudé un instante antes de acercarme un paso. Él retrocedió otro tanto, me sonrió de nuevo, pero esta vez creí advertir en su sonrisa una mezcla de desafío y de aceptación.

Volví la vista hacia el horizonte, rayado en ese instante por una banda negra bordada con dos trazos de un palidísimo amarillo.

–Diego, ya sé que es usted napolitano, y que no es pintor. Pero observar la belleza siempre merece la pena. Ella le ayudará, si no a trabajar, como a mí, al menos a vivir... No busque a Dios en ninguna otra parte, porque tan sólo podrá encontrarlo ahí, en la belleza.

La lluvia cayó de repente sobre nosotros en incontables ráfagas, con una violencia inaudita. Me resguardé la cabeza con los brazos y di un salto hacia atrás, sin mirar. Sin querer, choqué con él, con mi ángel guardián, y en nuestra precipitación, chorreando ya y con los pies semihundidos en el incipiente fango, nos abrazamos. Él para protegerme, quizá, yo para amarle.

Y, en el coche que nos llevaba de vuelta, nos amamos apasionadamente.

«[...] el fruto de mis esfuerzos siempre ha sido aceptado con gusto por los más grandes príncipes de Europa, y especialmente por Su Alteza, que ya en otras ocasiones me ha honrado espléndidamente con su generosidad. [...]»

Carta de Artemisia Gentileschi
al duque François d'Este,
Londres, 16 de diciembre de 1639.

AZUL CELESTE

A medida que me iba haciendo mayor, creía advertir que los años pasaban cada vez más deprisa. Mi infancia y mi juventud habían estado marcadas, se habían caracterizado por giros, y cada año era determinante. Al acercarme a los cuarenta, de pronto me di cuenta de que, a pesar de la pasión que me inspiraba mi oficio, a pesar del tiempo que continuaba operando cambios en mi físico y en mi mente, éstos eran menos evidentes a mis propios ojos, que a los ojos de los demás, que no los advertían de ningún modo. Y los calendarios se sucedían uno tras otro, sin contrastes, cada vez más repetitivos: trabajo, encargos, cuadros, ejecución de éstos, casa, mis hijas creciendo, padre lejos, mi hermano Francesco haciendo de mensajero, algunos pretendientes, dos preciosos amores, Pietro y Diego, uno aquí, el otro allá...

El tiempo se había vuelto si no estacionario, sí al menos homogéneo, en cierta manera, hasta el punto de que me cuesta hablar de aquella época sin experimentar una suerte de náusea ante la imposibilidad de recuperar aunque no sea más que un recuerdo desgajado de aquella rutina, de aquella vida cotidiana de pintor establecido.

Ciertamente, yo estaba, al igual que padre en Londres, siempre a la espera de volver a instalarme en mi amada patria. A veces viajaba, a Roma, Florencia o Módena, con el fin, principalmente, de asegurarme algunos protectores que me permitieran regresar, si no a mi ciudad, al menos a Florencia. Pero no hacía nada allí. A pesar de lo poco que me gustaba Nápoles, de la que jamás conseguí marcharme, en ella seguía, muy a pesar mío. Fue allí –¡y cómo podría lamentarlo!– donde me hicieron los mejores encargos, todos los trabajos que realicé para los españoles, la importante serie para la cúpula del coro de la iglesia de los Pozzuoli, sin contar los múltiples cuadros que pinté para algunos mecenas y nobles de Nápoles o de fuera.

Desde luego, aprendí a hacer concesiones para no arriesgarme a ser excluida u olvidada, pues los boloñeses también habían llegado a Nápoles, así que aprendí a pintar con un poco más de presteza, por decirlo así.

Incluso llegué a realizar para un francés *La Fama*, impasible, rigurosa, un poco altanera y bien plantada, pero quizá más hermosa, un poco parecida a mí. No tan bella como lo había sido a mis ojos la mujer de Putifar, por ejemplo, o Judit, o Susana, e incluso Lucrecia, con toda su fuerza bruta pero también tierna, con todos sus sentimientos vueltos actos, mujeres de carne y hueso.

La Fama... Sólo Dios sabe cuánto la había deseado, cuánto la había anhelado y soñado; sólo Dios sabe cuántas veces me había jurado esperarla, abrazarla y apropiarme de ella... Y, de repente, cuando por fin había podido meterme en su piel, detrás de sus ojos clarividentes y su sonrisa apacible, bajo sus lujosos vestidos, una vez adoptada su pose noble y orgullosa, bajo su corona de laurel, cuando ya al fin la poseía, a ella, a ella en la tela que iba pintando a medida que la conocía mejor, me sentía como una extraña, ¡ay! Un hilo imperceptible me unía y me separaba al mismo tiempo de ella: me miraba con los mismos ojos que yo a ella, con una mirada firme y lejana, henchida de silencio.

Yo seguía debatiéndome día tras día, por supuesto, porque era una artista y porque tenía que convencer y vender sin venderme, porque era romana y quería que me trataran como tal, porque era mujer y por ello tendría que demostrar a cada momento y hasta la hora de mi muerte que era digna de respeto, de consideración, y a veces de alabanza... Nada me era favorable, y aun así estaba perfectamente establecida. Pero, ¿cómo decirlo? La vida desplegaba su cinta azul celeste sin dificultad, yo había conseguido imponerme como *famosissima pittrice*, la maestra Artemisia en el vasto taller de su casona, mis obras viajaban hasta Andalucía e Inglaterra, había logrado que Viviano Codazzi trabajara en los paisajes y arquitecturas de mis cuadros, influía a Massimo Stanzione, mi alumno, a pesar de que era mayor que yo, y me daba cuenta, en la cima de la fama, de que el reconocimiento no era más que un cierto reposo, un fin conseguido pero alejado de la fuente viva, del fuego sagrado, y nada más.

En esos momentos, cerraba la puerta del taller, tuviera o no visitas, alumnos, desplegaba mis lienzos y los observaba larga y detenidamente, sin moverme. Nadie me miraba jamás con la franqueza con la que lo hacían los personajes de mis cuadros. Y yo comprendía muy bien lo que me decían sus ojos, casi irónicos: «Señora Artemisia, lejos de las vanidades, aquí, entre nosotros, al fin puede ser usted misma. Sólo nosotros la conocemos, sólo nosotros la ayudaremos, más allá del tiempo. Ahora que ha, o cree haber, reflexionado sobre ello, díganos: ¿quién es usted?» Y yo, así, a bote pronto, no encontraba respuesta. Ellos insistían: «Debe seguir buscando.»

Y entonces me ponía a pintar hasta agotarme, desde el león que devora al hombre hasta la mujer adúltera, desde la *madonna lactans* a los héroes divinos, desde la corona al cetro, pasando por el puñal y la flecha, desde el verdugo al mártir, desde el anciano al niño. Luego me sentaba y me veía tan pequeña al lado del furor del mundo y de los colores, con el pelo alborotado de tanto haber trabajado, y con tanta prisa, pincel en mano, la cara seria, con una inspiración casi juvenil, vuelta siempre hacia la tela, atraída por ella.

Me veía tan sólo como una pintora, una humilde servidora de un arte que era una clave más en la búsqueda de la verdad.

¿Sería aquello una señal del Cielo? Más de una vez sucedía que mis autorretratos no llegaban a su destino. O bien que, a pesar de haberlo prometido, no los pintaba.

Como es fácil suponer, el momento de casar a Prudenza me cogió desprevenida. 1636, ¡veinte años ya! A pesar de que contaba con un magnífico ajuar tejido, cosido, bordado a lo largo de los años, unos vestidos siniguales y algo de dinero ahorrado, la dote aún no bastaba para casarla honradamente. Corrían rumores acerca de una inminente guerra, por lo que intenté, en vano, encontrar a su padre.

Tuve que pedir más dinero a mi benefactor, el comendador Cassiano del Pozzo, a cambio de algunos cuadros que aún conservaba, de unos cuatro metros de largo por tres y medio de ancho. Él aceptó, aunque no al precio que yo había fijado; me hallaba en un apuro, así que el salió ganando, y más aún, ya que le regalé, como muestra de agradecimiento, un autorretrato, que yo sabía que llevaba tiempo esperando, para ponerlo en medio de su galería de retratos, que él –según me había contado mi hermano– definió con estas palabras: «personas excepcionales por su longevidad o por su singularidad física, por su inteligencia precoz o por alguna otra razón...».

Tras pasar más de un año sumamente preocupada, por fin conseguí reunir el dinero necesario para instalar a mi hija, cuando, un buen día, padre me escribió reclamándome: «Artemisia, te necesito, ven pronto, *io non posso propio più*.» Ante ese grito, no pude resistirme ni un instante.

Lo dejé todo: a mi hija recién casada, en el ambiente, digno de confianza, de los virreyes íberos; a la dulce Porzia, al buen cuidado de mi servidumbre y de Diego, mi compañero; a mis alumnos, a sus Altezas Serenísimas, mis príncipes, duques y caballeros, a las damas de alianza o de fortuna cuya bondad satisfacía, bien que mal, o mejor dicho, más bien que mal, mis necesidades y las de los míos.

Padre, que hasta entonces jamás se había quejado, estaba al límite de sus fuerzas. Joachim von Sandrart, que estaba de paso por Nápoles, vino a verme para confirmarme, por si hubiera necesidad de hacerlo, la situación de urgencia en que se hallaba padre, al igual que Francesco, quien, recién llegado de Inglaterra, iba a partir de nuevo a España para llevar a Felipe IV un *Moisés salvado de las aguas* que Orazio Gentileschi ya no podía, a todas luces, entregarle en mano.

Después de un largo y agotador viaje por tierra y por mar, cuyo peor momento fue la travesía en aquel barco presa de las olas invernales, al fin llegamos a puerto. Yo estaba tiritando en mi camarote, luchando con los vómitos, el miedo y el frío. Los viajeros no sabían nada de aquella mujer que viajaba sola, y yo no tenía ganas de satisfacer su curiosidad dando explicaciones, mucho menos de mostrarme cortés, por lo que, sin disimular mi fastidio, los evitaba, y llenaba de monedas las manos de los marineros para que, ¡por piedad!, protegieran mi soledad y mi inquietud.

Fui a Londres en un coche en el que todos los viajeros eran de fuera, por lo que resultaba difícil poder charlar, cosa que, aun así, algunos intentaron. Estaba agotada, llevaba días y días viajando, así que, cuando al fin llegamos a Greenwich, tan sólo deseaba silencio y reposo.

Dos cosas me impactaron nada más llegar: la primera, ver a padre tan desmejorado; estaba encorvado y flaco, y parecía caminar no ya con lentitud sino más bien con precaución. La segunda, más que impactarme, me sorprendió, pues constaté que su carácter se había amansado. Llevábamos mucho tiempo, más de diez años, sin vernos. Sus ojos brillaban menos, su mirada había perdido algo de intensidad, pero también de violencia.

Nos abrazamos y nos miramos cogidos de las manos, emocionados.

Las primeras palabras que padre pronunció fueron:

–Me alegro de que hayas venido. Vas a tener que ayudarme mucho, hay demasiado trabajo para un viejo como yo.

Después me acompañó a mi habitación, que no estaba en el ala del palacio reservada a las mujeres, sino pegada a la suya, para mayor comodidad, tal y como él deseaba. Nada más descargarlo, los mayordomos llevaron directamente allí mi equipaje.

Sin tan siquiera advertir mi fatiga, padre me agarró del brazo –para apoyar su cuerpo, sus años, como pude sentir– y me llevó por aquellos pasillos, por aquellas galerías amplias, interminables, en las que, entre dos esculturas o dos columnas, la familia real en pleno, con sus rostros enmarcados en gruesos medallones, seguía nuestra visita a los lugares.

–Estamos en Queen's House, Misia. Como ves, quedan muchas cosas por terminar. La construcción de las diferentes partes ha sido interrumpida en varias ocasiones... pero ahora está casi acabada, gracias al buen rey Carlos I, que ha regalado este palacio a su esposa Enriqueta María...

–Un bellísimo regalo, en efecto. Qué hermoso es este suelo de mármol blanco y negro... Aunque, decididamente, no hay nada que no esté inspirado en los italianos.

Padre sonrió.

–Si te fijas, verás que la geometría de su diseño es una réplica del techo.

Alcé la vista y, en un santiamén, la cabeza comenzó a darme vueltas.

–Estamos en la sala más grande. Y, como ves, me ha sido imposible, a mi edad, acabar los frescos del techo.

Alcé de nuevo la vista.

–Pero qué dices, ya están muy avanzados...

–Sólo en apariencia, hija mía. Porque la Casa Real es muy exigente: también estoy trabajando en los cuadros, en los retratos.

–No te preocupes –le dije–, durante el tiempo que esté aquí, te echaré una mano con los retratos, y también con los cuadros, si lo deseas.

–Pero Misia, con lo que quiero que me ayudes es con los frescos.

Por tercera vez, alcé la vista, y de nuevo comenzó a darme vueltas la cabeza.

–Padre, seamos sinceros: yo no sé nada, o casi nada, sobre frescos.

–Tú me ayudarás, *mia figlia*, tú me ayudarás. Sé muy bien que nada concerniente a la pintura te es ajeno. Ya no necesito ponerte a prueba.

Luego se echó a reír, con una risa dulce, casi tímida, y añadió:

–... Más bien eres tú la que debería ponerme a prueba.

–¡Venga ya, padre!

La familia real me acogió muy bien, pues, como supe luego, aunque habían invitado a muchos pintores italianos o flamencos, pocos se habían dignado aceptar su honorable invitación. Tan pocos que se contaban con los dedos de una mano: los dos Gentileschi, padre e hija, Sandrart y Jordaens, por temporadas, Van Dyck –que fue nombrado caballero, no sin herir el amor propio de mi progenitor– y Rubens, los preferidos; y debo subrayar que ninguno de ellos había permanecido tanto tiempo como padre.

–¿Por qué no viniste en 1635, cuando te lo pedí? Me habrías prestado un gran servicio, ¿sabes?...

¡Ah, la autoridad que ejercía padre sobre mí, todavía y siempre!...

–Bueno, envié a través de Francesco los cuadros que me habían reclamado. El *Tarquino y Lucrecia*, una *Susana y los viejos*, una de las dos *Famas* que he pintado, y otros tantos... Unos trabajos muy honrados, debes reconocerlo...

–Ya, pero no se trataba de eso. Yo te necesitaba aquí.

–¿Y yo qué? También yo me necesitaba... allí.

–¡Qué insolencia, Misia! Y qué falta de juicio, sobre todo: ¿cómo pudiste preferir un trabajo hipotético y local a la seguridad y a la gloria de servir a una corte real?... No lo comprendo.

–Padre, seamos sinceros. No te engañes: sé muy bien que llevas desde principios de 1630 escribiendo al gran duque de Toscana para que te repatríe. Nadie lo ignora, y menos yo que, desde que estoy en Nápoles, no pienso más que en marcharme de allí y no he dejado de expresarle mi deseo... también a él.

Nos pusimos a trabajar sin tardanza, y enseguida comprendí que tendría que quedarme en Inglaterra más tiempo del previsto. Siendo como era un hombre ya mayor, padre había cometido una locura aceptando semejante prueba: tantos frescos por hacer, sin abandonar, para colmo, la pintura de caballete; tantas horas diarias, pincel en mano, y la fatiga enroscada en sus párpados, en cada uno de sus miembros.

¡Ah!, yo me daba cuenta de todo, pero nada podía detenerle, se habría sentido herido en su orgullo, la vejez, sin duda, le habría pesado el doble... Y yo tenía un nudo en la garganta.

Me sentía atrapada. Comprendí que también mi corazón muy pronto se partiría en dos y acabaría yendo a la deriva en los mares, una mitad rumbo a las costas inglesas y la otra... Pero ¿cómo podía, humanamente, dejar a padre sin abandonarle? De pronto intuí que era allí, en Inglaterra, donde él iba a morir, y que la hora no tardaría en llegar.

Francesco vino y se fue. Con mensajes de amor. Con cartas para sus Altezas Serenísimas, mis protectores. Con varios cuadros bajo el brazo. Y con una misión: traer a Porzia.

Ay, una vez más me hallaba fuera de casa, lejos de un hogar que en sí mismo ya no era mi hogar. Mi única tabla de salvación era no pensar en nada y consagrarme a mi labor, o eso creía yo. Estaba allí por padre. Para trabajar rápido y bien, a fin de librarnos ambos de aquella tarea desmesurada a la que él se había comprometido.

Así pues, trabajábamos sin descanso. Pero no dábamos abasto con aquellos numerosos frescos de la *Alegoría de la Paz y de las Artes bajo la Corona inglesa*, símbolo del amor por el arte y por la paz (puesto que allí donde reina la paz, florece el arte) del soberano inglés. Nos repartíamos las escenas. Nos dolía el cuello. Se nos entumecían los dedos. Nos acordábamos de Miguel Ángel en su Capilla Sixtina: «"Pero ¿cuándo, cuándo va a terminar?" *"Quando potrò."*»

Había pocos días de fiesta en la corte de Inglaterra. El ambiente era cordial pero distante. Salvo con un personaje que odiaba a padre y se dedicaba a complicarle la existencia: me refiero al canijo, enclenque, pretencioso y grosero Balthazar Gerbier, el primer intendente de la casa de York. Despreciaba a los pintores, quizá porque les envidiaba. Despreciaba a los italianos, quizá porque teníamos talento. Desgraciadamente, para muchos asuntos, teníamos que tratar con él: encargar material, resolver un problema concerniente a una de las estancias, contratar a un modelo o a un ayudante, reparar algo en un andamio, en fin, para todo y cualquier cosa; el señor intendente tomaba nota y nos hacía repetir con toda tranquilidad cada una de nuestras demandas. Gerbier no hacía más que ponernos trabas, y si por ventura ya las teníamos, no se dignaba quitarlas, al revés, ya las teníamos que soportarle porque él era, según decía, nuestro interlocutor «privilegiado». ¡Un latazo!

A pesar de todo, aunque apenas gozábamos de ocasiones para distraernos, íbamos avanzando como podíamos, pues éramos nosotros quienes habíamos diseñado aquella obra, y para eso nos habían contratado. Completamente rotos al acabar la jornada, unas veces decepcionados por haber trabajado tanto para tan escaso resultado, y otras satisfechos por haber conseguido lo que esperábamos, dormíamos a pierna suelta. Y a la mañana siguiente, vuelta a empezar.

Ante nuestros ojos iban apareciendo las musas Clío y Talía, Euterpe y Polimnia, Erato y Terpsícore, Urania, Calíope y Melpómene... Hermosas, ligeras, ellas, las representantes de la dicha, llenaban nuestros días y habitaban nuestros sueños, recompensándonos por las dificultades que nos causaban una perspectiva, una sombra en un ángulo, las dimensiones que nos imponía aquel marco. Descubrí hasta qué punto el fresco era una técnica de la armonía, y me alegraba ejercerla junto con padre, por fin.

Padre murió la mañana del 7 de febrero de 1639. El día antes, volvió a expresarme su deseo de regresar a Italia; la añoraba mucho, necesitaba verla, con toda su alma. «En cuanto hayamos terminado», que, supuestamente, sería pronto.

Dios se lo llevó en pleno sueño, sin dificultad y sin sufrimiento, y me consolaba saberlo. Dios me lo arrebató, y eso –que Él me perdone– jamás pude aceptarlo.

«[...] Maestro Don Antonio, le ruego, por el amor de Dios, que no rebaje la suma que le he reclamado. Estoy segura de que cuando vea el trabajo, reconocerá que no he sido una impertinente. [...]»

Carta de Artemisia Gentileschi
a Don Antonio Ruffo,
Nápoles, 13 de noviembre de 1649.

ÓPALO

Pasear por la orilla del Támesis cubierta de bruma era una de las experiencias más insoportables que había vivido. Aquel grueso velo era, exactamente, lo que ahora me separaba de padre; su opacidad se asemejaba a la infinita tristeza que me agobiaba hora tras hora. En Londres, incluso el sol parecía un fantasma. Únicamente los pintores ingleses, o quizá los flamencos, habrían podido pintar eso. Yo no. Me parecía absurdo que padre hubiese muerto en aquel país. Si al menos hubiera sido en casa me habría sentido algo menos apenada. Pero Dios había elegido su momento y su lugar, algo que, ya de por sí, me impedía todo consuelo.

Así, sola, terminé los paneles de los frescos de Greenwich. La Reina, mi señora, aceptó pagarme el trabajo, ya que hasta entonces tan sólo padre, y siempre tras firmar un papel, cobraba el dinero. Su Alteza se mostró extremadamente bondadosa cuando, conmovida por mi situación y mi soledad, decidió honrarme proponiendo que Porzia concluyera su educación en la Corte, donde, debido a su carácter amable y a su incipiente talento como pintora, se granjeó todos los favores. Con el consentimiento y la recomendación de Su Majestad, escribí al duque François d'Este una carta, acompañada de un envío de cuadros que puse al buen recaudo de mi hermano, solicitándole, por medio de ellos, que me permitiera reiniciar mi servicio en Italia.

La respuesta tardaba en llegar.

En palacio corrían rumores de que la Corona se hallaba en apuros; yo ignoraba de qué índole, aunque en asuntos de poder y de príncipes, un día u otro, las intrigas, los intereses o las protestas siempre acababan, fuera cual fuera la región, causando estragos.

Entretanto, me dedicaba a los frescos. Me resultaba extraño, y hasta cruel, tener que terminarlos sin padre: aquí o allá, me topaba con un panel vacío que ahora me correspondía decorar íntegramente, o con otro –y eso era lo peor, pues veía cómo su pincel había quedado suspendido, y su vida rota– que Gentileschi padre había empezado y ahora su hija debía concluir. El hombre que había guiado mi mano por las playas de colores de mis inicios, me prestaba la suya, ausente, para que yo la guiase ahora y prosiguiera su obra. El destino era cruel, pero la cadena no se había roto, y un día u otro se cerraría el nuevo eslabón. Eso me tranquilizaba, el hecho de que yo, por medio de mi vida, prolongara la de mi amado padre, y de que, gracias a mi pincelada, la suya aún no se hubiera detenido.

Seguí enviando cartas, a Roma, a Florencia, a Módena. Y a Nápoles. Cuando uno está lejos de su hogar, la gente siempre le olvida un poco. Y seguí enviando cuadros, para dar fe de mi talento, aunque, a mi edad, tales formalidades me parecían, en el fondo, fuera de lugar. Pues ¿acaso no había dado ya suficientes pruebas, no había servido a los más grandes e ilustres personajes? La Corona de Inglaterra había *reducido sus subsidios, ya que la Alegoría de la Paz y de las Artes* estaba por fin terminada, y las demandas de cuadros, limitadas ahora a la colección real, no justificaban una invitación permanente.

Pero ¿no sería que yo no luchaba lo suficiente para conseguir mis objetivos? Es cierto que, por primera vez en mi vida, me sentía como un barco que se va a pique, hundiéndose no por una herida viva, como las que había conocido, sino más bien por una herida lenta y grave como una marejada profunda, pero que no quiere desplomarse sobre ninguna ribera, sobre ninguna peña, a causa de la desaparición de padre. Pensaba sin cesar en él, como si siguiera estando ahí, aunque ya no lo estuviera. Deseaba que el tiempo pasara cuanto antes. Enfrentada a la realidad, escribía, fechaba, firmaba, empaquetaba dibujos y lienzos, en una palabra: intentaba ocupar mi mente, pero sin convicción; en mi interior, vagabundeaba como un londinense en medio de la *fog*, con paso inseguro, deteniéndose y moviéndose como un espantapájaros para intentar correr esa cortina de fluido color ópalo, intangible, y ver un poco. En algunos momentos, llegué a pensar que jamás abandonaría ya aquella isla, por voluntad divina o propia, ¡qué más daba! ¡Ah, mi pobre alma en pena!

Pero, sí, regresé a Italia, aunque no en las mejores condiciones, sin ninguna certeza concreta, un poco como a la aventura... El futuro lo diría. Con la impresión de haber envejecido de golpe en poco tiempo, con la impresión de estar llegando, también yo, a una edad sin retorno, puesto que ya mis hijas no compartían mi techo. En secreto pensaba, esperaba sin duda, que en el último momento Porzia decidiera también volver, para no estar tan lejos de su familia y en un país en que los rumores de guerra civil eran cada vez más apremiantes, aun siendo consciente de la suerte que mi hija había tenido al ser acogida por la Corte.

En Nápoles, como era de esperar, el ambiente había cambiado radicalmente. La casa estaba vacía, o casi: sin hijas, sin Diego, que se había marchado a Palermo–, sin Bonifacio, que también se había ido a trabajar fuera. Tan sólo Tommasina, que se había ocupado de la casa durante mis largos años de ausencia, me recibió. Su rostro sonriente, por cuyas arrugas se infiltraba la luz, resplandecía; al igual que una madre, parecía contenta de volver a tenerme, y su calurosa alegría apaciguaba mi inquietud, la conmoción que me habían causado los trastornos de mi exilio y mi regreso.

Yo sabía que debía reaccionar enseguida, pero mi ánimo frenaba mi capacidad de readaptación. Me movía con lentitud, comía a disgusto, aguardaba una nueva hora sin la esperanza de saber cómo emprender el camino. A pesar de todo, era consciente de que la pintura seguía siendo mi tabla de salvación, la única, y nada desdeñable, fuente de energía que, utilizada en el momento oportuno, me aportaría profundas satisfacciones. Valiéndome de esa confianza, ahora debía, a partir de la constatación de mi desencanto y de la evidencia de mi salvación, coordinar todos mis movimientos. Máxime cuando nada ni nadie vendría en mi ayuda, y cuando incluso la época de los amores y la de la maternidad ya habían pasado; y yo no podía ignorar eso.

Poco a poco, me reincorporé al servicio. Estábamos ya a principios del año 1642.

Mi pintura, al igual que mi pensamiento, era menos vigorosa, quizá más acabada, eso sí, y, en cualquier caso, más serena. Busqué los servicios de algunos jóvenes pintores para que me ayudaran con los fondos arquitectónicos o paisajísticos de algunos lienzos; incluso llegué a pintar varios cuadros con otros discípulos míos napolitanos como Cavallino, Stanzione... y con Prudenza, mi querida hija. Como pintora, ya no tenía nada más que demostrarme a mí misma, así que, pensaba yo, ¿por qué no facilitarme la tarea?

Mi reputación no había perdido ni un haz de su fulgor durante mi ausencia, como advertí enseguida debido a los encargos que me habían pasado, así como a los precios que podía permitirme exigir. Tal reconocimiento de mi persona contribuyó en gran medida a sacarme un poco de la melancolía, a sentirme reintegrada en el mundillo artístico napolitano; aunque, a causa de la edad y del aislamiento que me había impuesto, nada volvió a ser como antes.

Bernardo Cavallino trabajaba mucho conmigo. Veinte años menor que yo, era mi alumno más fiel. Admiraba mi obra y el trabajo de los colores, la delicadeza que, según él, había conseguido. Pasaba largas horas pintando conmigo en el taller; yo respondía a sus incesantes preguntas, y oía salir de mi boca las opiniones de padre acerca de la sombra y las luces, acerca del azul, «siempre cargado de esperanza», el rojo, «el color de la audacia», el violeta de la penitencia... Le decía que observara, que observara sin cesar, que lo grabara todo en sus pupilas.

–Lo importante no es observar cómo pinta un artista de renombre, sino apropiarse de los colores de la naturaleza. Verá usted cómo en el menor estrato de tierra o de cielo aparecen todos los sentimientos en libertad: el arte consiste en dejar que el talento se adueñe de ellos.

–Maestra Artemisia, usted es demasiado modesta respecto a sus conocimientos, y subestima la increíble suerte que representa, para un pintor como yo, estar en contacto con usted.

–Es usted, Bernardo, quien subestima sus posibilidades. Jamás aprenderá el oficio viéndome trabajar, tan sólo sumiéndose en cuerpo y alma en el universo comprenderá de qué está hecho éste... El universo, eso es lo que se le pide que represente, ¿no?

–El universo es tan vasto... ¿Cómo podría no perderme en él?

–Mirando dentro de usted, también. Como todo lo demás, el ser humano está hecho de materia... ¡y de colores! Cierre los ojos un segundo, Bernardo. ¿Qué ve? Colores. Imagine, sienta... ¿Qué ve en cada sentimiento, en cada estremecimiento? ¡Colores!

Yo pensaba que no tenía gran cosa que enseñar, salvo ese mensaje que padre me había transmitido y que supera cualquier técnica: abrir los ojos y los sentidos, observar, dejarse llenar. Lo demás es una mera cuestión de estudio, de método, de bocetos, de perspectiva. Cualquiera medianamente trabajador puede lograr eso. ¡Ah, pero el fuego sagrado!...

Y así transcurrían los días. Los meses. Los años. Repitiéndose, veloces como el viento. Apenas tenía tiempo suficiente para negociar el precio de una *Bethsabé* cuando ya me apresuraba a iniciar un *Arcángel Miguel*. Apenas había dado el último toque de color a un *Juicio de Paris* para Alfonso de Avalos, marqués del Vasto, cuando don Fabrizio Ruffo, prior de Bagnara, ya se encomendaba a mí, por mediación de su tío, para que le hiciera una *Virgen*. Apenas había encontrado los modelos adecuados para *Lot y sus hijas* cuando una de ellas se me iba, y, al confesárselo a mi comprador, éste aprovechaba la situación para intentar rebajar el precio, y me veía obligada a repetirle que quería tal tipo de modelo y no otro para representar la *bellezza*, y que necesitaba ver, además, a varias mujeres hermosas, pues por cada cincuenta que se desnudaban sólo una valdría, y que ésta cobraría caro en una ciudad ya célebre de por sí por su carestía...

¿Qué hacer cuando una *Galatea* enviada por mar hasta Sicilia llegaba a las manos de Don Antonio Ruffo, mi principal benefactor, toda estropeada? ¿Qué hacer cuando éste, aun sabiendo que yo cobraba cien ducados por cada personaje pintado, quería pagarme ciento sesenta por dos? Yo coincidía con Su Señoría, diciéndole por carta que un nombre de mujer siempre suscitaba dudas cuando aún no se había visto la obra en cuestión, pero también que me negaba a someterme a las costumbres napolitanas que establecían que, de la suma exigida, tan sólo cabía esperar la cuarta parte. Yo era una artista romana y quería proceder siempre a la manera romana. Tan sólo exigía lo que se me debía. Cuántas veces no habré repetido mi credo –es decir, que, por principio, jamás cedería– y siempre en vano. Al final, y a pesar de mis palabras, no me quedaba más remedio que aceptar el precio del mecenas de turno para poder seguir a su servicio. Servir, siempre servir, aun como la princesa del pincel; ¡insigne honor!

¿Cómo seguir luchando, a mi edad de cabellos plateados, por veinte ducados más o menos, cómo convencer a un posible comprador sin enviar un esbozo previo, pues ya una vez el obispo de Santa Ágata me la había jugado, haciendo que otro pintor llevara a cabo el diseño de las *Almas en el Purgatorio* que había sometido a su juicio, cómo inclinarse delante de los príncipes haciéndoles ver al mismo tiempo que estaban tratando con el espíritu de César reencarnado en el cuerpo de una mujer? ¿Cómo tomarse el tiempo necesario para crear algo digno cuando tantos y tantos pintores, para no perder a su cliente, entregaban el lienzo aún fresco poco después de haber llegado a un acuerdo de venta? ¿Cómo imponer mi calidad y mis criterios cuando éstos diferían de los de Sus Señorías? ¿Cómo explicar que si me retrasaba no era, no podía ser, más que en beneficio del cuadro?

Pasaban los años, los decenios, los siglos... Lo que padre vivió, yo lo vivía ahora, y sus antepasados lo habían vivido, y mis descendientes lo vivirían, y más siendo mujeres: el artista siempre debía luchar, demostrar. Cielos, ¿por qué? Debería ser el comprador quien demostrara que es digno de adquirir un trabajo tan extraordinario, pues el arte, aun cuando a veces la gente lo venda como si fuera una cesta de fruta, es, por mucho que lo olvidemos con demasiada frecuencia, una gracia divina.

No hay más que imaginarse a Don Antonio Ruffo, en su palacio de Messina, en medio de sus colecciones, de no menos de ciento cincuenta cuadros: Ribera, Guercino, Gentileschi, Rembrandt, Poussin, Van Dyck, Reni... ¿Qué otra cosa podía significar eso sino que vivía en manos de Dios?

«[...] Desearía, asimismo, que Su Ilustre Señoría me prometiera mantenerme bajo su protección mientras yo viva: considéreme como a una esclava de su casa. Jamás he tenido el honor de conocer a Su Ilustre Señoría pero el afecto que le profeso y mi deseo de servirle son inimaginables. Pero no quiero seguir importunándole con mi palabrería de mujer: mis obras hablarán por mí. [...]»

Carta de Artemisia Gentileschi
a Don Antonio Ruffo,
Nápoles, 13 de marzo de 1649.

AQUÍ YACE ARTEMISIA

Nápoles me ponía enferma. Ya no soportaba más el calor, la agitación; de la mañana a la noche tenía palpitaciones, de cuando en cuando, me ardían de fiebre las sienes, me flaqueaban las fuerzas.

Supe que Francesco, que había sido, más que un hermano, un amigo para mí, y también mi secretario en muchos momentos –pero del que ya no quise saber nada, desde que, a principios de los años 1640, fue encarcelado junto con Giulio, el pequeño Giulio, en Portugal, por fraude– acababa de ser citado por la Inquisición, acusado de traición, a finales de ese mismo decenio. Ahora él esperaba poder regresar a Francia. La muerte de padre había perturbado nuestra relación. Tal vez ésta le había liberado, a un ser tan entregado como él, de un padre demasiado dominante y de una hermana demasiado talentosa. Agostino el *smargiasso* había muerto, desposeído de todo, arruinado. En 1647, la rebelión de los *lazari*, aquellos desheredados a los que los españoles no habían cesado de perseguir, habían incendiado y pasado a cuchillo la ciudad. No había vuelto a tener noticias de Stiattesi, mi marido. Carlos I había sido decapitado en 1649. Diego había desaparecido; me dijeron que lo habían visto en España, no sé. Pietro, que antaño me había dicho, como si fuera una señal del destino: «Eres libre... Protege tu libertad, amiga mía», se había alejado de mí, aunque nunca dejó de escribirme hasta su muerte, acaecida recientemente. «*Ti voglio bene* –repetía una vez más–, dile a Porziella que no la he olvidado.» ¿De qué me servían sus palabras si sus ojos llevaban sin mirarme una eternidad, si sus brazos jamás habían vuelto a estrecharme desde el nacimiento de nuestra hija? Dado que mis amigos y familiares muertos eran más numerosos que los vivos, comprendí que mi hora no tardaría en llegar.

Porzia se casó en marzo de 1649, diez años después que su hermana mayor y a la misma edad, con un caballero de la Orden de Santiago en Inglaterra, y el coste de la boda me arruinó. ¡Pero ella parecía tan feliz, tan apaciblemente inglesa cuando vino a presentarme a su marido! Prudenza tenía tres hijos, y me visitaba cada semana, sin olvidar los días en que venía a pintar conmigo. ¡Mis hijas, mis queridas hijas! ¿Tal vez las había descuidado un poco en mis múltiples rodeos y peregrinaciones? Eran buenas y clementes, jamás me hicieron un reproche. Sabían que, si bien había trabajado duro, no por ello las había querido menos, con todo mi corazón. Yo se lo había dicho. Y ellas también habían leído el mensaje del infinito amor de su madre en mis *Vírgenes*, en cada una de ellas, pintadas siempre con ternura, pensando en mis hijas. Ambas eran pintoras honradas y buenas esposas: de mí habían heredado tan sólo la primera virtud, porque de la segunda, lo confieso, me había sentido incapaz.

Al llegar a la vejez, quise asegurarme el bienestar de mis últimos días, para no ser una carga para nadie, y para no morir penosamente, en la miseria, como otros pintores. Mi salud empeoraba, no tanto a causa de la enfermedad sino más bien del deterioro, pero, aun así, consagrada a mis amos, sobre todo a Don Antonio Ruffo, hasta el final, seguía cumpliendo a rajatabla los encargos, todavía numerosos, que me hacían. Nada me asustaba, ya fuera de gran o de pequeña dimensión: a fuerza de pintar, desde hacía tanto tiempo y durante tantos años, cómo diría, la pintura me resultaba tan familiar que era como si un *trocito de mí se fundiera con cada cuadro, como si* me colara a cada instante entre el lienzo y el pincel, entre dos colores, dos sombras. Me acuerdo del hijo de Tuzia, el que un día me preguntó: «Dime, Misia, y tú, ¿puedes entrar ahí, en el cuadro, y no volver a salir?» El lienzo y yo no éramos sino una sola cosa. Me sentía alejada del tema, pero, al fin, vibraba al unísono con el color. Era una sensación sorprendente. Nada más existía. Por más que Tommasina me llamara: «*Signora, signora*, es tarde, la comida se enfría, *signora*, la tortilla... Luego se sentirá demasiado cansada, sea razonable...» yo no salía del taller. Bastaba el brillo mágico de un triángulo de luz sobre la pared para extasiarme. Yo no era razonable, desde luego, pero ¿cómo habría podido serlo a mi edad, salvo acercándome a mi muerte por medio de toques ligeros, casi imperceptibles a simple vista? Qué dulce, qué dulce secreto.

Sonreía a mi vieja Tommasina, que se arrastraba a duras penas, que seguía llamando antes de entrar, que se paraba un momento delante de la puerta, antes de llamar...

–Usted aún es joven –me aseguraba meneando la cabeza cuando compartía con ella mis pensamientos.

–No, no, usted me enterrará a mí, Tommasa, ya lo verá.

Ella se persignaba, volvía a menear la cabeza, pero sin sonreír, como asustada, y salía a toda prisa.

–Lo sé, Tommasina, lo sé. Son cosas que una siente. Llega un momento en que ya no se tienen razones para existir, sea cual sea la edad. Yo ya he hecho el recorrido de mi vida. He visto este mundo real. He intentado conservar lo mejor de él con mi paleta. Si no he hallado la verdad, a veces he rozado el estado de gracia. Y me alegro.

Mi memoria se detiene aquí.
Alguien habrá escrito en mi tumba: «Aquí yace Artemisia Gentileschi, *pictrix celebris*.» La erosión del tiempo habrá borrado todas las palabras, salvo Artemisia. Incluso las dos últimas letras habrán desaparecido. Así tan sólo habrá quedado mi nombre de diosa.

Ahora estoy lejos. No ya delante del cuadro, sino detrás, al otro lado.

«Maestro Brendlin, llega usted veinte años tarde, durante los cuales he encontrado la verdadera piedra filosofal en mis pinceles y en mis colores.»

Pedro Pablo Rubens (1577-1640).

BIBLIOGRAFÍA SUCINTA

Este libro es fruto de un recorrido personal en el que, entre otras experiencias, se entremezclaron, a lo largo de los años, Italia y una gran variedad de documentos y de libros de diversos géneros y siglos, y de los que deseo ofrecer aquí tan sólo un compendio.

En primer lugar, me gustaría señalar que la totalidad de las actas del proceso de Artemisia Gentileschi y de Agostino Tassi se encuentra en los Archivos de Estado, Roma. Edizioni delle Donne publicó en 1981, en Milán, una primera versión de estas actas, complementadas con la mayoría de las cartas de Artemisia de las que disponemos hasta este momento. La mayor parte de las citas del proceso y de las cartas reproducidas aquí fueron extraídas de la versión francesa de ese apasionante libro, *Actes d'un procès pour viol en 1612, suivis des lettres d'Artemisia Gentileschi*, Éditions Des femmes, París, 1983. Asimismo, acaba de aparecer en la Princeton University Press, un estudio de una universitaria estadounidense, Mary D. Garrard, titulado *Artemisia Gentileschi, The image of the female hero in italian baroque art*: tomando como punto de partida la obra de Artemisia, dicho estudio aborda los principales personajes femeninos en la historia del arte, centrándose particularmente en el período que solemos denominar «el barroco italiano»; el estudio, aunque bastante especializado, conlleva, sin embargo, una amplia iconografía que, partiendo de los orígenes, abarca varios siglos.

Además de los textos de los cronistas de la época, como Baglione, Baldinucci, Bellori, Mancini, Passeri, etc., existen numerosos libros modernos acerca del arte italiano de los siglos XVI y XVII. De entre ellos resultan obligatorios: *Patrons and Painters, Art and Society in Baroque Italy*, de Francis Haskell, Yale University Press, New Haven, 1980 [Hay edición española: *Patrones y pintores. Arte y sociedad en la Italia barroca*, traducción al castellano de Consuelo Luca de Tena, Ed. Cátedra, Madrid, 1984]; *Art and Architecture in Italy, 1600-1750*, de Rudolf Wittkower, The Pelican History of Art, Harmondsworth, 1958 [Hay edición española: *Arte y arquitectura en Italia, 1600-1750*, traducción al castellano de Margarita Suárez-Carreño, Ed. Cátedra, Madrid, 1979]; y, de Rudolf y Margot Wittkower, *Born under Saturn. The Character and Conduct of Artists: a documented History from Antiquity to the French Revolution*, Weidenfeld Limited, Londres, 1963 [Hay edición española: *Nacidos bajo el signo de Saturno, el carácter y la conducta de los artistas: una historia documentada desde la Antigüedad hasta la Revolución Francesa*, traducción al castellano de Deborah Dietrick, Cátedra, Madrid, 1982]. *Rome 1630, l'horizon du premier baroque*, del poeta Yves Bonnefoy, Flammarion, 1970, es un hermoso libro, pero no cita a Artemisia. Existen otros muchos trabajos sobre la obra o la vida de Caravaggio; entre ellos, un librito precioso: *Caravage, la gloire d'un scélérat*, de Gilles Lambert, Éditions Mengès, 1988.

También hay varios libros llamados «de cabecera» cuya lectura es una continua fuente de reflexión, como los *Cuadernos de apuntes* de Leonardo da Vinci y los *Escritos sobre el arte* de Miguel Ángel.

CUADROS DE ARTEMISIA GENTILESCHI

La virgen y el niño, 1609, Gallerie degli Uffizi, Florencia.
Susana y los viejos, 1610, Pommersfelden, Schloss Weissenstein, Schönborn Collection.
Tañedora de laúd, en torno a 1610-1612, Galleria Spada, Roma.
Judit degollando a Holofernes, 1612-1613, Museo di Capodimonte, Nápoles.
Judit y su sirvienta, 1613-1614, Palazzo Pitti, Florencia.
Santa Catalina, en torno a 1614-1615, Gallerie degli Uffizi, Florencia.
Minerva, en torno a 1615. Soprintendenza alle Gallerie, Florencia.
María Magdalena, en torno a 1617-1620, Palazzo Pitti, Florencia.
Judit degollando a Holofernes, en torno a 1620, Gallerie degli Uffizi, Florencia.
Alegoría (fresco), Casa Buonarotti, Florencia.
Lucrecia, 1621, Palazzo Cattaneo Adorno, Génova.
Cleopatra, 1621-1622, Amedeo Morandotti, Milán.
Retrato de un gonfaloniere, 1622, Pinacoteca, Boloña.
Ester y Asuero, en torno a 1622-1623, The Metropolitan Museum of Art, Nueva York.
Judit y su sirvienta con la cabeza de Holofernes, en torno a 1625, Institute of Arts, Detroit.

Venus dormida, en torno a 1630, Mr. and Mrs. J. Seward Johnson Collection, Princeton, Nueva Jersey.
Autorretrato, 1630, colección de Su Majestad la reina Isabel II, Palacio de Kensington.
Anunciación, 1630, Museo di Capodimonte, Nápoles.
La Fama, 1632, colección privada.
Cleopatra, colección privada, Londres.
Nacimiento de San Juan Bautista, Museo del Prado, Madrid.
Retrato de mujer, Museo del Prado, Madrid.
El martirio de San Javier, 1636-1637, Laboratorio di Conservazione di Capodimonte, Nápoles.
La Adoración de los Reyes Magos, 1636-1637, Laboratorio di Conservazione di Capodimonte, Nápoles.
San Próculo y San Nicea, 1636-1637, Laboratorio di Conservazione di Capodimonte, Nápoles.
Alegoría de la Paz y de las Artes bajo la Corona inglesa (frescos, en colaboración con Orazio Gentileschi), 1638-1639, Marlborough House, Londres.
David y Bethsabé, en torno a 1640, Museum of Art, Columbus, Ohio.
Bethsabé, en torno a 1640, Museum der bildende Künste, Leipzig.

CUADROS ATRIBUIDOS A ARTEMISIA GENTILESCHI

José y la mujer de Putifar, en torno a 1622-1623, Fogg Art Museum, Cambridge, Massachusetts.
Lot y sus hijas, en torno a 1640, The Toledo Museum of Art, Ohio.
Autorretrato, Palazzo Corsini, Roma.
Lucrecia, 1642-1643, Museo di Capodimonte, Nápoles.
Bethsabé, en torno a 1645, Colección Ramunni, Castello di Conversano.
Bethsabé, Neues Palais, Postdam.
Tarquino y Lucrecia, en torno a 1640-1650, Neues Palais, Potsdam.
Venus, Musée du Mans.

«Mis obras hablarán por mí», escribió Artemisia: le dejo a ella la última palabra.

EN ESTA COLECCIÓN

FRIDA KAHLO
Rauda Jamís

ISABELLE EBERHARDT
Eglal Errera

EDIE
Jean Stein
George Plimpton

CAMILLE CLAUDEL
Anne Delbée

ISADORA
Maurice Lever

SYLVIA PLATH
Linda W. Wagner-Martin

JANE BOWLES
Millicent Dillon

KATHERINE MANSFIELD
Claire Tomalin

ALEXANDRA DAVID-NÉEL
Ruth Middleton

LOTTE LENYA
Donald Spoto

NINA BERBEROVA
Nina Berberova

MOURA BUDBERG
Nina Berberova

JACKSON POLLOCK
Steven Naifeh
Gregory White Smith

COLETTE
Herbert Lottman

TINA MODOTTI
Pino Cacucci

PIER PAOLO PASOLINI
Nico Naldini

GEORGIA O'KEEFFE
Roxana Robinson

VICTORIA OCAMPO
Laura Ayerza de Castilho
Odile Felgine

H. G. WELLS
Anthony West

CISNES SALVAJES
Jung Chang

VANESSA BELL
VIRGINIA WOOLF
Jane Dunn

LAWRENCE DE ARABIA
Jeremy Wilson

JACK KEROUAC
Gerald Nicosia

FRANCIS BACON
Andrew Sinclair

MARTA GRAHAM
Martha Graham

NICO
Richard Witts

LA CASA YAMAZAKI
Laurence Caillet

SIBILLA ALERAMO
René de Ceccatty